国际私法经济分析的综合范式

承认法律域外效力的经济学分析

王国语——著

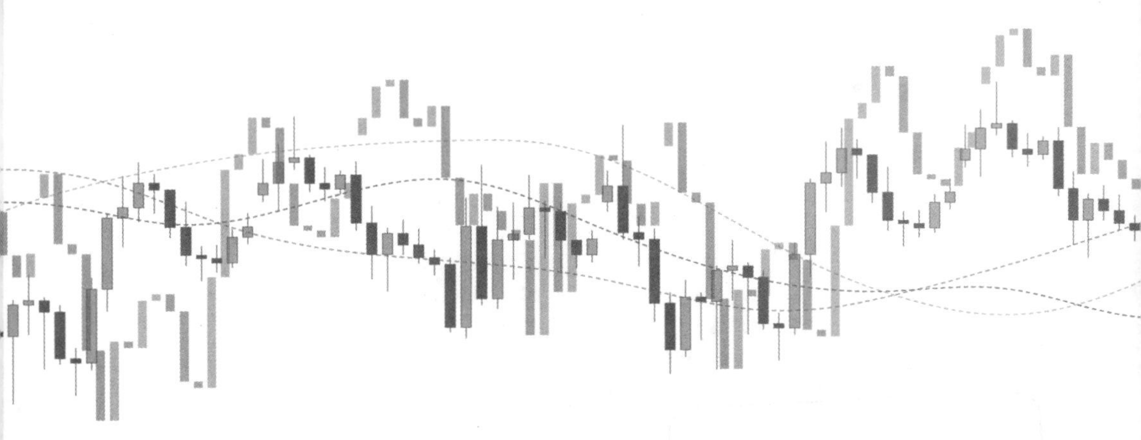

清華大學出版社
北京

内容简介

法律经济分析的任务不应仅限于对某个具体规则的实证分析，更根本的任务应在于解释一种法律运作的整体秩序（overall order）是如何实现的，这个“秩序”并非集中体现在某一个法律部门或某一个国家，它是普遍存在的，因此，这种“解释”可以通过对某个时间、某个空间下的某个概念（制度）的考察来完成。因此，本书设定了“意大利法则区别说时期”的历史平台，来考察“承认法律域外效力”这个国际私法的基本概念（制度），从中构建国际私法经济分析的综合范式。所谓经济分析的综合范式，就是避免拘泥于某一类经济学理论或方法，而是综合运用相互联系又彼此独立的理论和研究方法，例如经济学领域的成本收益理论、博弈论、制度经济学、行为经济学和供给需求理论，此外还涉及了法律社会学、历史学、心理学等，通过综合运用以上理论和方法，对“承认法律域外效力”这个概念（制度）进行较为完整和生动的解释，达致了本书所认为的一幅关于国际私法乃至整个法律制度经由“竞争与合作”的途径实现“自身进化”秩序的全新图景，进而希冀对于部门法理学、国际私法史、国际私法基本理论以及法律经济分析基本理论的研究发展能有所启发和助益。

图书在版编目（CIP）数据

国际私法经济分析的综合范式：承认法律域外效力的经济学分析/王国语著. —北京：清华大学出版社，2023. 5

ISBN 978-7-302-63460-7

Ⅰ. ①国…　Ⅱ. ①王…　Ⅲ. ①国际私法—经济分析　Ⅳ. ①D997

中国国家版本馆 CIP 数据核字（2023）第 080648 号

责任编辑：刘　晶
封面设计：徐　超
责任校对：宋玉莲
责任印制：曹婉颖

出版发行：清华大学出版社
　　网　　址：http://www. tup. com. cn，http://www. wqbook. com
　　地　　址：北京清华大学学研大厦 A 座　　　**邮　　编**：100084
　　社 总 机：010-83470000　　　**邮　　购**：010-62786544
　　投稿与读者服务：010-62776969，c-service@ tup. tsinghua. edu. cn
　　质量反馈：010-62772015，zhiliang@ tup. tsinghua. edu. cn
印 装 者：三河市君旺印务有限公司
经　　销：全国新华书店
开　　本：165mm × 238mm　　**印　　张**：15. 5　　**字　　数**：257 千字
版　　次：2023 年 7 月第 1 版　　**印　　次**：2023 年 7 月第 1 次印刷
定　　价：159. 00 元

产品编号：101022-01

序

承认法律的域外效力，是传统国际私法（冲突法）的逻辑起点，也是经典国际私法学（冲突法学）的理论源头。国际私法（冲突法）的法律体系和法学体系，都积淀着承认法律的域外效力的思想底蕴，编织着承认法律的域外效力的历史经纬。有鉴于此，当王国语同学决定以“承认法律的域外效力的经济学分析”作为其法经济学专业的博士学位论文选题的时候，我隐约感觉这或许预示着对国际私法基本理论和实践问题的一个创新性探索，并对此充满期待。

国语在硕士研究生阶段奠定了深厚的国际私法基础，并崭露了蓬勃的学术潜力和顽强的钻研精神。在跨学科攻读法经济学博士学位的过程中，其良好的专业素养既在开拓新领域中得以发挥，也在融汇跨学科中得以增强。其最终的研究成果，正如该书所呈现的那样，不仅从经济学的维度，运用制度经济学、行为经济学、博弈论、供求理论等经济学工具，系统深入地探究了承认法律的域外效力问题的起源、制度成因及发展脉络与规律，而且从国际私法“适当论”（亦称“适当－和谐论”）的视角，通过法学（法理学、法律制度史、法律思想史）、社会学、经济学等多学科联结考察，“适度正当”地观照了国际私法的历史演进和国际私法的基本问题，从而尝试建构了一个“制度－行为－市场”三位一体的国际私法经济分析的综合范式框架，同时就有关问题提出了新颖的观点和有益的建议。该书足以体现作者在国际私法和法经济学两个学科领域及其相互结合上用功之深，用心之诚。

我曾经提出，就跨学科研究而言，应该使国际私法和法经济学之间的结合不仅达到“紧密”，而且实现“有机”；两者的“天作之合”方能成就“国际私法经济学”的“秦晋之好”。作者的“上下求索”朝着这个目标迈进了一大步。该书堪称跨学科研究的力作，对于运用经济学的理论和方法进一步探讨国际私法问题，对于继续拓展和深化法经济学研究的新领域，对于不断提升和扩大国际私法和法经济学两个学科的学术视野，都颇具启发价值。

我一向认为，国际私法具有方法论的意义。2008年，国语获得博士学位后入职北京理工大学，根据工作需要和学校安排，他又将思维的触角伸向国际空间法领域，开始了跨度更大的交叉学科研究，同样取得了丰硕的成果，经常应邀作为专家参加联合国外空规则谈判工作。国语在谈及自己的科研感受时曾经深有体会地说，在硕士研究生阶段积累的国际私法功底和在博士研究生阶段对国际私法进行的经济分析，使他获益良多。从中受到的治学理念、思维方式、研究方法等方面的熏陶和启迪，对其在一个全新领域"开疆拓土"起到了关键作用。这从另一个侧面佐证了国际私法的方法论意义。

该书是作者的博士学位论文。记得答辩时的论文题目是《承认外国法律域外效力的经济学分析——国际私法经济分析的综合范式》，出版时则调整为现在的书名。坦率地说，我认为还是原来的题目更合适——这又应了国际私法学界尽人皆知的那句话："国际私法是从书名页起即存在争议的学科。"好在国语也很赞同我一贯的学术态度：个人的一切见解和主张都可以"供批判用"。不过，作为导师，我还是愿意作这样的猜想：题目的这种调整或许酝酿着更宏伟的学术理想，是在"下一盘大棋"……

国语是适合做学问的——幸好当年我阻止了他进入"官场"的"图谋"，并推荐他到北京理工大学任教。相信他会以更多更大的学术成就报效祖国，造福苍生。

是为序。

吕岩峰

2023年7月22日清晨

半亩园·日月和春居

退休路，将至半程
（代自序）

这是我的博士论文。

从2008年博士毕业、来北理工任教，至今已十五年。这却是我的第一本书。惭愧且幸甚。王安石的“欲问平安无使来，桃花依旧笑春风”为世人所知，但《容斋随笔》上还有一句“春风似旧花仍笑，人生岂得常年少”却少人问津，其作者也不可考。故曰，文因人盛，抑或人因文而著（天下知）耶？

我既无盛名，也无雄文。

十五年过去了，居然仍觉得这是写过的最像模像样的文字。其中有些词儿和理儿现在看来，居然觉得甚是“高级”，竟无从想象当初如何着笔，忽念及卢峻先生《国际私法之理论与实际》、梁漱溟先生《东西文化及其哲学》也俱是三十左右写就的，虽不敢近其一二，但也不由小小佩服当年的自己。无论是全篇布局或是细节纵深，现在几乎皆难以复至，其时之用力可见一斑。或许只有足够专注，才可发现自己最好的样子。虽不愿落入“轻言某某阶段是人生最好的时候”之窠臼——因为宁愿相信明天会更好，但揽卷如揽己，回忆当初，竟仍如此让人着迷。一旦往日值得致敬，便不是草草埋葬过去，而是青年和青春的重生。借整理书稿之契机重新审慎阅读过往，方知今日路之元起点，方知在“学术江湖”摸爬滚打十五年，但凡与“深刻”沾边的特质与言论大多可追溯于此。青年时期初露端倪之思想、方法论和气质，会不由分说地影响和弥漫一生。

我的硕博皆从师于吕岩峰教授，硕士国际私法，博士法经济学，所以选择国际私法经济分析作为博士论文主题，也是理所当然。博士就读期间（2005－2008），正值法经济学强势“入侵”，盛极一时。吉林大学是国内首个设立法经济学博士点的高校，想来我还算是全国第二个毕业的法经济学博士生（第一位也是同门）。想当年，经济学届和法学届皆不乏贤士勇者纷纷入“圈”，从本书注释及参考文献中可一览诸位中国法经济学先行者的专著和译著，这些也成了我搏命上岸的救命稻草之一。毕竟当时尚未见关于国际私法经济分析的专著或译著。

读博前两年也读书，但都是或任性随性或假模假式的读。

当年的人大旧书摊还是有不少“宝贝”的，如唐德刚的《晚清三十年》（还找到了竖版的），还认真地做了《四书》（贵州人民出版社 1991 年版）的笔记。此外，作为“规定动作”，必须还要煞有其事地通翻一遍儿时相伴左右的《唐诗三百首》（陕西人民教育出版社 1988 年版），这都属于对儿时“遗珠”的定期“拂尘”行为，其妙处在于，除了可时不时“出口成章”巧扮文化人之外，更有加持“不忘本”的自我暗示之功用，从而起到“于人生狂风骤雨中少有迷失”的神奇功效。

但算不上是好好学习。

其实，国际私法的书没少买，但多属“集邮式”偏好作祟。我收集了各国际私法大家名士的著作或教材，除前面提到的卢峻先生的传世力著，戴西、莫里斯、萨维尼、山田三良、李浩培、韩德培、李双元等国内外国际私法鼻祖先贤的书自不可少，还有一批当时或领导中坚（除了我导师之外，如赵相林、李旺、肖永平、屈广清、蒋新苗、赵秀文老师等）或青年才俊（沈娟、陈卫佐、杜涛、许军珂、王彦志、罗剑雯老师等）的著作（很多也都是来自其博士论文），还有一批我国台湾地区的知名国际私法学人，如刘铁铮、陈荣传、曾陈明汝等人的著作，此外，还“淘”到了邓正来老师早年的《美国现代国际私法流派》（1987）。估计在同龄人中，我在当年算是“见多识广”的了，虽并未认真通读，只是整齐罗列在书架上“壮门面和胆”。当然，本能的，还要读经济学的书，毕竟是法经济学博士生么，于是就“走过场”地读读曼昆的《经济学原理》（也买了萨缪尔森的《微观经济学》，但根本看不懂）、翻翻温铁军的《解构现代化》来自欺欺人。回想起来，远不如之前硕士的“猎奇”经历有趣，于建嵘的《岳村政治》、黄仁宇的《万历十五年》，把玩起来更津津有味些，也许归因于儿时翻了二十余遍 15 本的《五千年演义》，阅读偏好自儿时已然塑造。最后剩一年时（2007 年夏），才猛然意识到，答辩委员可都是经济学的大教授，于是开始臆想答辩委员们镜片后那深不可测的眼神，便不寒而栗。

于是，在最后一年终于开启法经济学的“集邮”模式，之所以选择法经济学或经济学的“非主流范式”，也是必然，因为传统经济学的各种公式于我与天书无异。至于提出所谓的“综合范式”，追溯起来，“综合”两字几乎可认定是“抄袭”自博登海默。是的，就是那本 90 年代末影响一大批青葱法学本科生的《法理学：法律哲学与法律方法》，也是对我影响至深的法理启蒙书。此前的法理启蒙，除了通过1997年(大一)醍醐灌顶地听讲姚建宗先生在萃文楼大阶梯教室讲授的法理学之外，就是通过1999年上半年在吉大南校明亮的图书馆里充满仪式感地阅毕张文显先生《二十世纪西方法哲学思潮研究》完成的。而1999年下半年初读此书，仍觉柳暗花明流连忘返。从柏拉图、托马斯、霍布斯、洛克、康德、黑格尔、萨维尼到边沁、奥斯丁、庞德、卡多佐、霍姆斯、德沃金、波斯纳，博氏总有自己的不偏不倚和精到见解，似乎从未迷失于各类晦涩高深的符号构成的法理、法律思想森林中。“法律是一个带有许多大厅、房间、凹角、拐角的大厦，在同一时间里想用一盏探照灯照亮每一间房间、凹角和拐角是极为困难的。”博氏如是说，于是博氏被后来人称为“综合法理学”代表人物。虽无意“诋毁”博氏，但我之所以爱“综合”，实在是因为我足够冷静睿智地发现，无论是成本收益分析、供求理论、博弈论、制度经济学还是行为经济学，我都无力纵深，起码无力以其中之一撑起整篇博士论文，所以只能“综合”。至于“范式”，一方面是受张建伟《主流范式的危机：法律经济学理论的反思与重整》(2005)一文启发，另一方面纯粹是吉大法理基因的正常发挥而已。当年法律江湖里，众人皆云，一见“范式”两字就猜作者多半来自吉大法学院(不知今日是否仍如此，未考)。讲实话，至今我仍搞不清它表征的是理念抑或方法，许是兼而有之吧，但起码深知文中但凡出现“范式”，就会体现作者的法理道行，不过深浅有别而已。我自谓属于疏浅一类。

无论怎样，2007年下半年开始，我还是老老实实地把科斯、波斯纳、考特、尤伦、弗里德曼、乌戈·马太、张乃根、周林彬、丁利、史晋川、柯华庆、陈国富、冯玉军、陈宗波、钱弘道、林立等人的当时海内外有据可考的书和文章尽数网罗。当年法律出版社的法律经济学丛书，更是如获至宝般地出一本买一本，实际只通读了几本而已，对于成文影响最大的是弗里德曼的《经济学语境下的法律规则》，至于当时最为权威的波斯纳的《法律的经济分析》以及罗伯特·考特、托马斯·尤伦的《法和经济学》，都是读了一半便放弃了，实际就是“hold”不住以微观经济学工具为主的主流经济分析范式的缘故，当时我似乎还曾试图归责于翻译得不好，现在想来，这对译者是不公的。刚开始的半年里，虽然明知大方向必然是国际私法经济分析，但几乎对博士论文框架乃至具体题目毫无头绪，那段时间做了近6万字的读书笔记(虽后续正式行文中几乎没有多少引用，但仍受益匪浅)，努力拼凑任何法经济学与国际私法可以藕合衔接的思路或信息。

虽然那时还不知道埃隆·马斯克(特斯拉及太空探索公司的老板)鼓吹的第一性定理，但儿时塑造的历史思维偏好开始发挥作用，我开始本能地追溯国际私法的起源。根据当时国内大部分观点，国际私法学说“正史”始于意大利法则区别说。但导师吕岩峰教授“国际私法始自万民法”的观点对我影响颇深，似乎是在2000年我们的本科国际私法课上提过，或是在我读硕士期间讲过。我恰好在卢峻先生的书里看到了类似观点，于是，我一边努力消化法经济学书中的“新鲜物”，一边则开启了溯本正源的“考古”模式。一时间，罗马法、古代法、教会法、日耳曼法、《欧陆法律发达史》(姚梅镇先生译)、《法律与革命》、《法律史解释》、《中世纪意大利法学与德国的继受罗马法》等有关法制史、法律思想史、中世纪历史的素未谋面的“亲朋好友”便纷沓自“远方”来，不亦乐乎，我甚至连皮雷纳的《中世纪的城市》都没放过。我在商务印书馆的书店里发现这本小册子时，竟如《国家宝藏》中的主人公们发现藏宝图一样兴奋。于是，拔出萝卜(国际私法史)带出的不仅是泥，而是整个庄园(中世纪史、法律思想史和法制史)！直至2008年初，我意识到根本无力梳理整个国际私法史，于是就选择了中世纪和意大利法则区别说，作为整个研究的历史平台和主要对象。从这个角度讲，本书也可视为对法律史，特别是国际私法史的经济分析。之所以选择“承认外国法律效力”为题眼，也是必然，其时我还铭记导师另外一个观点：承认外国法律效力乃国际私法之肇始。史者，始也，“承认外国法律效力”自然就成了萝卜带出的那个庄园的地标。

确定“承认外国法律效力的经济分析”“国际私法经济分析综合范式”两个切入点的同时，2007年底，论文写作终于艰涩开始(但仍然没有确定为现在的题目)，和所有初创的小本生意一样，我选择从“熟人”下手。最开始着手的当然是有关国际私法经济分析的基本理论(范围、视角、价值取向等，实际就是国际私法的基本理论)。这部分倾注了我对国际私法多年的情感，佐之少许经济学话术(如国际私法的经济功能、管辖权配置等)，弥漫的却是试图重构国际私法基本理论的野心，贯穿全章乃至全书的，仍是被整个大学时代(1997－2008)有意无意雕琢打磨的法理烙印，特别是法理学中的法律关系和法律价值理论(如罗尔斯的《正义论》)，至今犹如夜空中最亮的星，仍在照亮我前行。这章里，我小心翼翼而又无比欢喜地提出了国际私法法律关系(尤其是冲突法律关系)的概念。以“主体—客体—内容”为核心的法律关系理论由此被我更视若珍宝，后续的职业生涯中屡试屡爽，战无不胜，想必北理工凡是认真听过我讲课的年轻人，应当对此记忆犹新。任何法律分析和辩论，关键都是精准地识别主体，这是继而准确分析各主体间权利义务关系，乃至最后界定或形成特定法律关系的前提。相比国家、私人、国际社会，法律适用者是一个长期被忽略的国际私法主体，以及与之对应的冲突法法律关系，也鲜有人提及。在那个年代，国际私法（尤其是冲突法）一直被认为是用来解决涉外民事法律关系或问题的"间接调整手段"。

真正的经济分析是从证伪开始的，即指出主流经济学的成本收益分析和博弈论分析在适用于国际私法或冲突法领域时的诸多局限。本意并非如此，但实在无法从主流范式看到写就十几万字论文的希望，所以不得不求诸于非主流，毕竟一篇博士论文不能只"破"不"立"。另外，我对主流范式的批判毕竟只限于成本收益分析和博弈论中的"囚徒困境"分析，再"批"也无法凑到十余万字。于是，我陆陆续续地与制度经济学、行为经济学、进化博弈论等"非主流"从初见寒暄、相互试探，再到把酒言欢、惺惺相惜而成为挚友。十几年过去了，我很庆幸，良友受益终生。至2008年3月份，文字不过3万左右（第二章加之文献综述），但终于形成本书现有框架，至于论文主体（14万字左右）则是3月中旬到4月底之间完成的，几乎每天十余小时阅读或写作，每每因"攻坚克难"而手舞足蹈，每天完成1000到6000字不等，10万字的目标，最终竟大大超额完成，如此这般，历历在目，其时之专注与投入之态，至今让人神往。

15年前的6月，在只有蛙叫没有蝉鸣的吉大南校，我通过了博士论文答辩。"这是一部对于法律进行经济学研究的力作，有很高的理论研究意义和学术价值。作者对于这一领域的研究倾注了很大的精力，并且取得了丰厚的研究成果，表明作者掌握相当系统深刻的经济学基础知识，又有很好的法学教育基础，已能够独立从事这一领域的研究，已具备相当好的科学研究能力……该论文是一部优秀的研究法经济学的文献，对于深入研究法经济学理论和促进司法实践都是极其有价值的。"这是社科院钱津老师的论文外审评语。我与钱老师2008年后再无交集，至今也未谋面，他是五位外审专家中唯一给我各项全优的评议人。想起写作之初面对陌生领域的各种惴惴不安，能得到经济学领域专家老师这般评语，其时所受鼓舞不难想见。"在后续研究中，在关于承认外空法律效力问题的经济学分析方面应进一步系统和深入研究，使得研究更臻完善"，另一位评议人如是说。论文答辩前，基本已确认我将到北理工任教，对于即将初入职场的"小白"，所有前期的努力和鼓励，都似乎指向了一个具有开创性和光明未来的方向，即朝阳学科法经济学之新方向国际私法经济分析之新领域：承认外国法律效力问题的经济分析（国际私法史、国际私法基本理论的经济分析）。

然而，无论国际私法还是法经济学都未成为我职业生涯的标签。

从入职北理工至今,我步入了另外一个全新的领域:外层空间法。就这样,一个儿时酷爱历史、初高中沉迷于古龙王朔、高考时纠结于选择文学还是法学、97 年酷爱法理、98 年热衷于罪与非罪、99 年迷之自信地认为发现了立法正义和司法正义之要义的年轻人,在硕士时期津津乐道自觉开悟于导师的“适当论”、博士论文一挥而就后萌生开创独门法经济学绝技的年轻人,而今居然乐此不疲地在外太空开疆拓土。前半生的纠结与精彩不止于此(每每我将其归咎于双子座 AB 型血,朋友们却总认为我是在强拉硬拽地变相炫耀魅力)。虽热爱教学,但青年时期的我并未生萌做教师的宏愿。在从教 11 周年(2019 年)时,我写道:“第一次走上大学的讲台应该是在 2002 年 6 月,受恩师托付,给白城政法学院的同学讲公司法的自考课程。半年后,受淳于闻(高国栋)兄的蛊惑及推荐,给吉大自考班讲国际私法。从此便一发不可收拾,在吉大硕博读书的几年中,还讲了合同法、外国法制史和国际法。有趣的是,我当时丝毫没有当老师的打算,东北苞米地孕育了一个意欲指点江山挥斥方遒的‘官迷’,但,当然是做好官,做大官。如此这般,老师的职业似乎意思差得不是一星半点儿。而后几次进京赶考而不逮,自谓落魄而又幸运地站上了北理工的试讲台(其实是代课),时为 2007 年 11 月。”(2009 年曾短暂挂职海淀区劳动局,任局长助理,在那宽大明亮的套间办公室里总算是了结了仕途执念)

2008 年入职北理工,虽是应聘国际私法教岗,主讲国际私法,但当时国际法所的杨成铭和李寿平两位教授兼长兄对我的研究方向却“各怀心思”。我先是应邀加入了杨老师世界各国人权保护机制研究的课题组,记得负责的国别之一便是乌克兰,因资料匮乏,我当时还竟然拨通了乌克兰驻华使馆的电话求助,然而“How are you? I'm fine, thank you, and you?”的东北英语基础,毫无意外地使这次对话不到十秒钟就结束了,即便现在回想,仍心臊脸热。李老师则是不由分说地认为我可以代替刚刚怀孕的李磊老师,带领学生参加国际空间法全英文模拟法庭竞赛,那是我第一次和全系(当时还是人文学院法律系)老师见面并“宣誓就职”的当晚。他问我:知道空间法吗?答:知道(实则没听说过)。问:英语好吗。答:挺好(李老师若知道我和乌克兰使馆对话的那“黑色 10 秒钟”,则历史可能改写)。他说好,你来做教练吧。于是乎,我自认为这只是未来伟大的国际私法学者和法经济学大师对所谓的什么空间法暂时施以人道主义援手而已,未曾想,这将开启一个别样人生。同在从教 11 周年(2019 年)时,我还写道:“(从教)头三年里(2008 - 2011),沉溺于国际私法学说史的阐幽发微,会用掉课堂近一半的时间,而且四分之一在讲国际私法法律关系和六大制度。之后三年（2011－2014），因2011年《涉外民事关系法律适用法》颁布，重心变成对立法的逐条批判。随着2014年本科生国际私法最后一堂课铃声响起，我的课表上便只剩下法律经济分析（北理工法学院应是当时国内为数不多开设法经济学课程的法学院，该课并非为我量身定制，更多是因为2013年前后法学院与管理学院共建了法经济学的二级博士点）和航天法。而研究生的国私课，我讲的实际是国际空间私法（从2008年带学生参加空间法模拟法庭竞赛开始，我就意识到空间法不仅涉及国际公法，还涉及国际私法，因为那年的案例是关于太空旅游中的国际纠纷），从航天活动观照国际私法，于是便有了太空旅游合同的法律适用、适用于外空纠纷的仲裁规则。再至2017年，最后一次讲授国际空间私法和本科的法律经济分析，主要精力投放至留学生的外空法全英文课和本科生的外空法双语课。”

2017年，我和国际私法以及法经济学的俗世尘缘告一段落，但交叉学科的偏好已深入骨髓，即便从事外空法研究也难免“三心二意”。2012年起，有幸加入中国代表团，参加联合国外空委的外空规则制定一线谈判，开启了“疯狂”的国际交流模式，这个规则一谈便是八年，其间及其后，还陆续参加了联合国框架外几个重要的外空国际规则或文件制定谈判，算上三年疫情，大大小小国际会议参加了180余次，自此，“东北英语”风靡联合国内外。此外，2012年还参与了《中华人民共和国航天法》的调研、论证起草，直至今日。此间，对航天涉及的外交、工程技术、国内法层面（行政法、民商法）上的航天管理、侵权赔偿、应急处置、安全维护等也“日久生情”。当然，怎能落下国内法层面的冲突规范？我坚持在《航天法》中写入解决涉外航天民商事法律冲突的冲突规范条款，反对者若能读到这篇自序，也许会些许理解我如此坚持的初衷以及那“宁舍十顿饭，不舍冲突规范”的视死如归般的决绝。这还不是关于“前沿交叉人生”的全部。2014年我前往伦敦，在英国皇家国际关系事务所（Chatham House）工作半年，恰逢克里米亚危机，联合国外空委谈判一线的氛围陡变，大国关系变得错综复杂，谈判态势波谲云诡。既受号称世界第二智库（Chatham House）茶余饭后言必提欧洲当下世界未来的氛围熏陶，也是出于谈判工作实际需要，我对国际关系、国际政治又心生情愫。2015年短暂受聘为联合国裁军研究所的外空安全顾问，之后又参加了一些外空军控领域的会议、二轨对话、正式谈判，继而不得不把军事学也奉为座上宾，开始重读儿时的《三十六计》和《孙子兵法》。2021年，配合法学院建设国际争端预防与解决研究院平台的需要，又开设了研究生的“国际谈判理论与实践”课程，分享这些年外空谈判一线的录音、影像和博弈心得。

至此，从传统学科角度，似乎难以对号入座我所从事的领域。目标虽然明确（服务国家航天事业，推动外空国际治理），但它涉及的学科是多方面的，从法学一级学科来看，它既涉及国际法（国际公法、国际私法），也涉及国内法（行政法、民商法、程序法、冲突法），又与政治学密切相关（国际关系、国际政治、外交学），好似已与法经济学天各一方，实则不然，无论是从国家本位出发的规则博弈还是从国际本位出发的外空国际法治与全球治理，其实质都离不开竞争与合作，都离不开行为经济学、进化博弈论的基本范式。“夫未战而庙算胜者，得算多也。”纵观《孙子兵法》全篇，无外乎追求一个“胜”字，这也是一般情况下国家参加各类国际规则博弈的基本诉求，而从国际视角来看，传统法经济学的效率取向仍是颇具启发的，即如何高效率（低成本/高收益）地推动外空国际治理，“胜”与“效率”虽好似来自不同视角，实则并行不悖，往往具备效率属性的国家规则倡议才更易在国际博弈中胜出。一言以蔽之，兵法不分学科，兵法就是计谋，而用计本身即是最经典的综合范式。由此，曹操在《孙子兵法》最开篇的评注中如是说：“计者，选将、量敌、度地、料卒、远近、险易，计于庙堂也。”郭化若老师注解道，计，“是战前对敌我双方的政治、经济、军事、天时、地利和将帅才能等现有的客观条件的估计和对比”。

如开篇所言，恰恰是这本书完成期间形成的思想和方法论及其共同打造的“法经济学综合范式”气质，指导和贯穿了我参与外空一线国际谈判、国内航天立法以及外空法律政治研究的始终。此外，窃以为这种气质恰恰是国际社会在外空国际治理领域所缺乏的关键要素。具体启示如下。

首先，外空法律政治研究应加强对历史方法论的运用，尤其是逻辑与历史相一致的方法。搞外空法的，很少会有人去关注或关注过 11 世纪意大利城邦的兴起问题，农业、手工业、人口、商业、政治制度的发展。诚然，这与外空治理鲜有直接关联。但又有几人认真研究外空法律政策的发端呢（郑斌先生等少许老一代的外空法学者是例外）？马克思指出：“逻辑的发展完全不必限于纯抽象的领域。相反，它需要历史的例证，需要不断接触现实。”这就是逻辑和历史一致的方法。如果法学研究欠缺对法理和基本法学方法论的关注，也就缺乏相应支撑，而浮于表面，这个现象似乎是国际性的，我们自己的问题可能更为突出。法学研究队伍的迅速扩张，使得特色研究、前沿研究成为安身立命的必由之路，应当辩证看待法学研究分工的细化、专业化趋势。一方面，不可否认，它体现和成就了法学研究的繁荣，但另一方面，离开长期的、稳定的、训练有素的对基本法学理论、研究方法的操练使用，这种繁荣不可持续，只是昙花一现。

其次，“建构论——进化论”之争，无论对于指导外空国际规则谈判还是国内航天法制定都具有重要启示意义。笛卡尔式的唯理主义及其设计理论是建构论的理论基础。罗尔斯也认为，政治、法律、经济与社会制度是人的理性依据正义原则可以进行设计、选择、修正的，制度是理性设计的结果。而哈耶克坚持认为，秩序、文明是人之行为的产物，而非人之设计的产物，他坚持的则是一种进化论的理性主义与进化论的自生自发的社会秩序观。显然，这无关建构论和进化论孰优孰劣的问题，在不同历史阶段、针对不同问题，对两者的排序与统筹方式必然不尽相同。但我整体上倾向于进化论路径，起码谈及当下的外空事务（无论是外空国际治理还是国内航天管理）而言，进化论更具可行性和现实意义。因此，我坚持主张国际社会当下的工作重心，应是结合具体外空场景，对已有国际法（*lex lata*）进行逐条梳理和解释，当然不排除制定具有补充或创新意义的新规则（*lex ferenda*）。对于国内航天立法，与我对国际私法立法的看法同出一辙，即应遵循“成熟一个、制定一个”的基本思路制定具体规则，同时不排除制定较为原则和抽象的顶层法，来指导和牵引具体规则的制定。

再次，本书基于哈耶克制度“自生自发秩序”理论提出的“制度自身均衡”观点，对于考察研判外空制度的发展变迁具有重要指导意义。“笔者认为制度（包括法律制度）主要是由人的行为和规则两部分组成。制度自身均衡就分别体现为人的行为之间的均衡、行为与规则之间的均衡和规则的进化。三个内容之于‘制度自身均衡’，不存在主次之分，没有先后之别，它们在一种相互作用、互相影响动态中，共同决定了制度自身均衡的内容（本书第五章）。”14 年后，我在谈及外空国际制度发展时，继而提出了“势”的概念：“假设规则体系（国际治理体系）发展至今，已初步具备了自我更新的‘势’，这种‘势’指引着行为主体在自觉或不自觉、主动或被动的状态下，从事或服务于规则体系的更新进化。该假设从表述上虽貌似玄幻，但实则体现了生产力与生产关系的辩证理论。生产力（航天技术、太空攻防能力）的不断发展必然详细深入解释旧规则或提出新规则产生强烈诉求，从而决定了生产关系（太空规则体系、太空秩序）不断向前发展。而行为主体在这个过程中有可能是无意识的，毕竟从微观角度看，一国国家的谈判团队是不断变化更新的，从宏观来看，一国的战略政策也是不断调整发展的。也许一个国家在某个阶段经过‘苦思冥想’‘精心策划’提出的规则方案，实际上在历史中已经被其他人甚至是自家人提出过，并且其精神实质已经部分体现在已有规则中，即成为规则体系的‘势’的组成部分。

此时，与其说是在规则体系‘势’的指引下，行为主体来创造规则，倒不如说行为主体是在挖掘‘尘封记忆’，完成规则良性进化应有的流程而已。这实则说明了法律解释的重要性。”

复次，进化博弈论及“三个有限”理论对于探寻外空安全治理出路、创新外空军控理论提供了基本思路。本书第六章指出，进化博弈的终端会形成进化稳定策略，或者说一种均衡、一种秩序和一种制度。“承认”制度的进化博弈就是：主体在“特定目的”或“无意识”的导引下作出“承认”行为，又经由“试错”“模仿”和“针锋相对”的行为选择机制形成“承认”规则并在规则的指导下继续“承认”行为，最终形成“承认”的进化策略均衡（制度均衡）。国家在参与（无论是外空、网络、海洋，任何领域的）国际治理时是有限理性和有限意志力的，若将制度拟人化，制度自身也存在同样的局限，制度本身也可能会短视，会在一定时期内朝着不利于自身的方向发展。但同时，国家也可能是有限自利的。“如果博弈是多次且局数不定的，有条件的利他行为会变得比利己行为更有利”（这对于人生也是具有指导意义的，当然，一个隐含前提是活得足够久，另外，也离不开外部相对公平、富有正能量的机制保障）。“三个有限”的存在，使得打破国际博弈中的“囚徒困境”成为可能。14 年后我提出的有关太空战略稳定、战略均衡理论深植于此：太空（战略）稳定同样包括客观和主观两个方面，即意味着“去太空战争”“去太空军事进攻”的一种特定客观态势，同时还包括“自我约束”“相互制约”的主观能动性和意识状态。为避免太空军事对抗不当升级、对太空（战略）稳定产生严重的、破坏性的影响，在现有外空军控框架下，强调“自我约束”“自我克制”（即有限利他）是十分必要的，既包括具体行为上的克制，也包括战略政策定位及宣传上的克制。太空战略均衡则有可能是一种低效的战略稳定状态。囚徒困境理论所揭示的太空军备竞赛困局，即是典型例证。根据囚徒困境理论，各方选择的所谓“最优策略”反而导致了所有人“生存状态”的整体的下降。个人理性未必一定上升为群体理性。各国太空战略优势的此消彼长，推动着太空国际关系在“趋向/背离”战略均衡中不断发展，历经着“战略稳定/不稳定”的循环往复的过程。各国自我克制的程度和利他的意愿程度决定着这个“循环”曲线最终是向上还是向下的程度，并呈现正比关系。

最后，补充几点国际私法、法经济学对我外空法律政治观点更为具体和直接的影响。基于产权理论，“产权界定是产权交易的前提”，我建议在《航天法》中写入空间物体物权登记条款，借鉴船舶和航空器等领域，明确航天器等外空物权的公示公信力法律依据；根据国际私法连结点理论，提出国际社会应建立航天器国籍制度，并首先通过国内法规定航天器国籍登记制度来予以推动；受冲突法最密切联系原则启发，提出确定外空活动责任国（responsible state）的最密切联系理论；根据法经济学“谁能以更小成本规避风险，规则就将规避风险的责任赋予给谁”理论，提出两个外空物体又发生在轨碰撞风险时的相应主动避碰原则，如“制造风险方主动规避原则”“效率原则（能以更小成本完成规避的一方承担主动规避责任）”等；根据经济学的激励机制原理以及资源效率分配观点，提出外空资源优先权的概念和理论体系，在鼓励外空资源商业开采（如太空采矿）的同时，兼顾国际公平。

行文至此，可以骄傲并充满感激地宣布，我与大学时代的国际私法和法经济学非但从未背离，国际私法和法经济学的精神正是推动我不断前进的元起点和原动力。外空领域的研究和工作，使得我和传统的国际私法学者和法经济学学者相区别，而曾深深沉浸于国际私法和法经济学研究的经历，又使得我与传统的外空法研究者迥然不同，并成为我在外空法律政治领域披荆斩棘攻坚克难的利器。

近日，偶然看到史晋川老师与人合著的《加快构建中国特色法律经济学（构建中国特色哲学社会科学）》一文，提到建构中国自主的法律经济学知识体系“要加强法律经济学的比较分析，发挥这一学科在融通中外文化、增进文明交流中的独特作用，传播中国声音、中国理论、中国思想”，令我感慨非常，恍若隔世。自问这十几年来在外空领域传播中国声音、理论和思想时，可曾有法经济学的身影？答曰：有，且无处不在！如此幸甚，这就是对博士生涯乃至整个大学时代孜孜以求、学而不倦的过往的最大敬意了吧。

这就是开篇所言“虽是作者第一本书，惭愧且幸甚”的原因所在。“愧”在未能如2008年那般雄心勃勃的成为一般意义上的大学者，法学核心（期刊文章）遍地，著作频出，虽然粗略计算，近十年间关于外空的文字也有220万有余，文章也近80篇，但由于该学科在法学圈尚属小众，难登“大雅之堂”，所以更多为航天或国际关系领域期刊所欢迎。“幸”在回顾外空领域深耕的十几年，诸多让自己满意的想法背后竟大多是这本书的加持，在外空领域的“闲言碎语”以书的形式面世之前，第一的位置非本书莫属。

蒙尘十五年，今朝了心愿。既然是向这个认真的过往和至今伟大的存在致敬，全书基本保留了博士论文原文，只做了必要的文字优化、标题调整和情况说明。关于原博士论文的致谢，可参见本书后记。而关于成书，则须特别感谢清华大学出版社，尤其是刘晶女士及其团队，其和善、高效、严谨及专业水平，让我心生敬意。若一日人工智能(AI)可以取代此类编辑工作，那么同时取代的还有我诚挚深厚的谢意，这将直接导致人类情感总量的减少，这也是我一直不喜AI的主要原因之一吧。此外，毕竟15年过去了，历史钩沉，兴奋感慨之余亦难免有疏漏，若有文责，皆由作者自负。

北京初夏，夜风怡人，怀念16年前穿梭于中关村图书城、商务印书馆以及各高校法律书店的自己。黄仁宇的历史方法论，源于斯，归于斯，一切理论与方法，最终都是用于指导生活。若能重来，一定要多买一些、多看一些，法律经济学、制度经济学、历史学、法制史、法律思想史、其他关于历史法学、社会法学的法理学……

有一个给员工“洗脑”的短视频：负责人把一张钞票丢到地上，之后声色俱厉地质问员工怎么才能赚到地上的钱，答案是学会弯腰。做学问又何尝不是如此，不弯腰、不走近、不亲近，而一味地急功近利、盲目追求所谓的热点，或自甘平庸随波逐流，则将与学问永无交集。学问不会投怀送抱，学问也要靠尊重、真诚、热爱、耐力与付出才能打动。自序(自絮)中拼老命搜刮罗列了这么多名人名著，无意标榜“博学”，而是忽觉退休路已半程，对于“深陷人生潮汐浮沉飘荡”充满畏惧，犹如将溺水之人大声呼唤而已。碎碎念，是自我救赎和开释的一种廉价且有效的方式。

永远生动地记得，2001年长春秋天的一个傍晚，在吉大南区北门外的广元饭店，偶遇姚建宗老师和高国栋师兄，虽然我的书架很丰满，但师兄眼中我更是一个擅长篮球喝酒、满口江湖豪情、酷爱打打杀杀的典型东北小伙儿，但姚老师如是说：“这也是个读书人。”刹那间，嘈杂鼎沸的广元小馆与我如按下静音键，而姚老师的话却反复播放，如聆梵音。其时之感动，莫能忘，莫敢忘。20多年过去了，我仍记得自己是个读书人，且仍是个读书人。

与天下读书人共勉。

是为序。

前　言

“承认外国法律的效力”（以下简称“承认”）是国际私法的基本理论问题。“承认”是法律选择的开始，是国际私法的发端，因此“承认”的理由可能蕴含着国际私法的理论内核和发展路径。笔者认为，现有关于“承认”问题的“普遍主义—特殊主义—普遍主义”的理论注解，以及简单的程序式的背景分析无法对“承认”作出细致的、动态的、全面的描述，从而无法经由对“承认”理由的解释得出关于国际私法理论内核及发展路径的一般性结论。对“承认”问题进行经济分析的目的，是从更广阔的经济学视野来解释“承认”现象和重新解读意大利法则区别说，并得出对国际私法理论和实践有益的启示。

整体上看，本书有两条主线：一是学说（内容）主线，即意大利法则区别说，学说主线实际上也是历史主线；二是方法主线，即法律经济分析的主流范式与国际私法经济分析综合范式，本书以后者为重点。具体而言，本书包括六部分内容。

第一，分别对与“承认”问题经济分析密切相关的法律经济分析的范式、国际私法的经济分析和“承认”问题在国际私法中的研究等问题进行文献综述。首先，笔者发现法律经济分析的主流范式存在价值取向单一、忽略历史方法等缺陷；其次，国际私法经济分析在分析领域层面存在“重具体，轻基础”的问题，分析视角局限于“国家”与“个人”，分析方法基本上沿袭了主流范式而少有创新。从中，笔者进一步明晰了本书的研究方法、研究内容和研究意义。

第二，通过对国际私法经济分析基本问题的研究，界定了对“承认”问题进行经济分析过程中涉及的几个重要概念的含义，同时也丰富了国际私法经济分析的基础理论。首先，笔者从国际私法的调整对象及任务、国际私法的要素、国际私法法律关系和冲突关系等不同层面，界定了国际私法经济分析的范围。其次，笔者认为国际私法经济分析的视角应该与国际私法法律关系的主体相对应，即以四分法划分为：个人视角、法律适用者视角、国家视角和国际视角。不同的视角有助于全面解读“成本收益”“价值取向”“方法论”等理论难点。再次,国际私法经济分析的价值取向并不局限于“效率/效益”,还应该包括“正义”“自由”和“秩序”,应当从价值的主体性、时间性和空间性三个层面对价值取向进行细致的动态分析。复次,国际私法的经济功能是指:一部分国际私法主体(国际组织、国家)通过市场和非市场途径将国际私法资源(管辖权)在另一部分相对的国际私法主体(国家、法律适用者、个人)之间进行有效配置,从而明确主体的权利、提供激励、节约成本、增加收益,进而推动国际民商事生产要素的流动和资源(社会资源和经济资源,主要指后者)的优化配置,体现国际私法对经济系统的反作用。管辖权的配置是核心功能,而对经济系统的反作用是其经济功能的最终表现。最后,笔者提出了国际私法经济分析的综合范式。即,立足于国际私法经济分析的其他基本理论,建立问题讨论的历史平台,循沿着第一条理论主线——不同的分析视角,本着历史与逻辑相一致的方法原则来运用不同的经济学理论工具对国际私法问题进行分析。在对经济学理论工具进行实证性检验的同时,完成对国际私法问题的实证分析,与整个分析过程如影随形的就是围绕第二条理论主线——不同的价值取向,对国际私法理论内核、发展路径进行的规范分析。

第三,通过对“承认”主流范式分析的介绍,提供了一个与综合范式比较的知识基点,并且通过对主流范式理论的批判与检验,进一步明确了综合范式的理论基点。一方面,笔者对“承认”的成本收益分析以及博弈分析进行了实证性检验,结论是:由于局限于“效率”的唯一性和“理性人”的前提以及成本收益界定和比较的不确定性,成本收益理论和传统的博弈理论都无法解释“承认”现象。另一方面,笔者通过对国家视角下“承认”成本收益具体内容的界定和运用边际成本收益理论对“承认”进行的分析,对“承认”问题进行了初步的动态、细致的描述,同时为综合范式分析提供了相关素材。

第四,通过对“承认”问题产生时(意大利法则区别说时期)的历史细节的考察,得出关于“承认”原因的直观性结论,并且为后面的综合范式分析设立了一个具体的历史平台。在对意大利法则区别说的内容以及该时期的非法律因素和法律因素进行分析的同时,也提供了综合范式分析所需的历史素材。

第五,建构了一个“制度—行为—市场”三位一体的综合范式分析框架。

“制度”指的是“承认”的制度经济学分析,包括制度变迁理论分析和产权理论分析。首先,通过分析“承认”与制度、产权概念的联系,笔者找到了“承认”与制度经济学的契合点。其次，运用制度变迁理论对“承认”进行了分析，笔者认为“承认”是法律制度变迁的结果，进而分析了制度变迁的客观原因、主观原因和目的性原因。这里笔者提出了一个重要概念：制度均衡。“承认”就是制度均衡的结果。最后，运用产权理论对“承认”进行了分析。在对产权界定和交易理论以及两者与国际私法管辖权配置的关系进行了详细分析之后，笔者探讨了“承认”在管辖权界定和交易中的具体表现、“承认”与管辖权交易成本的产生和缓解之间的关系。之后，笔者论述了意大利法则区别说时期的管辖权界定、交易和“承认”问题的关系。进一步从产权理论角度阐释了“承认”的原因和动态过程，并且从产权理论的视角重新解读了意大利法则区别说。总之，从制度视角来看，“承认”是制度均衡要求引起的法律制度变迁的结果，“承认”的过程就是管辖权界定和交易的过程，“承认”是缓解交易成本的一种效率的“治理结构(长期合同)”的体现。

“行为”指的是“承认”的行为经济学分析。笔者运用行为经济学的三个“有限”理论、偏好理论和进化博弈理论分析了“承认”问题。首先，初步介绍了各个理论的内容及其与“承认”问题的联系；其次，具体分析了三个“有限”在“承认”问题中的不同体现；再次，运用认知理论，结合具体的历史细节对“承认”的产生进行了分析；复次，在进化博弈分析中，将“承认”的进化博弈分为四个阶段：“承认”行为的形成、“承认”规则的形成、“承认”规则导引下的行为和“承认”均衡的形成，并予以分别考察；最后，笔者得出了本书的第一个重要的结论：国际私法的理论内核是“进化”。总之，从行为视角来看，“承认”是主体有限理性、有限意志力、有限自利和偏好随机性的体现，是主体认知变化的结果，“承认”体现了一种理性和非理性因素的结合，“承认”是主体之间进行进化博弈所形成的进化策略均衡。

“市场”指的是“承认”的供给需求理论分析。首先，笔者论证了运用供求理论分析国际私法市场的可行性；其次，笔者对“承认”所形成的国际私法市场中的供求关系进行了分析，阐述了供求方、法律产品和市场的内容及类型、论证了法律供给需求的特点和影响因素，并指出了国际私法市场的供求平衡的含义，进而得出了本书的第二个重要结论：国际私法进化(发展)的路径是竞争与合作；最后，笔者运用得出的关于供求理论的一般性结论分析了意大利法则区别说时期的法律市场，在“市场”框架中进一步探讨“承认”的理由。包括对这一时期的供求双方、法律产品和法律市场的分析、供求关系特征的分析、与“承认”问题紧密相关的商法市场三个阶段的均衡状态的分析以及从法律市场视角对法则区别说进行的重新解读。总之,从市场视角看,“承认”是实现法律市场供求均衡的必然要求,“承认”提出了竞争与合作的一般性原则,“承认”形成了国际私法市场,在这个市场中,竞争与合作机制起着至关重要的作用。

第六,论述了“承认”问题的经济分析对我国立法理论与实践的启示及建议,所采取的技术路线为:本书结论—立法理论—立法实践。首先,在立法理论层面,笔者认为,关于国际私法理论内核与发展路径的理论是指导我国立法的根本性理论,建构论与进化论相结合的理论是指导立法的基本理论,普遍主义与特殊主义相结合、实质正义与冲突正义相结合以及柔性化与刚性化相结合的理论是立法的具体理论。在立法实践方面,笔者提出了关于解决“立法缺位”问题、最密切联系原则、当事人意思自治原则、“有利”原则和“直接适用的法”的相对具体的建议,同时提供了相关的理论解释。

总而言之,本书通过对国际私法经济分析基本问题的界定和对“承认”主流范式分析的检验,得出了包括综合范式在内的与“承认”密切相关的基本概念,继而通过运用这些概念和建立在具体历史平台(意大利法则区别说时期)上的“制度—行为—市场”的分析框架,笔者得到了关于“承认”现象全面的、细致的和动态的描述。经由这种描述,笔者得出了关于国际私法理论内核与发展路径的一般性结论,并且依据这个结论提出了关于我国国际私法立法理论和实践的几点建议。

目　　录

导　言

经济学解释预设了一种历史中的上帝:这个预设的上帝控制着引线,操纵着木偶朝着各种不同的方向运动,并由此而制造了我们称之为历史的各种表象。此前的思想家们只是误解了这个上帝而已;这个上帝实际上并不是“观念”,也不是“绝对的”或“无意识的”,而是经济的。[①]

——庞德

第一节　问题的提出

问题的提出要从法律效力谈起。法律为法律关系的主体创设了权利义务,这就是法律效力的体现。法律的效力是有空间和地域范围的,并依此分为属地效力和属人效力,也可分为域内效力和域外效力。

一般认为,属地效力是一国[②]法律对领域内一切人、物、事(行为)的约束力。属人效力则是一国法律对本国人[③]的约束力。笔者认为,法律的效力就是指法律对主体的效力,即对人、组织和国家的效力,[④]而所谓的对物、事的效力,实质上反映的也是主体之间的权利义务关系。所以法律的属地效力就是对领域内存在的一切权利义务关系的约束力,而属人效力就是对“主体涉及本国人”的权利义务关系的约束力。一国的法律也可以相应的分为属地法和属人法,显然两者调整对象有重合的部分:本国领域内涉及本国人的权利义务关系。域内效力的含义与属地效力完全相同,但是域外效力的含义却与属人效力大不相同。域外效力是指“一国法律在制定者管辖领土以外尚能发生的效力”[⑤]。关键是什么叫作“尚能发生效力”。笔者认为,域外效力(包括域内效力)可以通过主体主动地行使权利和承

① [美]庞德:《法律史解释》,邓正来译,137 页,北京,中国法制出版社,2002。

② “国”在本书中不做特别说明时,皆指“法域”。

③ 在国际私法领域,“本国人”的确定除了国籍标准之外,还有住所地(惯常居所地)标准。

④ 张文显主编:《法理学》(第二版),83 ~ 84 页,北京,高等教育出版社,2003。

⑤ 李双元:《国际私法(冲突法篇)》,11 页,武汉,武汉大学出版社,2001。

担义务来实现,除此以外,法律的适用也是法律效力实现的一个重要途径。下面以 A、B 两国法院法律适用的情形为例来说明 A、B 两国法律域外效力的实现。

A 国法律域外效力的实现包括三种情形:一是 B 国法院适用了 A 国调整 A 国域外涉及 A 国人权利义务关系的法律,也就是 A 国的属人法的一部分。理论界认为一般意义上的"承认外国法律效力"就是指这种情形,这时"A 国域外"往往指的就是 B 国域内;二是 B 国法院适用了 A 国调整 A 国域内权利义务关系的法律,即属地法;[①]三是 A 国自己的法院适用了本国调整域外权利义务关系的法律,即属人法的一部分。同理可以推出 B 国法律域外效力的实现的三种情形。需要注意的是,后两种情形往往被不恰当地忽略。总之,法律的域外效力是有待通过主体主动行使权利、承担义务或者通过法律适用而实现的待定事实或者是已经实现的既定事实。

如果没有任何参照地使用"域外效力""域内效力"的概念,不但概念本身不清晰,而且会导致相关理论的混乱。例如,一般认为属地法仅有域内效力,只有属人法才能产生域外效力。然而,通过上述 A、B 国情形的分析可以看出,属地法也可以产生域外效力。再者,有的学者认为法律冲突就是"外国法律的域外效力与内国法律的域内效力之间,或内国法律的域外效力与外国法律的域内效力之间的冲突。[②]"这种观点基于两个预设的对应关系:一是"外国的域外"恰恰就是"内国的域内",二是"外国的域内"恰恰就是"内国的域外"。然而,这两个对应关系无法覆盖法律冲突的所有情形。仅从语言逻辑上分析,"外国的域外"可能还是"内国的域外";[③]而"外国的域内"虽然必定是"内国的域外",但是发生法律冲突的可能是"外国的域内"与"另一外国的域外"。关键是法律冲突涉及的不一定就是两个国家。此外,通过前面对法律适用情形下一国域外效力实现的分析,可知外国具有域内效力的法律经由内国法院的适用便实现了它的域外效力,那么此时的法律冲突状态是形容为内国法律的域外效力与外国法律的域内效力的冲突呢(依上述学者的观点),还是内国法律的域外效力与外国法律的域外效力的冲突?可见,如此界定法律冲突,混乱在所难免。

笔者认为法律冲突的实质就是不同国家的法律在调整同一权利义务关系时产生的冲突。这种冲突既可能发生在法律冲突当事国其中的任何

---

① 例如适用了 A 国的侵权法来处理发生在 A 国的涉及 A、B 两国人之间的侵权案件。

② 姚壮、任继圣:《国际私法基础》,23 页,北京,中国社会科学出版社,1981。

③ 例如 A 国与 B 国的法律发生冲突,而法院地在 C 国,这里并不涉及 C 国的内国法。

一国的领域内,也可能发生在其他国家的领域内;既可能是属人法与属地法的冲突,也可能是属人法与属人法的冲突。而属地法与属地法的冲突尚无从想象,但也许会极例外地存在。

“承认”是产生法律冲突的原因之一,同时也是解决法律冲突的前提。它是法律冲突法(law of the conflict of Laws)中最先涉及和需要解决的问题,是冲突法里最基础的问题,也是国际私法之发端。“承认”包括承认外国的属人法和承认外国的属地法。综上所述,通说上的“承认外国法的域外效力”的表述是不全面、不科学的,存在逻辑误区:域外效力实现的途径之一便是“承认”和“适用”,“承认”的对象并非局限于外国法律的域外效力,还可能是该外国法律的域内效力。那么,“承认”外国法律和适用外国法律之间又是什么关系呢?“承认”可以分为静态和动态两种,前者指的是只在理论上不予否认而没有实际的司法活动,后者则是通过适用外国法律的司法实践表达了承认的态度。从理论上讲,承认外国的法律效力是进行法律选择的前提,因为承认意味着法律选择成为可能,选择的结果要么是适用内国法,要么是适用外国法。而现实中的层次并非如此清晰,“适用外国法”往往作为“承认”的直接表象,[①]此时“承认”和“适用”同时发生,适用外国法或者说进行法律选择的理由也就是“承认”的理由。关于“承认”或者说“适用外国法”的理由,历史上有三个最重要的学说:法则区别说、国际礼让说和法律关系本座说。[②]

一个国家的法院为什么在一定的条件下适用外国法,这是国际私法的核心问题。在国际礼让学说诞生之前,以巴托鲁斯为代表的意大利法则区别说以自然法为基础,认为城邦(一国)的某些法则是具有普遍适用性的,所以被其他城邦承认和适用是理所应当的。法则区别说还试图建立一些普遍适用的法律选择规则,以此界定具有普遍适用性法则的范围。在强调“国家主权”思潮的冲击下,巴根多斯在继承达让特莱(法国法则区别说代表人物之一)的属地原则的同时,结合“国家主权”的观念,认为独立主权国家必然有排除适用任何外国法的权力,但是出于商业利益需要,只要不与本国主权和利益相悖,出于一种礼让,也可以适用外国法。胡伯进一步明确指出适用外国法是国家的礼让行为,国家没有“承认”的义务。法律

① 即使一国法院在某个案件中适用了内国法,也并不意味着它否认外国法律的效力,因为这可能是它在对内国法和外国法进行了比较之后作出的选择。如果不承认外国法的效力,那么外国法连和内国法比较的资格都没有。

② 本书设定的历史平台为意大利法则区别说时期。

关系本座说的代表萨维尼认为“承认”是根据所涉法律关系自身的性质决定的。与巴根多斯和胡伯强调国家的主观意志不同，萨维尼似乎更强调事实或纠纷与一国法律客观上存在的特定联系或密切联系。“适用于特定情况的法律规则首先且主要取决于某人附属于特定地域的法律；但是，与此同时，由于特定事物、行为或生活关系与其他地域法律之间存在的关系，将会出现大量极为重要的变更。”①法律关系本座说的要义即主张“每一种法律关系确定依其本质所应归属或应受制的法律秩序，为此，即应探得各该法律关系的‘本座’（Sitz）：支配该本座所在地的法律秩序，即为该法律关系所应归属的法律秩序。而法律关系的本座应依法律关系的特性来确定。”②

有学者认为：“法律的发展是以经济发展为基础的。……在处理涉外民事关系时需要考虑外国法的不同规定，这是国际经济关系发展到一定历史时期的产物，是各国都只按属地原则适用自己的实体法已不能保证司法公正而只会妨碍国际民商事交往的产物。所以适用外国法的根据只能到客观存在的国际民商事关系发展的需要中去探寻。历史上各种学说的出现以及他们的理论核心，都与它们各自所属时代和国家的社会、政治、经济的发展需要有关。”③这种类型的解释涉及的理论局限于经济决定论，相应的历史材料也多集中于经济的发展，它认为“承认”是经济发展的结果。笔者认为这种解释是粗线条的，缺少更抽象的理论和相应的历史细节。那么，如何从更广阔的经济学角度来解释“承认”这个现象和重新解读意大利法则区别说？“承认”问题的经济分析对国际私法的理论和实践有何启示？这些就是本研究所要解决的问题。

第二节　对“承认”问题进行经济学分析的目的和价值

一、研究目的

对“承认”问题进行经济学分析的目的有二：基本目的是用有别于国际私法传统法学方法的新理论（法律经济学理论）来对“承认”问题进行重

① ［德］弗里德里希·卡尔·冯·萨维尼：《法律冲突与法律规则的地域和时间范围》，李双元等译，6～7页，北京，法律出版社，1999。

② 吕岩峰：《吕岩峰论国际法》，339页，长春，吉林人民出版社，2005。

③ 李双元：《国际私法（冲突法篇）》，102页，武汉，武汉大学出版社，2001。

新的、细致的、深入的动态描述，同时为重新解读传统学说（法则区别说）提供新的思路；而从这种实证分析中探寻国际私法的理论内核及其发生、发展的一般路径则是终极目的。

二、研究价值

（一）学术价值

1. 为国际私法经济分析奠定理论、方法论和框架基础

本研究运用国际私法经济分析的基本理论对国际私法的基本问题进行了分析。一是奠定理论基础。本研究首次提出并详细论述了国际私法经济分析的基本理论。探讨了国际私法经济分析涉及的法律关系、分析视角、价值取向和与国际私法经济分析及国际私法基本理论都密切相关的国际私法的经济功能。这些理论是对国际私法进行经济分析的必要的理论前提，澄清这些理论才能避免对国际私法的经济分析出现零散或割裂的局面，因为这些理论提供了一个对国际私法经济分析的理论（现有的和未来的）进行评价和甄别的一个统一标准，对这些理论的不同认识会带来不同的国际私法经济分析的思路。二是奠定方法论基础。本研究首次提出了国际私法经济分析的综合范式。与现有的国际私法经济分析或法律经济分析的主流范式相比，综合范式更适合对国际私法，特别是国际私法的历史学说领域进行深入研究。三是奠定了框架基础。初步构造了一个新的对国际私法具体内容进行经济分析的框架。即以“法律选择”为主题构造的分析框架，包括对法律选择前提（承认外国法律效力）的经济分析、对法律选择方法（当事人意思自治原则、最密切联系原则等）的经济分析、对法律选择辅助机制（识别、先决、反致等）的经济分析和对法律选择的具体领域（合同、侵权等）的经济分析。

2. 丰富和发展国际私法的基本理论

一是丰富了关于“承认外国法律效力”的理论，为解决国际私法基本理论问题提供了新的法理学、社会学和经济学视角。笔者认为“承认”是法律（制度）进化表现的一部分。“承认”的性质和范围取决于实力和利益的微妙平衡，这种平衡随着整个世界政治经济格局的不断变化而不断被打破，实力和利益的博弈在不断发生，但是博弈的内核却是不变的，那就是“进化”的理念，博弈带来的各种平衡应该也确实沿着进化的思路向前发展，这种进化的思路不论在哪个历史时期都表现为“竞争与合作”。二是丰富了对国际私法理论内核的研究，为研究国际私法的发展规律提供新视

角。笔者认为,"进化"这种理念应该就是国际私法理论的内核,而"竞争与合作"则是国际私法发展的根本路径。各国在国际私法领域的竞争与合作的演变主导了国际私法的发生、发展、变化和消亡。三是丰富了对法则区别说的理解,为研究国际私法史、国际私法学说史提供了新的学科工具。笔者设定具体的历史平台,运用法律经济学的多种分析工具从不同角度、不同侧面对学说所涉及的"承认"问题进行了细致的分析,这样就在重新理解"承认"问题的同时也对学说进行了重新的解读。

3. 拓宽法律经济学研究范围并发展法律经济学分析模式

一方面,本研究对国际私法的基本问题(承认外国的法律效力)的经济分析拓宽了法律经济学在国际私法领域的研究范围;另一方面,国际私法经济分析综合范式的提出,发展了法律经济分析现有的主流范式和后"制度主义综合范式"。

(二)应用价值

在国际私法领域,不论是一个国家的国内立法还是国际合作的诸多形式(例如制定统一实体法、统一冲突法和司法协助),都离不开国际私法基本理论的指导,这个理论的内核就是经由"竞争与合作"而实现的"法律进化",它为我国国际私法立法和开展相关国际司法合作提供了指导思想。合作是对竞争成果的肯定,是国际私法发展的重要途径之一,这说明了加强与他国进行国际司法合作的重要性。但是合作不能是无条件的和盲目的,因为合作是通过竞争完成的,为了获得竞争中的优势位置,我们必须先充分地争取自己的利益,包括自己的当事人、法院、国家的利益。这样才会在博弈中先行获得有利的战略地位。所以合作的前提是充分的竞争。充分的竞争意味着要注重本国法律制度(既包括实体法、程序法也包括冲突法)的完善和发展,有选择的合作才能不割断法律发展的历史、民族特征的纽带,才能使本国的法律文化、法律制度有机地发展。

第三节　研究思路与基本方法

一、研究思路

本书行文围绕两条主线展开:一是学说(内容)主线,即意大利法则区别说,学说主线实际上也是历史主线;二是方法主线,即法律经济分析的主流范式与国际私法经济分析的综合范式,并以后者为重点。首先,运用主流范式分析，结论是成本收益分析并不能清晰地解释“承认”的原因，但是它能够引发有益的思考；而非合作博弈分析也无法解释“承认”的现象；接下来运用“综合范式”分析，结合对“承认”问题学说背景的详尽历史分析，尝试运用制度经济学、行为经济学和供给需求理论等多种理论解释和分析“承认”问题。其中还涉及了实验经济学、经济决定论、法律市场理论和竞争与合作等理论。最终在以全新思路诠释剖析了“承认”问题的同时，也提供了理解国际私法传统学说的全新视角和理念，并且通过对不同分析方法的比较，有助于更深刻地理解法律经济分析主流范式和综合范式的分析方法。总之，本书既包括对国际私法基本法律问题的研究，也包对国际私法历史的研究，作为研究对象，后者更具魅力却往往被忽略。

二、基本方法

笔者提出了贯穿“承认”问题经济分析始终的“国际私法经济分析的综合范式”，这一范式同样适用于国际私法其他问题的研究，也应适用于其他法律领域问题的经济分析研究。

国际私法经济分析的综合范式也是针对主流范式的不足提出来的，例如主流范式的效率标准缺乏历史特征，而且效率评价也具有一定的主观性，而人的理性是有限的。另外，过于单一和流于形式主义的分析方法使其对历史及现实问题的解释力下降。成本和收益分析所需要的过多的假设与现实不符，同时其本身界定的模糊性也成为众矢之的，国际私法领域的成本和收益是难以量化的，其他法律领域也或多或少存在类似问题，这也是法律经济学或法律经济分析难以大行其道的重要原因。这些不足在分析历史问题上的缺陷更加明显，这正是笔者提出“综合范式”的直接原因。

综合范式大致体现在以下几个方面：一是在方法论上体现了抽象演绎与历史归纳的综合、个人主义与整体主义的综合、实证分析和规范分析的综合；二是在经济学理论工具上体现了对主流范式和非主流范式的综合；三是上述的综合运用都是围绕着国际私法经济分析的分析视角与价值取向展开的。

第四节　主要内容、创新和不足

一、主要内容

本书包括两方面的主要内容：国际私法经济分析的基本理论和“承

认”问题的经济分析，前者为研究后者提供前提性准备，后者包括“承认”的主流范式分析和综合范式分析两部分，以综合范式分析为主。

关于国际私法经济分析的基本理论的讨论与重构集中在第二章，着眼于对基本概念的澄清。这一部分首先界定了国际私法经济分析的范围，在此基础上提出了四分法的国际私法经济分析视角；接着运用不同的分析视角全方位地揭示了国际私法经济分析的价值取向和国际私法的经济功能，指出“管辖权配置”是核心经济功能；最后，在完成国际私法经济分析基本理论主观标准构建的基础上，提出了国际私法经济分析的综合范式。

在界定基本概念和解决基本问题之后，第三章开始对“承认”问题进行法律经济学主流范式的分析。一方面，批判主流范式分析的不足；另一方面，也要肯定主流范式带来的有益启示，从而引出“承认”的综合范式的分析。综合范式的特点之一就是运用各种分析方法将特定问题置于特定的历史环境下进行综合分析。所以在对“承认”进行综合范式经济分析之前，本书先设定了一个具体的历史平台：意大利法则区别说时期。

历史平台确定之后，笔者分别运用综合范式包含的多种分析工具，即制度主义经济学、行为经济学和供给需求理论对“承认”问题进行分析，构造了一个“制度—行为—市场”的分析框架，这就是本书第五章到第七章的内容安排。其中，一方面要明确各种分析工具之间的逻辑关系。前面提到综合范式分析的前提是具体历史背景的预设，而对历史中的政治、经济、法律等制度进行描述和分析时，主要运用的就是制度经济学中的制度变迁理论和产权理论。将种种历史因素摊开细数之后，笔者发现了“利他主义”“有限理性”等意识层面变迁的痕迹，而这些正是行为经济学的核心概念，同时它们也为进化博弈提供了直接的理论支持。于是，制度经济学、行为经济学和进化博弈理论在不同的历史背景下针对同一问题有机结合起来，笔者便得到了主流范式博弈分析所无法得出的{承认，承认}的合作解，从而完成了对“承认”行为的动态描述，并从中发掘出国际私法的理论内核：进化。接下来，需要进一步探寻“承认”发生发展的路径，因为其中可能孕育了国际私法发展的根本路径。这时，笔者使用了法律经济分析的主流范式的理论——供给需求理论，来对“承认”问题进行进一步的分析。[①] 通过对法律产品与市场、法律需求和法律供给的分析，得出“竞争与合作”的发展路径。另一方面，则涉及经济学分析工具的具体应用，这是研究的重点和难点。

---

① 这种对各种分析方法的综合运用也正是国际私法经济分析综合范式的另一个特点。

一是对制度经济学工具的应用。笔者选择了其中的制度变迁理论和产权理论。制度的变迁是由于原来的均衡状态已经被新的情况破坏，需要新的制度达到新的均衡状态。当存在一种剧烈的环境、技术与人口的变迁时，这种变化使得原来理所当然的制度安排变得不可行。笔者认为这正是极端属地主义不合时宜的制度原因。所以，笔者考虑将“承认”现象的出现和形成与法律制度变迁联系起来，同时也完成了对政治、法律、经济和人们的意识等历史背景因素的分析。而运用产权理论的一个根本前提则是笔者认为国家主权与产权具有可比性。管辖权作为主权的主要内容，它的配置与产权的配置（界定与交易）就具有了共性。而产权交易的需要也正是“承认”仍然会发生的动因之一。

二是对行为经济学的应用。笔者认为，“承认”就是国家主体的理性和非理性因素的融合。在特定的时代，我们可以认为“承认”是国家的一致偏好，但这种一致不能掩盖有关“外国法律的范围”界定上的分歧，这种分歧又体现了偏好的随机性。“承认”偏好的背后是更深层的、更基础的偏好，它可能是“声誉、地位”，也可能是“自我利益以外的东西”，如“公平”“国际认可”或者“互让考虑”，这种偏好还可能是源于人类的“互惠互利”的基因。

三是对进化博弈理论的运用。“承认”问题的研究对象是随着时间变化的国家群体，进化博弈分析的目的是更好理解这个群体演化的动态过程，并解释说明为何群体可以达到目前的这一状态——｛承认，承认｝，以及是如何达到的。影响群体变化的因素既具备一定的随机性和扰动现象（突变），又具备通过演化过程中的选择机制而呈现出来的规律性（竞争与合作）。

四是对供给需求理论的应用。每个历史时期都存在着一个有着深刻时代烙印的法律市场，都存在着形形色色的法律供给者和法律需求者，而“承认”的过程则可看作是法律产品竞争与合作的过程。

二、创新之处

本书在方法论上提出了国际私法经济分析的综合范式，并提出了以下新结论。

第一，关于国际私法经济分析基本理论的结论创新。提出并界定了国际私法经济分析范围、国际私法的经济功能的概念；重新界定了国际私法经济分析视角和价值取向的内容。

第二，关于“承认”动态描述的创新。一方面，现有的理论只是从政治、经济、法律和学说等层面建立了一个简单的描述轮廓,而笔者则将"承认"问题和法律制度构成、政治经济和法律制度变迁、人们的行为意识的演变等背景因素联系起来,并且运用进化博弈理论、供给需求理论、产权理论、竞争与合作理论等多种思维模式对"承认"问题进行细致、生动、深入的分析。这种实证描述本身即属创新。另一方面,关于法则区别说、国际礼让说和法律关系本座说这些历史学说和"承认"之间的关系,现有理论只是简单地归结为"从法则区别说的普遍主义到国际礼让说的特殊主义,再到萨维尼的普遍主义的回归"。而笔者通过对背景因素的细致分析,为两者提供了更多有机联系的线索,证明了"承认"问题在各个学说的相应历史时期并不是简单的某个"主义"的体现,这为重新理解国际私法的历史学说提供了有益启发。

第三,关于国际私法发展路径和理论内核的创新。O'Hara(2003)认为竞争是唯一的途径,而 Solimine(1989) 和 Gunman(2002)等学者则认为合作是最终的途径,实则两者密不可分。合作是国际私法的最终出路,而合作是通过竞争完成的,为了获得竞争中的优势位置,各国必须先充分地争取己方利益,包括自己的当事人、法院、国家的利益,其前提是不违反国际法原则,这样才会在博弈中占据有利的战略地位。所以,合作的前提是充分竞争。充分竞争意味着要注重本国法律制度的完善和发展,有选择的合作才能不割断法律发展的历史、民族特征的纽带,才能使本国的法律文化和法律制度有机地发展和进化。"各国法律制度的进化"就是国际私法的理论内核。"进化"的路径就是"竞争与合作",而只有充分竞争下的合作才能带来世界法律文化的繁荣和进步,提高整个世界法律市场的效率。

三、不足之处

首先,制度变迁理论、产权理论、行为经济学理论和进化博弈理论尚属首次被运用到国际私法领域,虽笔者尽力使诸理论得以精准运用,但由于材料所限、学识所囿,论述及最终表达的效果必定有限。其次,由于篇幅所限,本书无法描绘出"承认"问题从发端至今的完整画面,如果能运用不同的经济分析工具对"承认"的"普遍主义—特殊主义—普遍主义"的路线进行完整分析,在得到关于"承认"更全面的解释的同时,还有可能得出不同的经济分析工具之间、同一工具的不同内容之间的新的联系。这些都说明"承认"问题的经济分析还有进一步研讨的空间和必要。

第一章　文献综述

目前,国内外几乎没有专门针对"承认"问题进行经济分析的文章。①因此,只能从与"承认"的经济分析相关的若干层面来搜集资料,期冀从中发现有益的线索和启发,而"若干层面"与主题的"相关程度"各不相同,自然而然的,搜集文献的工作便循沿着"相关性"的由近及远、由密及疏的思路展开。

对与"承认"类似的问题进行经济分析的相关资料首先被纳入搜寻的视野,是因为其借鉴意义相对而言是最直接的,而此类资料仍是少之又少。于是,对"承认"问题在国际私法领域的研究现状的考察就成为必要和必然。一方面,需要评估和确定这个选题的重要性,起码是对于国际私法研究的重要性;另一方面,缺少直接借鉴材料的局面也迫使笔者不得不将注意力转向纯粹的法学研究,在丰富"承认"问题理论内容的同时,力求找到其与经济分析理论的契合点。对于寻找这种契合点启发最大的莫过于现有的对国际私法若干领域进行的经济分析,这正是笔者将下一个搜集工作的重点转移到国际私法经济分析现状的原因之一。除此之外,还有一个更重要的原因,即尝试更新观点的需要。在肯定了"承认"问题对于国际私法研究的重要性的同时,笔者也发现,在国际私法传统理论、理念的束锢下,关于"承认"的观点千篇一律,少有新意。因而寄希望于现有的国际私法经济分析的成果能够提供有关国际私法基本理念、价值和研究方法等方面的新鲜血液,从而对更新关于"承认"问题的观点有所裨益。在这一过程中,笔者得出了一个至关重要以至于对全书写作产生了直接影响的结论:观点更新的出发点往往不在观点本身,而在于方法的更新。经济分析方法固然是对国际私法传统研究方法的更新,但是现有的国际私法的经济分析更多的是对以波斯纳为代表的法律经济分析范式(主流范式)的复制,正所谓渊源于此,亦禁锢于此。最后,原本是在观点更新动机促使下的方法更新的尝试,却指引着笔者来到了"距观点最远"的整个法律经济学

① 本部分内容虽完成于2008年,但迄今为止,尚未见类似的研究。

领域。不过笔者的工作不是对其所有的研究成果进行面面俱到的总结，而是仅对现有的法律经济分析范式进行比较分析，从而遴选出或是尝试构造出一个对“承认”问题进行经济分析的理想范式（国际私法经济分析的综合范式）。

这样，“由近及远、由密及疏”这一思路的尽头反而成了行文成章的关键。所以，下面对文献进行述评的顺序反其道而行之，即先从法律经济分析范式的现状谈起。

第一节　法律经济分析范式文献综述

现有的法律经济分析范式可以分为主流范式和非主流范式。

简而言之，主流范式是指以“市场本位”为精神实质，以“效率”为核心价值，以主流经济学的理论为分析工具，来解释和设计法律制度的一种法律经济学的主要模式。首先，在精神、价值方面，主流范式秉承了主流经济学核心：坚定的市场观念和效率（财富）最大化，主张通过市场自愿交易达到效用（财富）的最大化。至此，“效率”作为一种法律的价值取向被提升到前所未有的高度。其次，结合主流经济学的理论，主流范式总结了法律经济学的三个定理。（1）斯密定理（Adam Smith，1776）：自愿交换对个人是互利的。（2）科斯定理（Coase，1961）：在一个零交易费用的世界里，法律对资源配置不发生影响；而在存在正交易成本的现实世界里，能使交易成本最小化的法律是最适当的法律。（3）波斯纳定理（Posner，1974）：如果市场交易成本过高抑制交易，财产权利应赋予对它净值评价最高的人。最后，主流范式的分析工具也相应地集中于新古典主义经济学，例如成本收益理论、供给需求理论、博弈理论、贸易理论等。笔者认为，除了新古典主义经济学外，福利经济学和公共经济学也是法律经济分析的主要理论来源，例如政府管制分析和公共选择分析，之所以没有将这些模式归入主流，是为了突出主流范式和新古典主义经济学的重要联系。可以把它们纳入广义的主流范式，也可以把它们作为主流范式的重要补充，这完全取决于讨论的需要。另外，需要注意的是，制度经济学中的产权理论已逐渐被主流范式所吸收并接纳，制度变迁理论则相对独立而更适合被归入非主流范畴。纵观国内现存的法律经济分析（周林彬，1999；丁利，1999；史晋川，2001；柯华庆，2002；陈国富，2005）的工具，几乎全部来源于以上的理论。主流范式的影响力可见一斑。张建伟（2005）认为，1958—1973 年这一段时期是法律经济学主流范式的提出阶段，主要代表人物是 Coase、Calabresi

和 Manne；1973—1980 年则是范式接受期，这一时期的领军人物就是 Posner、Cooter 和 Ulen；而 1976—1983 年则是范式质疑期。主流范式之所以遭受质疑，与其本身面临的诸多问题密切相关。

笔者将问题大致归纳为两个方面。一方面是对其基本理论的质疑。首先就是对效率标准的疑问："第一，效率缺乏历史特征，对于任何特定问题而言，一种给定条件下的解释都可说是一种效率解，但法律是变动的制度体系，如果存在一种趋向效率的解，那么在这一时间进程中，效率就不是唯一解；第二，效率评价具有主观性。"这种批评主要来自奥地利学派（Peter J. Boettke、Kirzner Israel，1973）和德沃金（1979）等法理学家。韦尔纳·Z. 荷西（1988）则认为效率不是评价和设计法律的唯一标准："如果效率确实能严格地作为唯一的和最终的目标，那么，我们的任务会轻松得多。然而，我们所面对的却总是几乎完全对立的两个目标——效率和公平。"还有对财富最大化的质疑（林立，1999）：财富的最大化的含义是什么？是个人财富的最大化，还是以牺牲部分人的财富为代价获得的社会财富的最大化？财富最大化就能带来幸福吗？另外，针对"理性人"的假设，行为法律经济学者（Cass Sunstein，Richard H. Thaler，1998）指出：人的理性是有限的。另一方面是对其方法的质疑。过于单一和流于形式主义的分析方法使其对历史及现实问题的解释力下降。《比较法律经济学》的作者 Ugo Mattei（1987）认为："对于大陆法系、成文法系国家而言，由于其政治结构与普通法法系国家不同，主流法律经济学的'普通法的效率'理论对其就很难具有解释力。"Gordon Tullock 则指出，对法律的分析离不开对政治因素的考虑。Ellickson（1991）的研究表明，将法律视为解决外部性冲突的唯一方法的做法是有缺陷的。除此以外，成本和收益分析过多的假设成分与现实不符，同时其本身界定的模糊性也遭到了广泛的批评。这些批评者主要是一些制度分析者，如 Goldberg（1976）、Schmid（1976）、Samuels（1976）等。

在对主流范式的批判和反思中，逐渐形成了一些非主流的分析范式。这些分析范式以新的分析方法为核心，例如制度经济学中的制度变迁理论、行为经济学、进化博弈论、法律人类学、法律社会学、实验经济学等。针对主流范式的形式主义分析，非主流范式强调以现实主义的不完全市场、不完备法律、不完全合同、有限理性的政府为出发点，强调各种治理资源和治理机制之间的互补性或替代性制度结构。张建伟（2005）将主流范式和上述非主流范式融合在一起，并称之为：法律经济学的后"制度主义综合范式"或比较制度分析范式。"在这个范式中，政治过程、交易成本、非正式制度(社会规范、社会资本或社会关系网络)、法律制度、公共政策等都被纳入一个更为贴近历史和现实的经济过程中加以综合考察,其目的在于为合作秩序的治理、公共政策与立法提供理论基础。”

总之,这种综合范式与主流范式相比,更应注重法律与具体时间、空间的联系,强调法律随着时间的流逝所导致的历史过程和演进变化的重要性(Samuels,1989),也就是强调演化的历史分析方法(Alexander Field,1979,1981,Daniel Bromley,1989)。所以笔者认为法律经济分析的综合范式更适合作为本书的首选方法模式。在以其为主的前提下,尽力发挥与主题相关的人类学、社会学、哲学等传统法律交叉学科对法律研究的重要性。与此同时还要借鉴 Robin Paul Malloy(1995)提出的广义的“法与(和)经济学”(Law and Economics)的概念,即不但要“从经济学的角度看法律”,还要“从法律的角度看经济学”。当然,由于学识所有,对于后者笔者只求稍作尝试。

第二节 国际私法经济分析文献综述

国际私法的经济分析方兴未艾。吕岩峰(2007)教授指出:“对于国际私法研究而言,经济分析方法是法学分析方法的有益补充,法学分析方法无法解释和提供的效率标准的问题恰恰是经济分析所能够解决的。”从这个角度讲,“经济分析能够克服传统国际私法研究之局限”。这也正是国内外学者展开相关研究的目的之一。笔者将这些研究成果分为国外国内两部分来述评。

Posner(1999)认为冲突法经济分析之开端始于 William F. Baxter。Baxter(1963)提出了比较损害说(Comparative Impairment Theory)。他从州利益的视角出发,以侵权领域(产品责任)为范例,运用成本收益理论、囚徒困境的传统博弈模式和公共选择理论,对跨州民商事案件的法律适用进行分析,寻求实现“不同实体政策效用最大化”的途径。Baxter 认为冲突法问题实际上就是州政府在对内部目标和外部目标进行衡量取舍后,对政策利益的“立法控制范围的分配(Allocation of Prescriptive Control)”。笔者认为,这个观点虽然本身有失偏狭,但对理解国际私法的经济功能有巨大的启示作用(这也是本书的内容之一)。国际私法的经济功能也必然是对某些资源的分配,各国可以根据价值出发点或实际国情的不同,或倾向公平的分配,或青睐效率的分配。之所以说 Baxter 的观点失之偏颇,是因为可供选择分配的资源绝不仅仅限于“政策利益”,还有个人利益、国际社会的利益等,对于大陆法系国家来说,法院利益似乎与政策利益也有所区别,就像司法利益有别于立法利益。Baxter 还认为“两州在比较内部法律目标的基础上,可以实现合作”。这个观点同样也会引发一个重要的探讨——合作的理念对国际私法的重要性——笔者在后面的述评中还会有所涉及,通过合作实现国际私法的终极目的正是本书所要论证的重要课题之一。

随后 Posner(1986)提出了“比较管理优势说(Comparative Regulatory Advantage)”。孔令杰(2005)认为 Posner 的理论出发点是州利益视角或者说主权视角,笔者认为不够准确。Posner 的表述是:“能够减少司法错误和交易成本的冲突法就是有效率的。”这应该是从法院利益的视角出发,运用成本收益分析的方法,对程序法领域提出的经济目标。实际上,Posner 认为断定比较管理优势所应考虑的不应是州的政策利益,而应是哪个州最适合争讼的情势。笔者理解“适合”的标准就是司法成本相对较小,这种观点的缺点很明显,节约司法成本不是国际私法的最终目的,只能说是相对次要的目的之一,起码这涉及了效率、公平等价值在国际私法领域中的排序问题。这也是笔者所要思考的问题之一。Posner 还提到各州都具有资源配置和财富配置的利益,分配的标准是解决司法成本,而不是州的政策利益。他认为每个州各自致力于减少本州的司法成本,就等同于形成了一种合作模式,最终的结果是每个州都受益。

Michael E. Solimine(1989)从州利益的视角出发,运用成本收益、公共选择等理论对美国侵权冲突法规则、方法与理论进行了实证分析。他指出了 Posner 比较管理优势理论的缺陷,即地域主义倾向。根据公共产品理论,他认为“利益集团的影响是很多州采用现代侵权冲突方法而放弃传统的侵权行为地法原则的原因之一”。另外一个重要的原因则是州与州之间的竞争,竞争本可以带来效率(Race to the Top),但是在多数州互相效仿而纷纷放弃侵权行为地法的情况下,竞争的结果是“向下”(to the Bottom)的。尽管如此,Solimine 使我们注意到了与“合作”同样重要并且密切相关的一个概念:竞争。两者在国际私法的资源配置和发展历程中起着决定性的作用,这也是本书的一个根本观点。

Joel P. Trachtman (1994)运用博弈分析和成本收益分析,阐述了政府管辖资源配置理论。他认为“在交易成本既定的情况下,冲突法应根据所受影响的比例,尽量准确地将管辖分配给其成员受标的影响的政府”。这种分配立足于对个人利益得失的分析,又涉及州际之间资源的分配,不仅如此,他还指出了分配的途径:“解决法律冲突的最佳途径是国家间的谈判与协议,国内立法次之。”所以笔者认为,Trachtman 的分析视角不是单独的州/国家利益视角,还包括个人利益视角和国际社会视角。关于国际私法经济分析视角的讨论也是本书的基本内容。

Erin O’Hara 与 Larry Ribstein(1993—2000)则干脆将分析视角由国家/州利益转向私人利益,他们认为效率最大化应被确立为冲突法的基本目标。如前所述,这种观点同样涉及对国际私法经济分析价值取向的讨论。O’Hara 认为实现冲突法效率最大化的最佳途径是尊重当事人的意思自治,为此他运用博弈论、成本收益理论对合同的法律适用进行了细致分析。笔者认为这个观点会因为意思自治原则受到的诸多限制而难以推而广之,况且效率目标也未必能在国际私法的方方面面都备受推崇。O’Hara 本人也多少认识到了这一点,他在运用公共选择理论进行冲突法的效率分析时提及了追求福利最大化所面临的困难。他认为同样的困难也会出现在国家间合作的过程中(他还运用博弈理论说明了合作是难以实现的),即利益集团的影响。他认为实现冲突法效率的途径是竞争,笔者认为这个思路非常重要,笔者认为合作的前提就是国家间充分的竞争,这也是本书的一个根本观点。

Andrew Gunman(2002)将国家看作独立的个体,认为国家在冲突规则产生的激励下追求自我利益的同时,就可以实现全球福利的最大化。这一观点引起了巨大的争议,Paul Stephan 与 O’Hara 等人以公共选择理论对其进行了批判,也带来了冲突法经济分析上的第一次大思辨。我们暂且不谈全球福利与利益集团的福利如何调和,不管怎样,Gunman 提出的合作理论还是值得肯定的。他认为冲突法实现效率的途径在于国家间的合作。笔者认为,不论效率也好、公平也罢,国际私法的诸多目标都要通过合作的途径才能实现。

Whincop 与 Keyes(2001)的《冲突法中的政策与实用主义》被 Posner 认为是“分析视角的从长期统治冲突法理论的主权与政府利益转向导致冲突法问题产生的私人利益”的典范,是目前唯一较全面的冲突法经济分析专著。Whincop 主张私法领域的实体政策在相应的冲突法领域应得到相应的体现。同时还主张在国际社会共同体的大环境下讨论冲突法,突破传统的狭隘的思路。从这点上看,似乎其分析视角不限于个人利益,还有国际利益。在对合同法律适用进行成本收益分析时,同 O’Hara 一样,Whincop 高度评价了意思自治原则的重要地位,而且他还在科斯定理的基础上,指出了不存在当事人合意时的法律适用规则:递补规则(Default Rules)。Whincop 将侵权分为市场性侵权(Market Tort)与非市场性侵权(Non-Market Tort),前者指当事人间不存在任何特殊人身关系,如亲属等。

而后者则指加害人与受害人间存在一定的人身关系,如夫妻关系等。在市场性侵权上,冲突法的任务在于确保当事人的事先预期,及其行为安排能力,因此应适用当事人选择的法律,或者与行为相关的合同的准据法。在当事方未选择法律的情况下,应根据市场的成熟程度等因素确定具体侵权领域的中间递补规则。在非市场性侵权上,冲突法的任务在于减少争议解决成本。因此,明确的规则,特别是侵权行为地法是有效率的。笔者认为市场/非市场的划分很有意义,应该加以运用,特别应留意例如婚姻家庭、继承、抚养等领域的非市场性与相关的外国法适用的理由之间的关系。Whincop 还运用博弈理论对国际民商事管辖权和国际民商事判决承认与执行进行了分析。关于前者,比较重要的结论是:管辖权异议成本是限制被告的有效经济激励;至于后者,笔者后面会专门评述。

与国外相比,国内的研究方兴未艾。从许庆坤(2003)《国际私法的经济分析初探》的初步设想,到栗晓宏(2005)《国际私法产生及立法的分析》的初步尝试,再到吕岩峰(2007)《国际私法与经济分析》承前启后的综合盘点,国际私法的经济分析开始渐渐走入国内学者的视野并引起了更多的关注。其中,孔令杰(2005)的硕士论文《冲突法的经济分析》和朱莉(2007)的博士论文《国际私法的经济分析》对国外的相关理论作了系统的介绍,并且对国际私法的某些领域进行了初步的经济分析,这些研究成果对国际私法经济分析的进一步发展起到了重要作用。下面着重对这两篇论文进行述评。

孔令杰在较为全面地介绍、分析国外相关理论的基础上,提出了国际私法经济分析所涉及的三种进路、两种视角、三个层面和两个层次。这种从国际私法经济分析的基本问题层面入手的思路很有借鉴意义。比较重要的是前两点。首先,三种进路主要指国家间通过法律融合"避免冲突",当事人意思自治选择准据法"避开冲突",国家或个人通过冲突法规则与方法"解决冲突"。笔者认为,这种划分比较模糊,一是国家间的法律融合不局限于实体法律的融合,还有冲突法的融合,而且后者更应成为近期内努力的对象;二是当事人的合意并没有避开冲突,而是指明了冲突使用的法律,是"解决冲突";三是解决冲突的主体更多时候是法律适用者(法院/仲裁机构),而不是国家和个人。其次,两种视角即国家主权与私人利益。前者突显了冲突法的公法性与国家的实体法政策利益,后者明示了冲突法的私法性与个人正当期望利益的保护。Whincop 等学者认为分析视角从国家主权转向私人利益是一大趋势。笔者认为,不论哪种视角,对于国际私法的经济分析都是不可或缺的,区分是必要的,但是将两者对立是不可取的。而且笔者认为较为合理的是用四分法划分视角:个人视角、法律适用者视角、国家视角和国际视角(超国家视角)。至于层面和层次的划分,与这两点密切相关,互为求证,所以不再赘述。孔令杰认识到了国外学者的理论存在忽略国际私法经济分析基本问题研究的不足,所以他针对"内国法/外国法的适用"问题进行了专门的分析。他通过国家主权视角下,国际层面上的成本收益分析,揭示了法院地法相对于外国法在成本上的优越性,解释了国际私法中"回家去"的趋向。通过博弈论分析解释了国家间在国际层面上合作,避免冲突的内在诱因与限制,及在解决冲突上的囚徒困境与合作。通过把法律适用中完全适用内国法和适当适用外国法与贸易理论中的绝对优势与相对优势作类比,借助贸易理论分析了一国在当今经济全球化背景下,平等对待内外国法,建立开放的法律适用体制,实现法律适用上的"自由贸易";又通过私人利益视角下,个人层面上的成本收益分析,揭示了个人作为法律选择成本与收益的最终承担者与享受者,不会一味盲目地投入,也不会在有利可图的情况下不进行投入。他认为成本收益分析也为冲突法任意性适用体制提供了经济学基础。而个人间的法律选择博弈分析则论释了私人间于事先或者事后达成法律选择协议的博弈过程、策略、收益与纳什均衡。博弈分析为当事人意思自治原则提供了相应的经济学支持。

朱莉(2007)则尝试构建一个与国际私法本身的框架相对应的国际私法经济分析的框架,她主要运用成本收益理论、博弈理论对从管辖权规范、法律适用的各个具体领域到外国人民事法律地位的主要法律制度进行了初步的分析,对法律适用原则中比较重要的当事人意思自治原则也进行了专门的分析。对统一实体规范的经济分析是其论文的创新之处。从国际社会的范围来说,统一实体规范在对应的国际民商事领域起着国内实体规范所具有的节约交易成本的作用。值得注意的是,朱莉对国际私法的经济功能进行了专门的论述,笔者前面提到过,这是对广义的"法和经济学"概念作出的积极反应。

总之,国际私法经济分析的现有成果是本书写作的思路和观点的重要来源。国际私法的经济分析虽然取得了一定的成果,但由于方兴伊始,所以也存在很多问题,主要体现在分析领域、分析方法两个方面。一方面,分析的领域比较零散,对各个具体领域的分析缺少相互的联系,这就导致理论上的混乱和随意性。笔者认为出现这种情况的主要原因是缺少对国际私法经济分析基本理论的系统研究,例如国际私法经济分析的范围、视角的划分,国际私法经济分析的价值取向、国际私法的经济功能的界定等。

这是因为国内现有的分析基本上是英美法系研究成果的舶来品，而众所周知，比之国际私法的基本理论，英美法系更注重实践问题，这就导致了相关环节研究薄弱的现状。另一方面，分析方法几乎都属于法律经济分析的主流范式，例如成本收益理论、博弈理论、贸易理论、竞争与合作等。所以它也与主流范式面临的问题相同：效率标准的唯一性问题、研究方法的单一性问题、成本收益如何量化的问题等。

第三节 “承认”问题文献综述

承认外国法律的效力，是国际私法一切内容的开始，是法律选择的前提。但是目前国内外对这个问题的研究仍停留在传统理论层面，鲜有新的专门的论述。所谓传统理论即法则区别说、国际礼让说、法律关系本座说、既得权说等。14 世纪意大利的法则区别说不但首次明确提出了“域外效力”的概念，而且基于自然法提出了承认外国法律效力的普遍性的理由。所以法则区别说被誉为“作为国际私法学说的最早形态，像一颗新星出现在意大利北部城邦的上空”。关于“承认”的原因，学者们普遍接受了“从法则区别说的普遍主义到国际礼让说的特殊主义，再到萨维尼的普遍主义的回归”这样的一种理论模式。与此同时，在提及各个学说的背景时，学者们只是从政治、经济、法律层面进行了初步的分析，建立了一个简单的制度分析的轮廓，而没有将“承认”问题和法律制度构成、政治经济和法律制度变迁、人们的行为意识的演变等联系起来。另外，对于“承认”含义的界定尚不清晰。在用上述学说来表述时，往往提及的是“承认”的理由/原因，也可以说是“适用外国法”的理由/原因，而有的学者在论述“适用外国法”的理由时，除了上述学说外还提到了国籍原则、政府利益分析、最密切联系等（肖永平，2003），这就存在一定的混乱。笔者认为将最密切联系原则等称为“法律选择的方法”，或者说是“适用外国法”的方法更为合适。相应的，笔者把“承认外国的法律效力”称为法律选择的前提，也就是适用外国法的前提。实际上，不论对“承认”如何理解，我们都不否认“承认外国的法律效力”本身除了有理由/原因之意外，也会涉及“适用”的方法。正因为这样，笔者才认为，最好将“承认外国法律的效力”与“适用外国法”区别而论，将前者视为后者的前提。这样逻辑上的完整表述就是：法律选择的前提，也就是适用外国法的前提是承认外国法律的效力，而“承认”的过程往往与适用外国法律的过程同时发生，难分先后，所以“承认”的理由中一定会有适用方法或者说法律选择方法的雏形。但如果就此认为方法是“承认”的理由,就是因果倒置。所以,本书的研究范围界定为"承认外国法律效力"。

第四节　"承认"问题经济分析的研究现状之述评

对于"承认"问题的经济分析,目前尚未发现专门的论述,对类似问题的研究成果一个是 Whincop 对外国法院判决的承认和执行进行的博弈分析,另一个是孔令杰对适用内国法和适用外国法进行的成本收益分析和贸易理论分析。笔者认为,这些分析都属于法律经济分析的主流范式在国际私法领域的应用,而笔者运用的国际私法经济分析的综合范式正是在批判和借鉴主流范式的基础之上提出来的,为了更好地理解综合范式的比较理论优势,笔者将这部分纳入第三章的讨论范围,这里不予赘述。

第五节　小　　结

本章分别对与"承认"问题经济分析密切相关的法律经济分析的范式、国际私法的经济分析和"承认"等问题进行了相关的文献综述,从而进一步明晰本书的研究方法、研究内容和研究意义。

首先,通过对法律经济分析范式进行文献综述,发现主流范式在取得了不菲成绩的同时也遭受了诸多质疑。这些质疑令人不得不重新审度主流范式对"承认"问题的解释力。主流范式忽略历史的方法,以效率为唯一的价值取向,并且其主要的"存活环境"为英美法系框架。而"承认"问题主要就是一个历史题材的问题,考察"承认"问题不得不追溯其发端,问究其历史细节。并且"承认"作为一个历史的、国际的法律问题,涉及形形色色的主体和纷繁芜杂的国际民商事行为,其间所彰显的价值取向不会仅限于"效率"。同时,笔者所研究的"承认"问题是隶属于大陆法系框架的。于是,非主流的分析方法就顺其自然地进入研究视野,下一章将尝试具体构建一个以非主流分析方法为主的国际私法经济分析的综合范式。

其次,"承认"问题的经济分析是国际私法经济分析的组成部分,因此对于后者现状的把握是必要的。国际私法经济分析方兴未艾,研究方向体现出"重具体、轻基础"的特点,本书属于"基础"类研究,丰富了国际私法经济分析的内容。现有分析视角仅限于在"国家"和"个人"之间进行选择,笔者认为多视角并存有利于全面考察问题,不同视角可能涉及不同的价值取向,"国家/个人"二元视角是对"承认"进行经济分析的基础,同时也成为国际私法经济分析的基本理论之一。

第二章　国际私法经济分析的基本理论

对国际私法进行经济分析的目的有二：一是运用经济学理论来解释国际私法是什么（*lex lata*）；二是运用经济学理论求证国际私法应该是什么（*lex ferenda*）。毋庸置疑，这是一个复杂的问题。学术界在讨论复杂问题时，为了避免出现南辕北辙、自话自说的割裂局面，经常会将问题置于特定的语境之中。特定语境的设置可以避免人为的谬误。尼采曾说："（某些东西）与事物的实质甚至皮相也风马牛不相及，但由于世世代代对这些东西深信不疑，而且这种相信还在不断加深，久而久之，它们在事物中不断壮大，甚至变成事物本身了。表象终于变成了本质，并且作为本质在发挥作用！"①因此，在对国际私法进行经济分析时，特别是在其蹒跚起步阶段，语境的统一设置对避免出现"此一是非、彼一是非"的理论困境来说尤为重要。所谓语境设置，就是对关键概念的界定、解释和辨析。概念的提出会引发争议，而理想的争议最终应走向概念的统一，这种理论整合的过程就是增加国际私法研究凝聚力的过程。所罗门曾说："世界上的某些最强大的宗教，以及西方所有占统治地位的宗教都是一神论的，因为唯一的神就像唯一的解释定律一样，总是比一大批相互争吵的神或定律更强大、更有说服力。"②同样，国际私法经济分析理论研究与比较的前提是存在统一的语境和概念。这也是笔者对"承认"问题进行经济分析的必要理论前提。与国际私法经济分析相关的重要概念有：国际私法经济分析的范围、国际私法经济分析的视角、国际私法经济分析的价值取向、国际私法的经济功能以及国际私法经济分析的范式。

第一节　国际私法经济分析的范围③

通过前面的文献综述可知，现有的国际私法经济分析大多数是对冲突

---

① 罗伯特·所罗门：《大问题》，张卜天译，127页，桂林，广西师范大学出版社，2004。

② 罗伯特·所罗门：《大问题》，张卜天译，156页，桂林，广西师范大学出版社，2004。

③ 现有的关于法律经济分析范围的论述仅限于宏观上部门法的分类，而没有具体的分析。有关宏观上的分类请参见钱弘道：《经济分析法学》，68～74页，北京，法律出版社，2003。另参见王国语：《国际私法经济分析的范围》，载《长白学刊》，2010(2)。

法或者说冲突规范（包括法律适用规则和法律适用原则）进行的经济分析，还有少量的研究涉及了管辖权规范、外国人法律地位规范和统一实体规范的经济分析。尚无文章明确界定国际私法经济分析的范围，所以这些研究虽各有体系，但从整体上看，仅有模糊的系统轮廓，而且相互之间难以互为砥砺、互为衔接，显得较为散乱。明确国际私法经济分析的范围（也可称为国际私法经济分析的对象），是对国际私法进行系统的、有层次的、有步骤的经济分析的前提。那么，如何界定这个概念呢？从现有的国际私法经济分析中可以看出，国际私法经济分析的范围与国际私法的范围有着密切的联系，而国际私法的范围是一个极有分歧的问题。李双元（1987）认为，国际私法的范围包括冲突法（各国国内冲突法、国际统一冲突法）、实体法（各国专用涉外实体法）、程序法（国际民事诉讼程序法、国际商事仲裁制度）和调整外国人法律地位的规范。本书所说的分歧就是对几种规范取舍的不同观点，但一般都认为应包括冲突法。[①] 本书采用李双元教授的观点，但是笔者并不认为国际私法的范围就是国际私法经济分析的范围，后者的内涵大于前者，应该从国际私法的调整对象及任务、国际私法的要素、国际私法的法律关系和国际私法的冲突关系四个方面来界定。

一、从国际私法的调整对象及任务层面来看国际私法经济分析的范围

国际私法的调整对象是国际民商事关系，[②]一般认为国际私法的中心任务就是解决法律冲突，[③]而笔者认为国际私法的中心任务应该是解决国际民商事问题和纠纷。有学者提出过类似的观点："国际私法以涉外民事关系为调整对象，逻辑上的推证结果就是要解决涉外民事关系中当事人的权利义务问题，这与国际私法'以解决法律冲突为中心任务'的提法相去甚远。"[④]笔者认为，国际民商事问题不限于"当事人的权利义务问题"，而且法律冲突应该是其中主要的问题，但并不是唯一的问题。例如成员国制定统一实体规范的过程可以看作解决法律冲突的过程，但是某个成员国法院运用统一实体规范来解决当事人的纠纷时，针对的则是当事人之间实体上的利益冲突。甚至有时解决的问题不涉及任何冲突，例如运用统一实体规范确定某个主体的权利或者确认某种状态。所以说，仅仅强调解决法律

---

① 李双元：《国际私法（冲突法篇）》，43～51 页，武汉，武汉大学出版社，2001。

② 有学者表述为"涉外民商事关系"，我们认为"涉外"的逻辑表述不如"国际"严谨。

③ 李浩培：《李浩培文选》，4 页，北京，法律出版社，2000；李双元：《国际私法（冲突法篇）》，53 页，武汉，武汉大学出版社，2001。

④ 金明、邓和刚：《国际私法定义辨析》，载《四川大学学报》（哲学社会科学版），2006（2）。

冲突，固然彰显了它的重要地位，但有悖于用发展的观点来看待国际私法和国际私法经济分析的范围，它们应该大于冲突法和冲突法经济分析的范围，而且差距会逐渐扩大。所以，“承认”问题所涉及的范围就不仅仅局限于解决法律冲突，而应该是着眼于“解决国际民商事问题或纠纷”。① 总之，从国际私法的调整对象及任务上来看，国际私法经济分析的范围就是国际私法关于解决国际民商事问题和纠纷的所有相关内容。确定“所有的相关内容”的过程不是对国际私法框架进行简单复制和对号入座，而是从国际私法的要素的角度对国际私法的系统进行剖析的过程。

二、从国际私法的要素层面来看国际私法经济分析的范围

法的要素是与法的系统相对而言的。② 国际私法的要素包括规则、原则和概念。而学者们在探讨国际私法的范围时涉及的仅仅是国际私法的规范，其渊源出自成文法、判例、条约和惯例，所以“规范”的范围至多能包含规则和原则，③而不能涵盖国际私法所有的概念，而“漏网之鱼”中不乏重要的概念，例如域外效力、承认外国法的域外效力、法律冲突等。反过来讲，一般的法律规范却都可以由法律概念来表述，同时“法律概念经常都或多或少地表现出规范意义”。④ 但毕竟两者是不同的范畴。所以，笔者认为国际私法经济分析的范围应当包括所有的国际私法的要素，而不仅限于对规则、原则的分析，相比之下，对概念的分析更具有基础性的意义，这正是本书选择“承认外国法律的效力”这个基本概念作为分析对象的一个重要原因。

三、从国际私法法律关系层面来看国际私法经济分析的范围

国际私法法律关系在学术界是一个少人问津的概念。它自身的复杂性使得任何解释它的企图都有徒劳无功或者自寻烦恼的可能。然而，它却是国际私法价值得以体现的形式，是国际私法秩序得以建立的基础，而如何认识这个秩序和如何建立新的秩序，正是笔者对国际私法（包括“承认”问题）进行经济分析的目的。所以研究国际私法经济分析的范围离不开对国际私法法律关系的解析。

---

① 从这个层面讲，仅仅运用博弈分析无法诠释“承认”问题的全貌。

② 张文显：《法哲学范畴研究》，48 页，北京，中国政法大学出版社，2001。

③ 目前国际私法经济分析大多数是针对规则和原则进行的。

④ ［德］考夫曼：《法律哲学》，刘幸义等译，150 页，北京，法律出版社，2004。

法律关系一般是指法律规范在指引人们的社会行为、调整社会关系的过程中所形成的人们之间的权利和义务关系。主体是法律关系的根本要素,[①]国际私法的法律关系的复杂性也正是体现为法律规范的复杂性和主体的复杂性。

(一)法律规范的复杂性

国际私法规范既包括实体规范,如统一实体法、调整外国人法律地位的规范,也包括程序规范,如诉讼规则、仲裁规则,同时还包括冲突规范,一般认为它兼具实体法和程序法的性质。[②] 而每种规范调整的权利义务关系的内容是不同的。实体规范调整的是平等主体在国际民商事交往过程中形成的权利义务关系;程序规范调整的是诉讼或仲裁的参与人与法律适用者(法院/仲裁机构)之间的权利义务关系;冲突规范与准据法相结合调整的是平等主体间的权利义务关系,但是单就冲突规范自身而言,仅是分别规定了当事人和法律适用者的权利义务,如果把这种权利义务关系也认为是一种法律关系,则这种法律关系的相关性、对称性、可逆性和双向性就不是普遍的,[③]仅仅体现在当事人合意选择法律、法律规避等少数领域,而在大多数情况下,冲突规范仅是设定了法律适用者的权利和义务。冲突规范的这种特殊形态是由法律适用者的特殊角色决定的,在解决法律冲突的过程中,法律适用者先要扮演"引路人"的角色,之后才能扮演"裁决者"的角色。

(二)主体的复杂性

关于国际私法的主体,一般认为包括自然人、法人、国家和国际组织,这样划分的前提是认为国际私法的主体就是平等地参与国际民商事活动的主体。[④] 笔者认为,国际私法的主体的划分应当取决于国际私法法律关系的内容。如前所述,国际私法的法律关系并不局限于实体规范调整的平等主体之间的权利义务关系,还有程序规范、冲突规范调整的权利义务关系,所以笔者认为国际私法法律关系的主体包括个人(自然人/法人)、法律适用者、国家、国际组织。需要强调的是,国家和国际组织除了可以充当

---

① 张文显:《法哲学范畴研究》,96~100 页,北京,中国政法大学出版社,2001。

② 李双元:《国际私法(冲突法篇)》,160 页,武汉,武汉大学出版社,2001。

③ 张文显教授认为这"四性"是检验法律关系的标准。相关内容请参见张文显:《法哲学范畴研究》,97 页,北京,中国政法大学出版社,2001。由此可以看出国际私法法律关系的特殊性。

④ 赵相林主编:《国际私法》,52~76 页,北京,中国政法大学出版社,2007。这种前提直接引发了关于国家和国际组织的豁免权的讨论。

平等民事交往主体之外，还要扮演条约或者惯例的参与制定者和组织制定者、司法协助的参与者等角色，对国际私法产生巨大影响的正是这些角色。

总之，从国际私法法律关系的层面考察，国际私法经济分析的范围就是多个规范（实体规范、程序规范、冲突规范）在指引多个主体（个人、法律适用者、国家、国际组织）的行为的过程中形成的权利义务关系。本书论述过程中虽然也会涉及各个规范，但是重点却在于运用经济学理论解释法律概念（承认外国法律效力）与主体（特别是法律适用者和国家，也包括个人）的行为模式之间的关联，从而在说明法律概念内涵及源起、主体行为模式的同时，对主体未来的行为模式作出预测和建议。

四、从国际私法冲突关系层面来看国际私法经济分析的范围

从名称上来看，“冲突法”（Conflicts Law）要比“国际私法”（Private International Law）的历史久远的多。[①]“冲突”（conflict）的概念在国际私法中的重要性不言自明，[②]冲突关系自然应是考察国际私法内容的一个重要切入点，同时也是国际私法经济分析的重要对象。笔者认为，国际私法的冲突关系的内容丰富，仅仅法律冲突之概念难以覆盖周全，同时冲突关系的层次众多，应当予以关注。冲突关系将直接影响国际私法经济分析对象的层次性和分析视角的划分，所以这部分为本节的重点。

（一）冲突关系的内容

笔者认为国际私法意义上的冲突包括利益冲突、权利/义务冲突和法律冲突，三者之间既有区别，又有联系，在描述冲突关系时不分轩轾，缺一不可。下面对各冲突的内容予以逐一说明，并简要指出解决途径。

1. 利益冲突

传统的经济分析理论认为，理性人选择行为模式的出发点就是自身的利益，利益最大化是行为的最终目的。所以利益冲突是国际私法经济分析的一个重要范围。

1）个人 vs. 个人

私人之间在进行国际民商事交往中所产生的纠纷的实质就是利益冲

---

① 有关国际私法的名称请参见韩德培主编：《国际私法新论》，17～18 页，武汉，武汉大学出版社，1997。

② 李浩培先生认为应将 conflict 称为“抵触”，说冲突似乎太严重。参见李浩培：《李浩培文选》，3 页，北京，法律出版社，2000。我们同意李先生的说法，但是“冲突”的用法已经约定俗成，故予以沿用。

突。正如康芒斯所说:“在每一件经济的交易里,总有一种利益的企图,因为各个参加者总想尽可能地取多予少。”[①]利益冲突可以分为潜在的利益冲突和现实的利益冲突。笔者认为,只要存在某种事实(最重要的是行为模式)将当事人需求指向共同资源的可能,或者虽然是不同的资源,但是资源之间存在可替代性的关系或取得顺序上的先后关系,那么,潜在利益冲突就是存在的。严格地说,每个人之间都存在着或多或少,或直接或间接的潜在的利益冲突。当“可能”成为现实的时候,利益冲突也就成为现实。利益冲突可以通过公力救济和私力救济两个途径来完成。

公力救济就是通过法律适用者适用某种规则来解决。规则一般情况下就是指法律,但是也有例外,例如在友好仲裁中,规则是指仲裁员依公平与善良确立的非法律性规则。就适用法律而言,最常见的情形有两种:一是运用统一实体规范解决。统一的实体立法会直接界定各自利益的范围,形成各自明确的权利。耶林认为权利就是受到法律保护的一种利益,当然,不是所有的利益都是权利,只有法律所承认和保障的利益才是权利。[②]可以说,法律创设权利的过程就是解决利益冲突的过程,显然在这个过程中不存在权利/义务冲突和法律冲突,但这仍应是国际私法研究的范围,当然也应是国际私法经济分析的范围;二是运用冲突规范解决。准确地说,是运用冲突规范指引下的准据法来解决,这就体现了冲突规范在解决国际民商事问题上的间接性,也说明了它兼具实体规范和程序规范的性质。[③]这时的利益冲突则表现为权利/义务冲突和法律冲突。

私力救济也主要包括两种情形:一是在利益冲突引发了纠纷之后,当事人通过事后调解的方式来解决;二是在纠纷发生之前,当事人通过交易的方式解决利益冲突。科斯认为,当个人采取合作行动时,权利可以通过市场进行效率的分配,交易成本越低,就越接近效率。[④] 需要注意的是,权利只是利益的表现与获得利益的手段,而不是利益本身。权利和利益不能等同,否则将造成享有法律权利就等于获得实际利益的错觉。[⑤] 笔者认为通过交易不但可以效率地分配权利,而且可以效率地分配利益。私力救济

---

① [美]康芒斯:《制度经济学》(上册),于树生译,144 页,北京,商务印书馆,1962。

② 张文显:《法哲学范畴研究》,285 页,北京,中国政法大学出版社,2001。

③ 这里我们暂且忽略运用程序规范的相关内容,例如管辖权的确定、判决的承认与执行等,应为这里着重强调的是个人之间实体上的利益冲突。程序规范的相关内容将在下面提及。

④ Ronald Coase, "The Problem of Social Cost", *3 Journal of Law and Economics 1* , 1960, reprinted in Coase, *The Firm, the Market, and the Law.* Chicago: University of Chicago Press, 1988, pp. 95 - 156.

⑤ 张文显:《法哲学范畴研究》,285 页,北京,中国政法大学出版社,2001。

的情形下有可能存在权利/义务冲突和法律冲突,但不涉及司法管辖权的问题,所以即使存在法律冲突也可忽略不计,因为不存在传统意义上的法律适用问题。

2)法院 vs. 法院

国际私法层面,不同国家的法院之间的利益冲突主要表现为实体收益上的冲突,在英美法系,还包括法院地政策利益之间的冲突。这些冲突的共同背景就是出现了司法管辖,从而涉及法律适用的问题。注意,这里的法律主要是指国内法,或者说法院地法。如果适用的是统一实体法,那么对各个法院来讲,不论冲突的内容是实体收益还是政策利益,解决的结果都是唯一的,因为利益的博弈在立法阶段已经结束,司法阶段不能做任何更改,因为这涉及"条约必须遵守"的国际法义务。既然面临选择的法律主要为国内法,那么,这时的利益冲突其实就表现为法律冲突,其中程序规范冲突是这一层面利益冲突所表现出的特点,这时的利益冲突同时也可看作是法院之间的权利/义务冲突,这一点后面会继续探讨。

关于利益冲突的解决,Currie 认为,如果本地法院有利益,它将适用自己的法律,即使其他国家也在案件中有利益。[①] Baxter 则认为法院应放弃对法院地来说相对利益不大的案件,即适用外国法,以换取外国法院在对自己有更大利益的案件中适用自己的法。他认为大家应遵守共同的原则:如果一国的利益因为本国法律不被适用而蒙受最大的"比较损害",那么法院就应该适用该国的法律。[②] Posner 认为法律的选择取决于哪个国家的法律最适合产生争议的环境。[③] 以上学者的观点主要针对的是英美法系中的法院地利益冲突,它类似于笔者下面将要讨论的大陆法系中国家之间的利益冲突。而关于实体收益的冲突,少有专门论述,但参照上述观点,似乎上述学者也不反对将其与政策利益冲突一并处理。笔者认为,解决实体收益冲突不能简单地以利益为导向,而应着眼于提高国民从事国际民商事交往的素质以及自身的经济实力,这才是长久之计。另外也可以借鉴 Baxter 的比较损害说,以共同福利的最大化为目标。

3)个人 vs. 国家/法院[④]

从整体上、长期上看,国际私法意义上的个人利益与国家利益是一致

---

① Brainerd Currie, Selected Essays On The Conflict Of Laws, 1963, pp. 183 - 184.

② William F. Baxter, Choice of Law and the Federal System, *16 Stan L Rev 1*, 1963, pp. 4 - 22.

③ Richard A. Posner, Economic Analysis Of Law, 1998, 5th ed, pp. 645 - 646.

④ 这里的法院是指英美法系国家的法院,因为它部分行使着国家立法机关的职能。下面表述中仅用"国家"代表"国家/法院"。

的，即从国际民商事交往中获得物质收益，树立良好声誉。但从局部、近期上看，冲突还是存在的。体现为个人利益上升为被法律确定的权利的需要与国家界定利益边界、分配权利的结果可能产生不一致。例如实体法规定的外国人的民事法律地位与个人的期望可能不一致；再如冲突法领域当事人意思自治原则的扩大和限制之间的矛盾；更明显的例子就是个人利益与公共利益之间的冲突，体现在法律规避和公共秩序等冲突法的辅助机制当中。显然，这里的利益冲突表述为权利/义务冲突或者法律冲突就是不合适的。

个人利益与国家利益孰轻孰重，不应轻下断言。要用历史的和发展的观点来看待此类冲突的解决，这也是本书在对“承认”问题进行经济分析时的一个重要范围。总的看来，两者是相互影响的。在国际私法产生的早期阶段（13 世纪），国家利益的含义相对于个人（特别是商人）利益而言要模糊得多，从而以个人利益为主；经过文艺复兴（16 世纪）、资本主义自由经济滥觞（17 ~ 19 世纪）的浸润，个人利益之势头强劲，经由高峰又逐渐式微，但直至这一阶段末期，其重要性仍与国家利益不相上下；而随着 20 世纪国家利益成功的代表者[①]——凯恩斯——的宏观调控理论的盛行，以及法律界个人本位向社会本位的转变，国家利益终于占据了上风。社会本位的特点就在于国家通过强调社会利益，对个人权利作出适度的限制，使之不至于损害社会和第三者的公共的和合法的利益。[②] 但现在仍有学者认为应当赋予当事人对案件是否适用冲突规则与外国法的自我决策权，主张建立任意性的冲突规范适用体制（Optional System）。[③] 笔者不同意这样的观点，因为这是从国家利益至上的极端走向了个人利益至上的极端。现阶段应以国家利益为主，维护国家的立法主权，在此基础上再最大限度地考虑个人利益。

4）国家 vs. 国家

国家间的利益冲突在国际私法领域主要体现为实体收益的冲突和管辖权分配（此处的利益冲突就体现为权利/义务冲突）等政策利益上的冲突。[④] 管辖权是一种稀缺的法律资源，而稀缺就会引起利益冲突。国家的

---

① 熊彼特语。［美］约瑟夫 · 熊彼特：《经济分析史》第三卷，朱泱、孙鸿敞、李宏、陈锡龄译，599 页，北京，商务印书馆，1994。

② 李双元：《国际社会本位的理念与法院地法适用的合理限制》，载《中国国际法学精粹》，2002。

③ 德国学者 Flessenman 的观点。参见 Frank Vischer, General Couse On Private International Law, *recueil des Cours*, Volume 232, (1992 - I), pp. 88 - 90. 转引自孔令杰：《冲突法的经济分析》，104 页，武汉大学硕士学位论文，2005。

④ 它基本对应着英美法系中的法院地的政策利益冲突，故本书不复述英美法系国家利益冲突的情形。

管辖权包括立法管辖权和司法管辖权,后者在大陆法系国家表现得更为明显。立法管辖权冲突(也就是一般意义上的法律冲突产生的原因)具体体现在实体规范、冲突规范和程序规范的效力冲突上。而程序规范的冲突正是司法管辖权冲突的直接原因,具体体现在管辖权冲突、外国法院判决的承认与执行等司法协助方面的冲突。可见,国际私法意义上的利益冲突从立法管辖权层面讲,就是国家间权利/义务冲突和法律冲突产生的直接原因;从司法管辖权层面讲,国家间的利益冲突同时也就是权利/义务冲突和法律冲突。需要注意的是,Posner也主张国家利益的界限划定的方式包括国会的立法。但这并不是说英美法系中国家利益或者说法院地利益的划分都通过司法系统完成。①

笔者认为,解决国家之间利益冲突、权利/义务冲突和法律冲突的主要途径是国家间的合作。具体体现为立法管辖权的统一分配、统一法(包括实体法、冲突法、程序法)的制定和进行司法协助。

5)其他

从我们界定的国际私法主体上来看,还有国际组织和隶属于法律适用者的仲裁机构尚未提及。这两者与其他主体间也存在利益冲突。但与前四种情况相比,这两者要么相对次要,例如仲裁机构与个人、法院、国家的利益冲突;要么属于国际公法的范围,例如国际组织与个人、法律适用者、国家的利益冲突。所以不予逐一讨论。

2. 权利/义务冲突②

1)个人角度

与利益冲突密切相关的就是权利冲突。权利冲突是指在权利行使中出现的两种合法性、正当性权利,要实现一种权利就要排除或减损另一种权利的实现。科斯称之为“权利的相互性”。③ 必须指出的是,在国内法的语境中,笔者不同意“权利冲突”的提法。所谓的权利冲突的双方之间真正存在的是利益冲突,立法者对这种利益冲突进行双方利益界限的划定,即明确了双方的权利名称和权利范围,这其中必然涉及排除和减损了某一种利益,当公共利益参与到冲突中时,还可能排除和减损双方的利益。法律创设的权利虽然没有根本地消除利益冲突,但是毕竟表明了取舍的态

---

① [美]波斯纳,《法律的经济分析》,蒋兆康、林毅夫译,844页,北京,中国大百科全书出版社,1997。

② 有权利冲突就必然有与其对应的义务冲突,以下皆表述为权利冲突。

③ 张文显:《法哲学范畴研究》,285页,北京,中国政法大学出版社,2001。

度。如果这时还存在权利冲突，只能说明是国内立法间的冲突，而这是成熟的立法所不能容忍的，是非常态的。①

在国际私法的语境中，“权利冲突”则是现实存在的。一方面，因为一个人的利益可能在不同的国家都得到了法律的确认，并且内容可能是不同的，根据既得权理论，法院地国对这些合法取得的权利是认可的，这样，就会发生权利冲突。另一方面，当主体大于一个人时，每个人的权利之间也可能发生冲突。假设主体为A国人甲和B国人乙，则权利冲突情形如下（见表2－1）。

表2－1　个人角度的权利冲突

自身权利冲突	甲A与甲B
	乙A与乙B
相互权利冲突	甲A与乙B
	甲B与乙A
不存在的权利冲突	甲A与乙A
	甲B与乙B

说明：“甲A”就是指A国法赋予甲的权利，以此类推。

这种跨国的权利冲突同样可以通过当事人的调解或交易来解决，②此外就是利用司法程序（诉讼或仲裁）进行法律选择来解决。

2）法院角度

前面提到，不同国家法院之间的权利冲突主要是由于各国的程序规范规定不一致引起的。也就是司法管辖权上的冲突，这点前面也提到了，体现在管辖权冲突和司法协助方面的冲突。管辖权冲突主要包括属人管辖

---

①　有学者认为权利界定的模糊性会导致权利冲突。参见李常青：《权利冲突之辨析》，载《现代法学》，2005（3）。笔者认为，即使存在所谓的“权利冲突”（假设一），权利冲突和权利模糊之间也并没有明确的因果关系，关键是弄清楚“模糊”和“冲突”之间的关系。即使两者之间存在因果关系（假设二），也很难清楚地论证是“模糊”导致了“冲突”，还是“冲突”导致了“模糊”。即使假设一成立，它们也只是对权利某种状态的两个独立的表述。人们在这里可能有疑问：“不正是因为权利模糊才导致的权利冲突吗？”这个疑问本身就经不住拷问，权利如果“模糊”，那么相互冲突的是什么？《西游记》里有一段叫真假孙悟空，两个人（准确地说是两只猴子）都说自己是真的，冲突产生了。这里涉及的权利是什么？是姓名权。弄不清楚“孙悟空”这个姓名权归属于谁，也可以理解为权利模糊的一种情形吧（另一种意义上的权利模糊可以理解为弄不清楚什么是“姓名权”）。这里的冲突是什么？不论是哪种情形，我们都不能说是两个人的“孙悟空”的姓名权发生了冲突，因为孙悟空只有一个，只是没有确定，存在权利模糊。冲突的是两个人对姓名权的主张。主张的冲突表达了双方对相同权利归属的不同诉求或者是对各自权利范围界定的不同诉求。主张的冲突也就是利益冲突的表现。这种混淆和表面的分歧是可以避免的，那就是在国内法语境中用“利益冲突”一词代替“权利冲突”。

②　这同时也说明了所谓“任意性的冲突规范适用体制（Optional System）”的不现实性，当事人若能在司法程序中达成“是否适用冲突规则与外国法”的合意，那么就能以更低的成本在进入司法程序之前形成交易或者进行调解。

权、属地管辖权和专属管辖权三者之间的冲突；司法协助冲突主要包括域外取证、域外送达和外国判决的承认与执行等方面的冲突。

解决法院之间的利益冲突的办法同样可以用来解决权利冲突。除此以外，通过国家层面制定统一的程序法和司法互助协定也是有效的途径。这方面已获得的成果包括《海牙民事诉讼程序公约》(1954 年)、《海牙关于向国外送达民事或商事司法文书和司法外文书公约》(1965 年)和《海牙民商事案件外国判决的承认和执行公约》(1971 年)等。

3)国家角度

首先，对于一个国家自身而言，不存在不同主权之间的冲突，因为现代意义上的主权是唯一的。除了主权之外的其他权利/义务则有产生冲突的可能。原因是这些权利/义务可能来自于不同的条约，而这种冲突的解决属于国际公法的研究范围，本书不予展开。[①] 其次，对于不同国家之间而言，权利/义务冲突则集中表现为管辖权的冲突，包括立法管辖权冲突和司法管辖权冲突。这一问题前面已有充分的说明，此处不再重复。

4)其他

仲裁机构角度的权利/义务冲突相对而言并不明显。国际组织角度的权利/义务冲突有的属于国际公法的研究范围，例如国家组织与国家间立法权的冲突；有的属于国内实体法和冲突法都能规定的内容，例如国内法和国际条约、国际惯例的适用顺序。这些内容相对不那么重要，所以本书不予展开。

3. 法律冲突

法律冲突与利益冲突、权利/义务冲突的关系前面已经介绍得很清楚。沈娟认为，法律冲突是“超法域利益冲突的一种扭曲表现形式，或者说利益冲突关系在超法域领域中的表现形式，即那些在一法域内表现为权利、义务的利益冲突关系，在超法域条件下则表现为对权利和义务关系有不同确定且效力并存的法律之间对这种关系竞相认可的冲突”。[②] 的确，笔者也认为利益冲突是法律冲突产生的基础，同时权利/义务冲突是法律冲突的内容。具体而言，法律冲突包括实体法冲突、程序法冲突和冲突法冲突。解决的方法前面也提到了。

(二)冲突关系的层次

结合对国际私法主体的界定和对冲突内容的详尽分析，笔者认为冲突

---

① 李浩培：《条约法概论》，252～272 页，北京，法律出版社，2003。

② 沈涓：《冲突法及其价值导向》，12～13 页，北京，中国政法大学出版社，2002。

关系的层次包括个人/个人、法律适用者/个人、法律适用者/法律适用者、法律适用者/国家、国家/国家、国家/个人和国际组织/国家、法律适用者、个人。其中"个人/个人"层次中个体的行为或者某种状态和"国家/国家"或者法院/法院层次(英美法系)中不同的法律规定属于产生法律冲突(权利/义务冲突)的原因;而"法律适用者/个人"层次则涉及法律的适用,即法律冲突的解决;"法律适用者/法律适用者(主要是法院)"层次涉及的就是司法协助的内容;"法律适用者/国家"层次反映了司法与立法的关系;①而个人/国家层次则主要涉及了外国人法律地位等实体利益的认定问题;"国家/国家"和"国际组织/国家、个人、法律适用者"层次则集中体现了国际私法法律渊源的国际部分。

在这些冲突关系的层次中,有几个是最基本的,即个人/个人、法院/法院、②国家/国家、个人/国家和国际组织/国家、法律适用者、个人。Trachtman 和 Gunman 认为冲突关系涉及国家/国家、国家/个人、个人/个人三个层面的关系,③这种观点是不全面的。

第二节 国际私法经济分析的视角

"横看成岭侧成峰",不同视角下的国际私法经济分析的内容方法必定会有所不同。正如 Lea Brilmayer(1995)教授所言,"冲突法不可回避的问题之一在于分析视角"。④

① 注意英美法系和大陆法系的区别。

② 将法院/法院层次单独列出的理由有二:一是大陆法系中的"国家/国家"层次就相当于英美法系中的"法院/法院"层次;二是大陆法系中的"法院/法院"层次在历史中曾有重要的地位。

③ Joel P. Trachtman, Conflict of Laws and Accuracy in the Allocation of Government Responsibility, 26 *Vanderbilt J. of Transnational L.* 1994, p. 975; Andrew Guzman, Choice of Law: New Foundations, 2002, 90 *Geo. L. J.* 883.

④ Brilmayer 对分析视角的重要性作了以下询问式的论述:" Perspectives is a question of proper normative rounding, of what is the appropriate foundation for choice of law. Is the choice between two states'law an external and objective one, based on methods or rules that are in some measure independent of the preference of the particular alternative states whose laws might be chosen? If so, from what source would these methods or rules derive their authority? Or is the perspective the internal perspective of one of the alternative states, namely the one that is now charged with deciding the case? If so, how does the judge explain already having adopted the substantive position of one the contending states?" Lea Brilmayer, *Conflict of Law.*, Little, Brown &Company Ltd., 1995, p. 1. 转引自孔令杰:《冲突法的经济分析》,58 页,武汉,武汉大学硕士学位论文,2005。

一、视角划分两分法之批判

国际私法的经济分析领域一直有主权视角(国家视角)和个人视角(私人视角)两分法的划分,前面文献综述中提到过相关内容,这里作进一步分析。简而言之,前者是以主权者利益(主要指的是政策利益)为解决问题的出发点,而后者则以个人利益为出发点。前者突显了冲突法的公法性与国家的实体法政策利益,后者明示了冲突法的私法性与个人正当期望利益的保护。主权视角的主张者有 Baxter(1963)、Trachtman(1994)和 Posner(1998);个人视角的主张者有 O'Hara 和 Ribstein(2000、2002)、Whincop 和 Keyes(2001)。[①] 有学者认为冲突法的经济分析视角应当由传统的主权为中心转向以个人收益为中心,而且这种转变已经实现。[②]

这个观点值得商榷。首先,视角并不局限于主权视角和个人视角两种,还应包含国际视角。因为"在跨国性民商事法律关系中,所有的法律冲突来源于三个层次的利益冲突:个人利益、国家利益和人类社会的整体利益",[③]三个层次缺一不可。其实类似的带有普遍性色彩的理论视角早在巴托鲁斯(13 世纪)时期和萨维尼(19 世纪)时期已经提出。Guzman(2002)就明确提出了全球福利视角,我国也有学者指出,人类社会正进一步向全球化方向发展,全人类的利益的相关性、趋同性与共生性也在不断加强,因而必然应该在私法的基本理念中出现由"国家本位"向"国际本位提升"的转变。[④] 这不但提出了国际视角的观点,而且认为国际视角具有最重要的地位。其次,不同的视角就意味着必然的对立吗?笔者认为,一方面,不同的分析视角之间具有统一性;另一方面,不同视角的共存是全面、准确地分析动态的国际私法问题(例如"承认"问题)的必要条件,国际私法问题的复杂性往往不是自身性的,而是视角性的。最后,个人视角是有局限的,体现在最能充分表达个人利益立场的"意思自治"是有局限的。所以个人视角只能覆盖国际私法的一部分领域。只有若干视角共存,互为关照,才能反映国际私法的全貌。

---

① 孔令杰:《冲突法的经济分析》,10 ~ 19 页,武汉,武汉大学硕士学位论文,2005。

② 孔令杰:《冲突法的经济分析》,47 页,武汉,武汉大学硕士学位论文,2005。

③ 胡永庆:《国际私法的历史逻辑和价值建构》,引言,武汉,武汉大学博士学位论文,2001。

④ 李双元:《国际社会本位的理念与法院地法适用的合理限制》,载《中国国际法学精粹》,2002。

二、分析视角的划分

笔者认为，国际私法法律关系的主体包括个人、法律适用者、国家和国际组织，不同的主体利益出发点不同，笔者采用四分法划分视角：个人视角、法律适用者视角、国家视角和国际视角（超国家视角）。[①] 前面讲过的冲突关系的七个层次就反映了不同视角下的诉求冲突。诉求的内容包括利益诉求、权利诉求和法律诉求，与冲突关系的内容也是一一对应。不同的视角将侧重于观察和解决不同的冲突。[②] 其中，个人视角侧重于私人间的利益冲突；法律适用者视角侧重于权利冲突（例如调解、友好仲裁）和法律冲突；国家视角侧重于程序法冲突（特别是司法管辖权冲突）和冲突法冲突；国际视角则侧重于消除冲突的途径：统一冲突法、统一实体法、统一程序法的制定。

三、划分分析视角的意义

不同视角决定了“成本收益”的不同内容，这就会导致“效率”的不同含义，除了“效率”以外，其他价值取向也会有不同的内容。就方法论而言，不同视角决定了不同的方法论，因为不同视角代表了不同的利益群体，代表了不同的利益诉求。作为一种制度，国际私法就是个人意志与法律适用者以及国家所表达的集体意志相互作用的体系。[③]

四、分析视角的统一性、对立性和相对性

（一）统一性

某些情况下，不同视角下的成本收益比较的结果或者价值取向可能是一致的，这就是不同分析视角统一性的表现。例如，“外国法对于一国当事人缔约能力的确定的成本高于该国法律对于本国（或在本国有住所）的当

---

① 在英美法系，法律适用者视角与国家视角大部分时候是相同的。Posner 认为，程序法的经济目标在于减少司法错误与司法系统交易成本，而恰当的法律适用规则可同时减少这两种成本。这就是法院视角的表述。在大陆法系两者也是少有差别（集中在立法与司法的关系上），之所以将其单独列出，一方面是因为其毕竟不同于国家视角，另一方面是因为在考察国际私法的历史时，法律适用者视角，特别是法院视角，具有重要的意义，因为在国际私法历史的早期，“国家”的概念尚不明晰。但在本书第二章中，法律适用者视角就不作单独讨论，特此说明。

② 关于国际私法领域“冲突”的划分将另文阐述。

③ ［英］马尔科姆·卢瑟福：《经济学中的制度——老制度主义和新制度主义》，陈建波、郁仲莉译，125 页，北京，中国社会科学出版社，1999。

事人的缔约能力的确定成本,因此,适用属人法能够节约一定的成本。但是,节约的这部分成本小于由于确认合同无效所产生的社会成本。"[①]仅从结果上看,这时个人视角下的"确认合同有效"的收益大于成本,国家视角下的"适用使合同有效的法"的成本虽然大于适用属人法的成本,却小于适用属人法导致合同无效而带来的社会成本,所以"确认合同有效"在国家视角下的总收益大于总成本。这个结果在不同视角下是统一的,当然,这也验证了不同视角下的成本收益的内容是不同的。同时从价值取向的角度来看,两种视角都是以"效率"作为价值取向,虽然效率的判断标准是"各自利益的最大化",但是"使合同有效"同时满足了这两个不同的标准。当然,这是由两种视角下的成本收益比较结果的一致性决定的。

所以,主权视角不一定总是意味着以"政策利益"为分析核心,换句话说,"政策利益"和个人视角的"个人和经济组织利益"不能截然分开。统一性本质上就是不同主体利益的统一。分析视角的统一性实际上就为"承认"局面的形成提供了一种解释。

(二)对立性

统一性不是绝对的。不同视角下的利益也有对立的时候,[②]笔者前面分析的冲突关系的七个层次基本涵盖了国际私法领域利益对立的情形。总的来说,个人利益与国家政策之间、国家的局部利益与国际社会整体利益之间存在个别的对立也是很正常的。前面提到的"不同视角会导致不同的价值取向及其不同的判断标准"和"不同的视角决定不同的方法论"就是对立性的体现。对立性的实质就是不同主体之间利益的对立与冲突。

(三)相对性

分析视角的相对性是其三个特性中最难理解,也是最重要的一个。相对性的含义是指,国家视角与国际视角的关系和个人视角与国家视角的关系是相对应的。换句话说,国家和国际社会的关系可以比拟为个人与国家

---

① 朱莉:《国际私法的经济分析》,75 页,吉林大学博士学位论文,2007。

② 笔者分析对立的情形不是针对个案而言的,因为个案中不同个人之间的利益也可能是对立的。笔者针对的是不同主体分别作为一个整体之间的对立。例如个人与法律适用者的对立、个人与国家的对立。

之间的关系。这个理论的前提是假设国家可以和个人一样作为追求自身利益最大化的理性主体。识别国家的双重身份是准确解读国际私法一系列理论问题的关键。分析视角的相对性正是"承认"问题产权理论分析的一个重要的理论前提,也是从国际私法的复杂性中分离出清晰思路的关键。

第三节 国际私法经济分析的价值取向

揭示价值取向,是应然性分析——国际私法经济分析的重要目的之一——的应有之意。

一、"效率唯一论"的批判

法律经济学的两个重量级人物科斯和波斯纳都认为"效率"应该是法律经济分析的唯一的价值取向。科斯指出:当存在交易成本的情况下,法律制度的设计决定经济的效率;反过来也可以说,法律制度的设计原则应该是效率原则。在利益冲突的各方之中保护谁的利益,取决于谁的利益有利于经济效率的提高。波斯纳将效益问题作为经济分析法学的核心,将经济效益作为取舍某一法律制度的最高标准。例如,他以法律责任规则为例,指出:法律责任规则的一个经常功能,就是"克服交易成本的障碍而成就财富最大化的交易"。[①] 所以,效率作为唯一的价值取向出现在国际私法经济分析的领域也不足为奇。"1993 年至今,Erin O'Hara 与 Larry Ribstein 在一系列著作中将分析视角由原来的国家权力转向私人利益的经济分析,确立了冲突法的效率目标,冲突法的经济分析由此实现突破。其代表作《冲突法之由政治至效率》,将视角由政府利益转向私人利益,并构建了一个全面的冲突法系统,以促进社会财富的最大化(Maximization of Social Welfare)。"[②]Whincop 和 Keyes(2001):"在不存在合同关系的情况下,效率不是最强有力的冲突法规则的判断标准,正义可能是更好的标准,且符合正义要求的规则往往也是有效率的。"[③]笔者认为以效率作为唯一的价值取向有两点不妥。

---

① [美]波斯纳:《法理学问题》,苏力译,450 页,北京,中国政法大学出版社,1994。

② 孔令杰:《冲突法的经济分析》,33 页,武汉大学硕士学位论文,2005。

③ Micheal J. Whincop & Mary Keyes, *Policy and Pragmatism in the Conflict of Laws*, Dartmouth Publishing Company, 2001, pp. 78 - 80.

（一）效率自身具有非唯一性

首先，体现为效率自身的模糊性和不同视角下判断效率与否的标准不同。施密德指出，当我们去寻求一种共同的价值标准时，有时往往会忽略利益冲突的人们之间的相互依存性，一旦利益冲突的人们之间存在相互依存性，谈论总体利益就是作出一种对各方利益加以权衡的价值判断（也就是笔者所说的对不同视角下效率判断结果的综合衡量）。这种价值判断又带有某种主观性，因此在总体上很难说一种制度选择是否有效率。因为，对富人有效率的制度安排，不一定对穷人有效率，抽象的效率并不是一个令人满意的绩效变量。所以，与其花费心思为法律寻求一个客观的效率评价标准，还不如阐明冲突结构（也就是从笔者即将提到的价值的时间性、空间性和主体性着手），看一看该制度选择究竟对谁有利，是对谁而言的自由、对谁而言的效率。①

其次，有效率的结果并不是唯一的。“每个特定的权利结构都将导致一组特定的价格、成本、产出等相似内容，从而也有一个特定的有效率的资源配置方式。”②

（二）效率作为价值取向之一的非唯一性

法律的基本价值不限于效率，还应包括正义、秩序和自由。③

二、国际私法的价值取向

国际私法经济分析的价值取向与国际私法的价值取向是一致的，所以必须先明晰国际私法的价值取向。

肖永平（1994）认为：“国际私法的价值取向含有许多内容，如对外政策的实现、国际经济新秩序的建立、判决结果的可预测性和一致性、司法任务的简单化、具体案件的公正性。而且在这些价值取向中，没有一项是至高无上的，它们的相对重要性总是随着案件的不同而发生变化。”④这种表述指明了价值取向的一些具体表现，但没有触及实质问题。有的学者则以

---

① 张建伟：《主流范式的危机：法律经济学理论的反思与重整》，载《法制与社会发展》，2005（4）。

② ［美］尼古拉斯·麦考罗、斯蒂文·G. 曼德姆：《经济学与法学——从波斯纳到后现代主义》，吴晓露、潘晓松译，朱慧、史晋川审校，158 页，北京，法律出版社，2005。

③ 张文显：《法哲学范畴研究》，195 页，北京，中国政法大学出版社，2001。

④ 肖永平：《价值取向与中国冲突法立法》，载《中国法学》，1994（5）。

“正义”为切入点比较分析了国际私法的价值取向，主要围绕“冲突正义（形式正义）”和“实质正义”展开，前者的核心是期望相同的案件得到平等的对待，也就是指“判决结果的可预测性和一致性”；后者则关注个人实体权利义务的公平实现，也就是指“具体案件的公正性”。谭岳奇（1999）认为，现代冲突法应当抛弃貌似平等的“冲突正义”，推崇真正公正的“实质正义”，此乃顺应潮流的大势所趋。[①] 另有一些著述则提出了较温和的主张，例如宋晓（2004）认为当代冲突法由传统方法和革命理论合成，以“实体取向”为发展趋势。这种“实体取向”是对“冲突正义”和“实质正义”两种不同正义要求的平衡，呈现出“双螺旋结构”的特征。[②] 杜新丽（2005）认为：“法律选择方法中的价值观，表现为对形式正义和实质正义的不同追求。传统方法追求法律选择中的形式正义，现代理论则主张以法律适用的结果和利益来决定法律选择，即追求法律选择中的实质正义。法律应当是两大价值的综合，即法律旨在创设一种正义的社会秩序，那么当代法律选择追求的应是两者的融和与平衡。”[③]有的学者则指出“冲突正义”的主导地位短期内难以改变，如徐崇利（2006）认为：“以冲突法由价值取向和技术系统构成之原理分析，……无论如何，实质正义不可能取代冲突正义而独霸整个冲突法领域，甚至不可能与冲突正义平起平坐，成为冲突法的基本价值取向，冲突正义在现在和可预见的将来仍将在冲突法中占据主导地位。”[④]笔者认为最后这种观点比较符合我国立法及实践的现状，具体内容将在第八章述及。

显而易见，目前关于国际私法价值的论述基本集中于“正义”领域。而如前所述，法律的价值不仅包括正义，还包括效率/效益、自由和秩序，国际私法的价值也不例外。[⑤]

三、不同视角下的价值取向

笔者认为价值首先是一个表征关系的范畴，“它反映的是人（主体）与外界物——自然、社会（客体）的关系”。[⑥] 可见，价值取向首先与主体密不

---

① 谭岳奇：《从形式正义到实质正义：现代国际私法的价值转换和发展取向思考》，载《中国国际私法与比较法年刊》第 2 卷，1999。

② 宋晓：《当代国际私法的实体取向》，348 ~ 356 页，武汉，武汉大学出版社，2004。

③ 杜新丽：《国际私法中法律选择方法的价值探究》，载《政法论坛》，2005（6）。

④ 徐崇利：《冲突法之悖论：价值取向与技术系统的张力》，载《政法论坛》，2006（2）。

⑤ 需要指出的是，上述学者的观点中也或多或少地提到或者涉及了效率/效益（徐崇利，100 − 101）、自由（徐崇利，101）、秩序（肖永平）的因素，但是并没有系统地提出并论述。

⑥ 张文显：《法哲学范畴研究》，190 页，北京，中国政法大学出版社，2001。

可分,不同视角(主体)下的价值取向很有可能不尽相同。这正体现了法律价值的相对性:“法律的价值不是固定不变的,而是随着不同的时代、社会、阶级、群体而呈现出差别性、多样性、多元化。”[①]尽管法律价值的普遍性决定了法律价值的类型是可知的,而且可以归纳为少数的几种,但是价值取向仍是一个具有鲜明的时间性、空间性和主体性的概念,寥寥数语难以准确全面地描述。笔者暂时以不同的视角区分(对主体性的识别)为主尝试描述国际私法(经济分析)的价值取向。[②] 笔者无意从哲学高度考问正义等古老的价值的概念,只是着眼于国际私法的理论和实践运用不同的分析视角描述各种价值——正义、效率/效益、自由、秩序的表现及相互的关系。

(一)个人视角的价值取向

1. 正义

个人视角下的正义取向体现为冲突正义(形式正义)的要求和实体正义的要求。也就是既包括“判决结果的可预测性和一致性”,又包括“具体案件的公正性”。排除技术系统的因素(例如法官素质),个人视角下的正义应该更倾向于解读为后者。毕竟获得实体上的权利义务安排是当事人的最终目的。这就是“从理论上实难否认实质正义属于冲突法中的优位价值取向”[③]的原因。

2. 效率/效益

个人视角下的效率/效益取向就是在国际民商事交往中对个人利益最大化的追求。也就是降低成本(例如诉讼成本、交易成本)和增加收益(主要指实体收益)。

3. 自由

个人视角下的自由取向体现为当事人的意思自治。而意思自治的范围取决于国家视角下秩序取向的具体内容。

4. 秩序

个人视角的秩序取向的核心是“安全”,即之于当事人,国际私法系统应当是有序的、可预见的、合法的和有组织的。其实也就是对形式正义(冲突正义)的要求。

---

① 张文显:《法哲学范畴研究》,194 页,北京,中国政法大学出版社,2001。

② 关于时间性和空间性的区分将在设定“承认”问题经济分析的历史平台之后进行。

③ 徐崇利:《冲突法之悖论:价值取向与技术系统的张力》,载《政法论坛》,2006(1)。

(二)国家视角的价值取向

1. 正义

国家视角的正义取向包括三种:一是对私人视角下的正义取向进行取舍,例如在欧洲大陆,以硬性规则为基础的法律选择方法在采用了最密切联系原则、政策导向和利益分析因素等以后,软化的趋势得到了发展,这就体现了对实体正义取向的认可。这种取舍主要体现在具体国内立法和制定国际统一法的参与行为上。二是在国际合作层面,不论是参与制定统一法还是进行司法协助,国家视角下的正义取向都体现为对“平等”的要求和对“歧视”的排斥。三则体现在排除适用国家认为“非正义”的外国法律的适用,公共秩序和法律规避制度的设定即为佐证。

2. 效率/效益

国家视角下的效率/效益取向当然就是指追求国家收益的最大化,包括立法收益(即法律政策实现的收益)、司法收益和实体收益。注意,实体收益与个人视角下的收益不同,它仅指本国实体收益,而非当事人的整体的实体收益。国家视角下的效率/效益取向可以用来解释法律适用领域单边主义(适用法院地法)盛行的现象。

3. 自由

国家视角下的自由取向一方面体现为国家对个人视角下自由取向的认可,即当事人意思自治原则的确立;一方面则体现为国家行使管辖权(立法管辖权、司法管辖权)的自由和豁免的自由。

4. 秩序

国家视角下的秩序取向包括两方面。一方面是建立保障正义得以实现的秩序,分为两点:一是建立有序的、可预见的、合法的和有组织的国际私法系统,保障个人对形式正义和秩序的需求,二是通过一定的限制、禁止和控制来界定个人视角下自由的范围。另一方面是参与国际民商事交往秩序的建立,体现为国家间的沟通与合作。

(三)法律适用者视角的价值取向①

1. 法院视角

法院既是决策(法律适用)的作出者,又是决策(法律适用的依据)的

① 前面提到过,英美法系的法院视角在立法领域类似于大陆法系的国家视角,所以并入国家视角一并讨论,而不单独列出,此处的法院视角指的是司法领域的视角。

执行者。双重身份决定了它的价值取向的复杂性。需要从三方面来了解法院视角的价值取向。第一,可以考虑个人视角下的价值取向。例如在自由裁量权的范围内可以实现实质正义、[①]在法律没有相反规定时最大限度地保证当事人意思自治的实现、作出使当事人利益最大化的判决等。第二,必须执行国家视角下的价值取向,也就是对法律适用依据(主要是国内法和国际条约)的严格执行。第三,仅考虑自身的价值取向,主要是效率/效益取向,也就是波斯纳所说的"减少司法错误与司法系统交易成本"。

2. 仲裁机构视角

仲裁机构视角下的价值取向往往是效率/效益和自由。仲裁作为一种独特的救济方式,以充分的当事人意思自治为核心,使个体利益和社会利益在最大化的基础上得到平衡,正好契合市场经济以效益为理性人行为取向的需要。[②]

(四)国际视角的价值取向

国际视角下的价值取向主要体现在国际条约、国际惯例等国际合作层面,同时价值取向也在指导和影响着国际合作的进行。

1. 正义

国际视角的正义取向主要体现为对"平等"的孜孜以求。包括国家间的平等(主要体现为法律的平等)、不同国家当事人之间法律地位的平等和保护弱势方的原则。例如资本输入国相对于资本输出国而言就是弱势方,而投资方往往要受制于资本输入国的法律。

2. 效率/效益

国际视角下的效率/效益取向分为两个层次:一是 Guzman(2002)提出的全球福利最大化,这显然不同于个人福利的最大化和国家福利的最大化;二是将国际私法管辖权(立法管辖权、司法管辖权)在全球范围内进行有效的配置,主要凭借是国际条约,即多边的统一法或双边条约的制定。

3. 自由

国际视角下的自由取向可以概括为实现国际民商事往来的自由,包括人员流动的自由、商品交换的自由和适用外国法律的自由。

4. 秩序

国际视角下的秩序取向大而言之就是建立国际民商事秩序,有的学者

---

① 显然,冲突正义是排斥法院的自由裁量权的,因为冲突正义意味着结果的可预见性。

② 韩德培主编:《国际私法问题专论》,336~338 页,武汉,武汉大学出版社,2004。

提出了建立“国际民商新秩序”[①]的主张，实际上就是国际视角下的秩序价值取向的体现。

第四节　国际私法的经济功能

笔者先来分别考察一下已有的关于冲突法经济功能、国际私法功能和国际私法经济功能的论述。Whincop(2001)认为冲突法的经济功能体现在以下几方面。第一，减少社会诉讼成本。影响社会诉讼成本的因素很多，但个人的诉讼收益以及庭外解决能力是两个重要因素。收益差别最小时，个人法律选择边际收益最低。冲突法可通过以下途径实现边际法律选择成本的最小化：一是冲突规则可通过多边作用减少边际诉讼收益；二是冲突规则可以通过增强可预见性，提高庭外解决争议的可能性；三是管辖权规则可限制原告在一法院起诉所可能得到的额外收益；四是判决承认与执行规则可拒绝执行不适当法院作出的判决；五是冲突规则可以通过执行当事人的法律选择、管辖权选择、仲裁协议，使其事先选择自己偏好的法院、仲裁机构与法律。第二，最佳协议(Optimal Contracting)。当事人选择法律，在经济学看来是成本收益作用的结果。Whincop 主张在合同的法律适用上，应尽量支持当事人选择的法律。当事人可以通过法律选择提高可预见性，更好地安排其行为，减少交易剩余。冲突法应提供明确的、低成本法律适用规则，作为交易的递补规则(Default Rules)。第三，限制管理性垄断与溢外效应。当跨界民商事行为逐步增加时，一国法院很可能适用对他国居民不利的法律。法律的目的在于将个人在交易中的成本内化。而合理的冲突法规则可以起到限制管理性垄断和减少溢外效应的作用。[②] 孔令杰(2005)认为，冲突法经济功能应当分为宏观与微观两个层次：“宏观上，冲突法担当着维持国际民商事交往稳定、有序、高效发展的功能。微观上，冲突法的核心任务在于保护国际私法关系中当事方的正当期望，确保国际民商事法律争议合理、公正、高效地解决。”[③]

许军珂(2003)认为，国际私法的功能包括：指引功能、评判功能、预测功能和保障功能。指引功能是指国际私法通过各种国际私法规范对

---

① 李双元、郑远民、吕国民：《关于建立国际民商新秩序的法律思考——国际私法基本功能的深层考察》，载《法学研究》，1997(2)。

② See Whincop and Keyes, *Policy And Pragmatism In The Conflict Of Laws*, Ashgate Publishing Com. ,2001, pp. 26 - 30，转引自孔令杰：《冲突法的经济分析》，武汉大学硕士学位论文，2005。

③ 孔令杰：《冲突法的经济分析》，武汉大学硕士学位论文，2005。

国际民商事交往中的当事人起到指示引导作用，从而促使人们依法行为。评判功能是指法官和仲裁员把国际私法的各类规范作为对涉外民商事法律关系的当事人行为的评价标准。法官和仲裁员依据国际私法中的涉外诉讼或仲裁规范评判一国法院或仲裁机构对某一涉外民商事案件有无管辖权，依据冲突规范确定该涉外民商事案件应适用的法律，依据确定的准据法或直接适用统一实体法具体确定当事人的权利与义务。预测功能是指涉外民商事法律关系的当事人根据国际私法规范可以估计自己行为的后果，从而依据法律对自己的行为方向、方式、界限作出合理的安排。以上三种功能归结为国际私法的保护功能，以保护涉外民商事交往中当事人的利益为主要目的。保障功能是指国际私法通过解决法律冲突，确定涉外民商关系当事人的权利与义务，起到保障涉外民商事交往的顺利进行，保护国家利益的作用。Frank Vischer（1992）认为，“国际私法的核心经济功能在于维持当事人自主决定法律适用的、有效的资源配置之均衡”。①

综上观之，孔令杰关于冲突法经济功能的界定并没有鲜明地反映国际私法“效率/效益”的价值取向，它体现的是“正义”“秩序”的价值取向，所以实际上这是对冲突法功能的一种概括性描述。Whincop 的表述虽然具体，但是内容之间缺乏严整的逻辑，是一种随说随止的记录性描述。而许军珂的论述虽然针对的是国际私法的功能，但笔者从中看到了运用不同视角（个人、国家）观察问题的方法。Vischer 的观点提到的“资源配置”很具有启发性，但是“法律适用”只是国际私法资源的一部分，后者还应包括“法律的承认”“法律的执行”。而且他论述的视角是个人视角，而笔者认为国际私法相关资源配置最重要的主体不是个人。总之，笔者认为国际私法的经济功能应该是国际私法经济分析中的效率/效益的价值取向的体现。它包括两个层次：一是经济学观点中国际私法的功能，二是国际私法对经济的反作用。前者是笔者论述的重点，即国际私法对管辖权进行配置的功能。

一、管辖权配置的概念、主体及对象

资源具有稀缺性，所以需要配置。制度经济学认为制度——包括法律制度也是一种稀缺性资源。管辖权（立法管辖权、司法管辖权）属于法律

---

① Frank Vischer, Policy And Pragmatism In The Conflict Of Laws, *Recueil des Cours*, Volume 232, (1992 - I), pp. 88 - 90. 转引自孔令杰：《冲突法的经济分析》，武汉大学硕士学位论文，2005。

制度的范畴,因而也具有稀缺性。管辖权配置有两层含义:一是指通过制定规范体现管辖权的内容(具体的权利义务);二是管辖权(权力本身)的国际分配。相应的,管辖权配置的主体也分为两种:一是国家视角下的配置主体,即国家立法机关;二是国际视角下的配置主体,包括国际立法组织和参与条约制定的国家(缔约国)。总的来看,主体就是国家和国际组织。而法律适用者(法院/仲裁机构)和个人(当事人)都是管辖权分配的对象,也就是管辖权所确立的权利义务的承担者。需要注意的是,国际视角下的管辖权分配的对象还包括国家,具体情形将在"管辖权非市场途径配置的表现"部分描述。

二、管辖权配置的途径

管辖权配置和一般的社会资源配置一样,也有"市场"和"非市场"两个途径。

(一)市场途径

管辖权的市场配置是指管辖权产品通过国际市场上供给与需求的变化而在配置对象之间流动。分为两种情形:一是个人视角下管辖权内容(具体权利义务)的自由交易;[①]二是国际视角下国家间针对实体规范、程序规范和冲突规范的自由交易,也就是管辖权交易。其中立法管辖权的交易对于描述国际私法历史相关的问题(主要是"承认"问题)大有裨益,这是本书第五章讨论的重点内容。

需要指出的是,统一规范的配置虽然属于非市场途径,但是制定统一规范的前奏却是如假包换的市场之音。流通着各国国内法法律产品(实体法、程序法、冲突法)的国际市场需要发展到一定的阶段,才能出现各种统一法产品,这个发展的过程就是制定统一法的交易成本不断降低的过程,而过高的交易成本意味着降低资源配置效率,而制定统一实体法、统一程序法和统一冲突法的交易成本是依次降低的,所以笔者认为使得统一法的配置功能最早和最充分得到体现的是统一冲突法的制定。

(二)非市场途经

一般的稀缺资源主要是依靠市场机制来配置的。有学者认为,法律资

---

① 也就是"人的行为"之间均衡的体现,具体参见本书第五章。

源的配置不通过市场，而是国家根据社会秩序的需要直接分配的。[①] 非市场途径是国际私法管辖权配置的主要途径（特别是在当代），也就是通过立法来配置——包括国内立法和国际立法（国际条约、国际惯例）。[②] 具体体现在以下几方面。

1. 国内实体和程序规范的立法配置

就是通过实体法和程序法设定个人和法律适用者具体的权利义务。

2. 国内冲突规范的立法配置

国内冲突规范的立法配置含义有二：一是指国家对立法管辖权范围的自我界定；二是国家对法律适用者和个人法律适用层面具体权利义务的界定。学者们在论及冲突法时往往强调前者而忽略后者。例如我国台湾学者刘甲一在他撰写的《国际私法》一书中指出："国际私法定义谓其系统规范涉外关系而分配有关国家之制法及管辖权并制约其行使之法律也。"Trachtman（1994）指出，"所有的冲突法规则的目的均旨在分配国家权力（Allocation of State Power）。冲突法的功能最终体现为国家权力在国际社会共同体中的准确分配。"[③]笔者认为，国内冲突规范中的"国家权力（立法管辖权）"分配是有局限的，它受制于一国主权的范围，这种实际上是针对国际范围内的立法管辖权的分配只能在本国境内有效。换句话说，国内冲突法对立法管辖权的配置是一厢情愿的，它所表明的"承认"的姿态并不意味着其他国家理所当然地给予"承认"的回报。所以，在传统国际私法中，以国内冲突法为主划分和确定某个国家法律的属人或者属地的适用范围，必然会遇到理论和实践的中尴尬，始作俑者就是"以国内法在国际范围内配置立法管辖权"的企图。最直接的解决办法就是跳出国家视角，而着眼于国际视角下的统一冲突法的制定，将国际范围内的"权力分配"交给国际社会完成，这点稍后予以论及。

笔者这里先要强调国内冲突规范立法配置的第二个含义，也就是"权利的配置"而非"权力的配置"。有学者已经指出："冲突规范的内容在经济学看来是对选择法律的权利资源的配置。拥有选择法律的权利对于权利主体来说意味着他具有选择法律的资格。"[④]笔者认为这种"选择法律的

---

① 陈宗波、阳芳、蒋团标：《法律的经济解释》，65～67 页，桂林，广西师范大学出版社，2004。

② 也就是管辖权的界定，第五章"产权理论"部分有相关的详尽论述。

③ Joel P. Trachtman, *Conflict of Laws and Accuracy in the Allocation of Government Responsibility*, 26 Vanderbilt J. of Transnational L. 975（1994），转引自孔令杰：《冲突法的经济分析》，武汉大学硕士学位论文，2005。

④ 朱莉：《国际私法的经济分析》，66 页，吉林大学博士学位论文，2007。

权利资源”的配置对象主要是指法律适用者，在“当事人意思自治”[①]和“法律规避”等少数领域的权利义务的配置对象是个人，而不再是“权力配置”中的“国家”。在这个层面上，国内冲突法才能较好地完成它的立法管辖权配置任务。

3. 统一规范的配置

统一规范的配置包括两种形式和三个内容。两种形式指通过国家间的协议（国际条约）配置和通过国际立法组织配置（制定国际惯例）。三个内容是统一冲突法的配置、统一程序法的配置和统一实体法的配置。本部分重点讨论第一个内容。

Trachtman 认为“传统的冲突法理论过分强调了冲突法的私法性，而要想实现理论上的突破，就必须突显冲突法的公法性。”[②]笔者认为，体现“冲突法公法性”最好的途径就是统一冲突法的制定。统一冲突法是对立法管辖权国际范围内的分配，分配的原则从经济学角度看就是保证“受益者（得到立法管辖权的国家）”有能力并虚拟地补偿“受害者（让渡立法管辖权的国家）”损失之后，还有一定的获益，这就增加了社会财富总量，配置就是有效率的。这种分配体现的“承认”就是双边或者多边的，而不再是一厢情愿的。国际私法历史中关于法律适用的“普遍主义”的观点也就是学者所勾勒的统一冲突法观点。而统一程序法的配置就是指对司法管辖权在国际范围的配置，统一实体法则是对具体的权利义务在国际范围内的配置。[③]

总之，从最终结果上看，管辖权配置的主要途径是非市场途径，但是从历史发展过程上看，一直存在的、在国际私法发展之初起过决定性作用并且在今天仍起着重要作用的却是市场途径。

三、管辖权配置的作用

管辖权配置的作用应当从两个途径分别考察，而关于市场配置的作用

---

① 需要指出的是，法律适用的“意思自治”一般在国内实体法——合同法中也予以规定。也就意味着实体法和冲突法的重叠配置。而在其他领域，例如侵权、婚姻家庭，则没有在实体法中体现法律适用的“意思自治”。

② Joel P. Trachtman, *Conflict of Laws and Accuracy in the Allocation of Government Responsibility*, 26 Vanderbilt J. of Transnational L. 975（1994），转引自孔令杰：《冲突法的经济分析》，武汉大学硕士学位论文，2005。

③ 有关统一程序法的配置功能请参见徐锦堂：《国际民商事纠纷司法管辖权的经济分析》，武汉大学硕士学位论文，2005。有关统一冲突法的配置功能请参见朱莉：《国际私法的经济分析》，吉林大学博士学位论文，2007。关于两者的作用，下文将予以专门论述。

上文已经论及,即它为非市场途径的配置提供了充分的条件和成熟的时机。下面着重讨论非市场途径——立法配置的作用。

(一)明确权利(力),提供激励

立法配置可以明确国际私法法律关系主体的权利(力)义务。从个人视角看,国内的或统一的实体、程序规范直接明确了个人具体的权利义务;从法律适用者角度看,国内的或统一的冲突规范直接明确了法律适用者具体的权利义务;从国家视角看,统一规范在立法权和司法权的划分上明确了国家的权力(利)和义务。明确的权利(力)归属可以改变激励,调节主体的行为。这正是法律基本功能的实现。① 其实法律权利的明确也多少体现了国际私法对经济的反作用,因为"一般来说,法律权利会增强经济权利",虽然"对于后者的存在来说,前者既非必要条件,也非充分条件"。②

(二)节约成本,增加收益

概言之,立法配置节约了不同的法律制度之间、不同的法律体系之间、不同的国家的法律之间的交易成本。"交易"包括法律的适用、法律的借鉴、法律的移植等。

从国际视角看,统一规范的制定虽然需要支付一定的谈判成本,但它的制定毕竟避免了以后相关的谈判成本的产生。

从国家视角看,在冲突规范指引下,承认和适用外国法减少了不同法律制度之间信息传递的成本,节约了信息发现的成本。

从法律适用者视角来说,一方面,国内的冲突规范和程序规范中关于法律适用的规定(例如诉讼时效的法律适用规定)节约了其进行法律选择、确定准据法的成本;另一方面,统一的规范的出现使其法律适用的成本骤减。首先,统一的实体规范使法律选择的成本趋近于零,③同时也大大减少了外国法律查明的成本。其次,统一的程序规范在避免了司法管辖权的冲突的同时也节省了解决冲突所需支付的成本,管辖权冲突的解决直接

---

① [美]波斯纳:《法律的经济分析》,蒋兆康译,林毅夫校,345 页,北京,中国大百科全书出版社,1997。

② [以]Y. 巴泽尔:《产权的经济分析》,费方域、段毅才译,2 页,上海,上海人民出版社,1997。

③ 之所以说"趋近于零"是因为:法律适用者首先要确定是否存在调整当事人权利义务关系的统一实体规范,"确定"的过程需要一定的成本,不过微乎其微。

决定了司法协助成本的降低。例如,明确的管辖权使关于承认和执行外国法院判决也有了统一的判断标准,从而降低了这一环节的费用。最后,统一的冲突规范同样具有降低法律适用成本的功能。前文已经提到,制定统一实体规范和统一程序规范面临重重阻碍,相比之下,制定统一的冲突规范的谈判成本要小得多。统一冲突规范的适用过程虽然没有节省外国法律查明的成本,但是却保证了不同法律适用者的法律选择结果是一致的,这就有效地避免了"挑选法院(forum shopping)"现象的发生,暂且不提这对当事人的有益之处,起码从法院角度看,这意味着一些法院受理案件的机会的增加,也就是收益的增加。

从个人视角来看,国内的冲突规范和程序规范节约了当事人和法律适用者之间的谈判成本和当事人预测法律适用结果的成本;外国人法律地位的规范节约了当事人和国家之间的谈判成本;而统一规范则减少了当事人为明确自身的权利义务而进行信息搜寻的成本,同时也减少了当事人的诉讼成本。诉讼成本的减少体现在:统一程序规范明确了司法管辖权,当事人便省去了"挑选法院"的成本;统一冲突规范明确了相对统一的立法管辖权,法律规避也就失去了意义,可以说节省了当事人"走弯路"的成本。[①]需要注意的是,统一实体法规范的出现使当事人在纠纷产生前进行利益交易成为可能,以及使当事人在纠纷发生后进行调解的成本更低,从而使诉讼成本有可能为零。

总之,效率的、均衡的管辖权分配可以明确权利、提供激励、节约成本和增加收益。法律适用本就是可伸缩的、有弹性空间的,如果管辖权配置再不均衡,就会诱使法律主体能动地趋近于法律变通适用的行为,这也常被视为一种法律主体获得法律运用边际收益最大化的艺术手段。从个人视角来看,体现为挑选法院(forum shopping)、法律规避和当事人意思自治范围的过分扩大;从法律适用者和国家视角来看,体现为司法管辖权的扩张、"法院地法"的扩大适用和对当事人意思自治范围的过分限制。"过分严厉和过分放松的权利配置都会使法律本身在执法中发生扭曲变形,进而使交易成本增加。"[②]这些就是国际视角中管辖权非均衡、非效率分配的表现。

最后,需要指出的是,管辖权配置经由的途径不论是市场也好,非市场

---

① 法律规避需要当事人支付一定的成本以改变具体的连结点,而法律规避最终会被认定为无效,所以形容其为"走弯路"。

② 周林彬:《法律经济学论纲》,208 页,北京,北京大学出版社,1998。

也罢，总有一个决定路径发展方向及结果的关键动因：竞争与合作，这就是国际私法发展的核心理念。这是本书的一个重要的指导思想，将在第七章中展开叙述。

第五节　国际私法经济分析的范式

通过上一章文献综述可知，目前国际私法经济分析方法主要有成本收益分析、博弈分析和公共选择分析，明显沿袭了法律经济分析主流范式的套路。针对主流范式的弊端，笔者提出了"国际私法经济分析的综合范式"的概念。下面从分析的方法论、分析的经济理论工具和分析的基本理论基础三个方面对这个概念予以说明。其中，方法论是阐述的重点。

一、国际私法经济分析综合范式的方法论

"经济学之所以有别于其他的社会科学，关键所在不是它的研究对象，而是它的分析方法"。[①] 方法论之别往往就是立场之别，然而法律经济学家们在分析中常常是实用的、有选择的使用一些假定概念，一旦遇到特殊情况，经济分析就会迂回或变通以绕开方法论的严格要求。[②] 笔者认为，在国际私法经济分析领域，一些不同的方法论是可以"综合"的，而不是"迂回"和"变通"，即使同是出于"实用"的需要。

（一）抽象演绎法与历史归纳法的综合：逻辑与历史一致的方法

经济学中关于抽象演绎法与历史归纳法的争论从 19 世纪末延续至今。"事实上，经济研究既离不开对历史的归纳，也离不开科学的抽象演绎，正确的方法应该是对历史进行科学抽象，即逻辑与历史一致的方法。"[③]笔者认为国际私法经济分析的方法也应如此。而事实上，国际私法经济分析乃至整个法律经济分析的主流范式运用的分析方法都是抽象演绎法。笔者认为，历史归纳的方法是不可或缺的。

首先，历史方法作为实证工具，对主流范式的经济分析进行经验验证，

---

① ［美］加里・贝克尔：《人类行为的经济分析》，王业宇、陈琪译，7 页，上海，上海人民出版社，1995。

② Heico Kerkmeester, *Methodology*: *Gernaral*, p. 383. http://encyclo. findlaw. com/0400book. pdf. 转引自张玉堂：《法律经济学的理论意义和科学价值——方法论视角的反思》，载《法律文化史研究》，2004(1)。

③ 高德步：《经济发展与制度变迁：历史的视角》，39 页，北京，经济科学出版社，2006。

推进了经济分析理论的创新和发展。主流范式经济分析的弊端正如英国经济学家布劳格在指出现代经济学的主要弱点时所说的:“……在于不愿使它所产生的一些理论包括一种可以明显地被驳倒的结论,随后又普遍地不愿把这种结论同事实相对照。”①美国经济学家艾克纳也批评主流范式经济分析的理论根基,即新古典经济学,从一开始就养成“一种几乎是不可更改的演绎推理的偏好”,“过分强调完全公式化理论体系的发展,而缺乏足够的行为假设和前提条件等的经验基础。”②而历史方法就是用历史经验对经济学理论进行实证性检验,包括证实性检验和证伪性检验。笔者将在第三章中对“承认”问题主流范式经济分析进行初步的实证检验,进一步的检验则在第五章、第六章、第七章中分别进行。

其次,历史学方法可以使主流范式的经济分析增加历史感,并促进国际私法经济分析从静态向动态的发展。任何国际私法理论都会涉及某个主体的某种行为模式,而“某个主体”和“某种行为模式”必定存在于特定的历史之中,也只有将它们置于特定的历史之中进行动态的观察,对问题的理解才能是全面的。“如果一个人不掌握历史事实,不具备适当的历史感或所谓历史经验,他就不可能指望理解任何时代(包括当前)的社会现象。……目前经济分析中所犯的根本性错误,大部分是缺乏历史的经验,而经济学家在其他条件方面的欠缺倒是次要的。”③

再次,历史方法引导国际私法经济分析走向多因素分析。笔者认为,国际私法主体的动机不仅仅受到经济因素的影响,具体历史背景下的政治、心理认知、道德等因素是不容忽略的。本书为“承认”问题经济分析设置的历史平台就是一个多因素的平台。

最后,需要注意的是,经济分析既要重视历史,也离不开科学的抽象,单纯的历史方法也有弊端,如“难以认识制度发展过程的普遍规律”。④离开抽象理论的历史细节只不过是堆砌的记忆片段。正确的方法应该是对历史进行科学抽象,即逻辑与历史一致的方法。这个方法是马克思通过对黑格尔唯心史观和资产阶级政治经济学的批判和改造建立起来的。“黑格

① [英]布劳格:《经济学方法论》,250页,北京,商务印书馆,1992,转引自高德步:《经济发展与制度变迁:历史的视角》,45页,北京,经济科学出版社,2006。

② [美]艾克纳:《经济学为什么还不是一门科学》,2页,北京,北京大学出版社,1990,转引自高德步:《经济发展与制度变迁:历史的视角》,45页,北京,经济科学出版社,2006。

③ [美]约瑟夫·熊彼特:《经济分析史》第三卷,朱泱、孙鸿敞、李宏、陈锡龄译,92页,北京,商务印书馆,1994。

④ 高德步:《经济发展与制度变迁:历史的视角》,50页,北京,经济科学出版社,2006。

尔的思维方式不同于所有其他哲学家的地方，就是他的思维方式有巨大的历史感作基础。形式尽管是那么抽象和唯心，他的思想发展却总是与世界历史的发展平行着，而后者按他的本意只是前者的验证。”[①]马克思将黑格尔的这种唯心史观进行彻底改造，发展了辩证唯物主义的历史观，同时，通过对资产阶级经济学方法的批判，创立了逻辑和历史统一的方法。“采用这个方法时，逻辑的发展完全不必限于纯抽象的领域。相反，它需要历史的例证，需要不断接触现实。”[②]

本书的第四章就是以史为主，论从史出，重点在于设置历史平台，而不是抽象理论（逻辑）的建立；而第五章、第六章、第七章则以抽象理论为主，以历史为例证。这就是本书对逻辑与历史一致方法的运用。

（二）方法论个人主义与整体（集体）主义的综合：分析视角下的共存

1. 主流范式中两者的对立

主流范式的方法论是个人主义的，而非整体主义的。方法论个人主义的理论基础是理性选择，包括最大化行为、均衡（市场出清）和偏好稳定三个基本假设。个人主义认为理性选择的主体是个人，而不是由个人组成的组织，或是国家和社会这样抽象的整体，当然也不包括制度，“制度可能有目标和利益——仅当人们赋予它目标时，”[③]社会体制是随着个人行为的变化而变化的。“集体的行为和行动，诸如国家和社会集团，应该还原为人类个体的行为和行动”。[④] 方法论整体主义的基本观点有三：一是社会整体大于部分之和；二是社会整体显著的影响和制约其部分的习惯行为或功能；三是个人的行为应该从自成一体并适用于作为整体的社会系统的宏观或社会的法律、目的或力量演绎而来，从个人在整体中的地位（或作用）演绎而来。[⑤]

2. 综合范式中两者的共存

前文提到过，国际私法经济分析不同视角的划分决定了不同的方法论。笔者认为，个人视角下的方法论是个人主义的，而国际视角下的方法

---

① 《马克思恩格斯选集》第2卷，42页，北京，人民出版社，1995。

② 《马克思恩格斯选集》第2卷，43页、45页，北京，人民出版社，1995。

③ ［英］马尔科姆·卢瑟福：《经济学中的制度——老制度主义和新制度主义》，陈建波、郁仲莉译，38页，北京，中国社会科学出版社，1999。

④ ［英］K. R. 波普尔：《开放社会及其敌人》（第二卷），郑一明译，156页，北京，中国社会科学出版社，1999。

⑤ 张玉堂：《法律经济学的理论意义和科学价值——方法论视角的反思》，载《法律文化史研究》，2004（1）。

论则只能是整体主义的。这体现了一种意义上共存:不同视角下的共存,因为国际私法经济分析的范围既包括“个人行为”也包括“国际行为(国际立法)”。下面再来分析相对复杂的情形:同一视角下的共存。

1)国家视角

国际私法中,国家的身份是双重的,有时是“整体”,例如制定国内法;有时是“个人”,例如参与国际立法、司法协助。所以国家视角下的方法论既包括整体主义又包括个人主义。把国家假设为“个人”,从而运用个人主义方法论的理性选择理论对国家的行为进行分析,这正是第五章中“承认”问题的产权理论分析的一个基本前提。

2)法律适用者视角(法院/仲裁机构)

法院视角下的方法论首先是整体主义的,因为法院与国家之间是司法与立法的关系(不排除英美法系中的例外),这种关系是由公法(例如宪法、法院组织法、诉讼法)规定的,不允许法院从这种关系中谋求“财富的最大化”。而法院自由裁量范围内的行为以及法律约束之外的行为,却可以通过个人主义方法论来考察,例如前文提到的“降低司法错误”“节约司法成本”的行为。

3)制度视角

这是一个理论难点。前文提到过制度视角下的秩序价值取向,前提是将制度假设为“个人”,它自身也有对最大化的要求,它的偏好是均衡、和谐的不断发展进化,制度自身可以达到均衡,(体现为均衡与非均衡的不断交替),类似于自生自发秩序,但这显然与哈耶克所讲的纯粹的个人视角的个人主义是不同的。① 因为,一方面,某个制度的发展离不开整体的制度环境,这就是整体主义的表现;另一方面,最关键的是,不能否认制度自身的发展的力量也在左右着个人的行为,这说明在将制度假设为“个人”的同时,我们无法完全掩饰它作为“整体”的身份。所以从这第一个假设来说,考察制度的方法似乎主要是个人主义的,但又不能忽略整体主义的方法。

我们再将制度假设为“整体”,事实上制度一直是作为“整体”出现在

---

① 需要强调的是,“哈耶克所主张的方法论个人主义并不是简单的在‘整体主义’和‘唯个人主义’这两极之中所作的任何一极选择,而是试图通过同时否定这两种方法论而开出一种能够使社会现象得到真正理解的方法论。”所以布坎南和范伯格认为哈耶克所提出的“文化进化”理论中的“群体选择”在根本上背离了他所主张的“方法论个人主义”。参见邓正来:《哈耶克方法论个人主义的研究》,载[英]弗里德利希·冯·哈耶克:《个人主义和经济秩序》,邓正来译,代译序第3页,北京,生活·读书·新知三联书店,1999。

马克思、旧制度经济学以及新制度经济学中的某些支派的理论中的。[①] 这些理论中,方法论的综合趋势已经出现,虽然其中充斥着整体主义方法论的因素,认为"严格遵循方法论个人主义的经济分析只是人们的一种幻觉"。[②] 但是,这并不意味着对个人主义方法论的完全抛弃。例如凡勃伦认为,制度的演进过程是人类思想和习惯的自然淘汰过程,或人类应付外界的心理变化过程,[③]而在研究制度变迁时,"必须处理个人行为,并用个人行为系统地阐述这种探索的理论结果"。[④] 所以从第二个假设来说,考察制度的方法似乎又是以整体主义为主,又兼顾个人主义。

表面看来制度视角下的方法论悖论不可避免,但实际上完全可以用动态的理论模式将不同主义的方法论兼容并包,笔者将在第五章"承认"问题的制度经济学分析中尝试这种做法。

(三)实证分析方法与规范分析方法的综合

实证分析和规范分析的综合,是对经济分析主流范式方法论的为数不多的继承之一。综合范式中,实证分析就是运用经济学的理论和方法对国际私法要素(规则、原则、概念)的产生、历史变迁、运行现状、后果等方面提供经济上的观察和解释,并据此判断、预测主体的行为;规范分析则与主流范式有很大的区别,后者所追求的价值目标只有"效率",而综合范式中的规范分析需要对国际私法的多个价值取向予以关注,从中发现国际私法的发展路径并预测发展趋向。

二、国际私法经济分析综合范式的经济学理论工具

经济学理论工具就是指用于分析国际私法的经济学理论。综合范式对经济学理论的态度是开放式的,既包括主流的成本收益理论、边际均衡理论、博弈理论、公共选择理论和福利经济学等理论,也包括非主流的行为经济学理论、进化博弈理论和实验经济学等理论,以及介于其中的制度经济学理论(其中产权经济学属于主流,而制度变迁理论则有非主流的因

---

① 例如马克思认为应当从历史的角度整体的把握社会和个人;康芒斯反对只强调反映在主流理论中的方法论的个人主义,反之他肯定了集体主义和团体行为在经济分析中的地位。

② 张玉堂:《法律经济学的理论意义和科学价值——方法论视角的反思》,载《法律文化史研究》,2004(1)。

③ [美]凡勃伦·T. B.:《有闲阶级论:关于制度的经济研究》,蔡受百译,139页,北京,商务印书馆,1964。

④ 转引自[英]马尔科姆·卢瑟福:《经济学中的制度——老制度主义和新制度主义》,陈建波、郁仲莉译,47页,北京,中国社会科学出版社,1999。

素)。需要注意的是,这种综合运用绝不是经济学理论的“团体操表演”——逐一上阵,也不是它们简单的罗列、集合。而是运用逻辑和历史一致的方法,或是将某些理论(成本收益、博弈论、产权理论、供给需求理论)置于历史平台上进行实证检验,或是为某些理论(制度变迁理论、行为经济学、进化博弈论)提供历史佐证。

三、国际私法经济分析综合范式的理论主线

国际私法经济分析的视角和价值取向是综合范式的理论主线。它们应体现在综合范式分析的方方面面。不同的方法论和不同的经济学分析工具都要结合国际私法经济分析的不同视角展开比较分析和运用,并随之体现不同的国际私法价值取向,而体现价值取向正是规范分析的含义。

第六节 小 结

综上所述,从国际私法的调整对象及任务层面来看,确定国际私法经济分析的范围的根本出发点是“解决国际民商事纠纷和问题”;从国际私法的要素层面来看,国际私法经济分析的范围应该包括国际私法的规则、原则和概念;从国际私法法律关系的层面来看,国际私法经济分析的范围就是多个规范(实体规范、程序规范、冲突规范)在指引多个主体(个人、法律适用者、国家、国际组织)的行为的过程中形成的权利义务关系;而冲突关系则是国际私法经济分析的范围的重要内容,包括三大分类和七个层次。不同种类和不同层次的冲突关系会涉及不同的经济分析方法,同时冲突关系层次的划分还直接影响了国际私法经济分析视角的划分。这些划分对于全面准确地描述“承认”问题是非常重要的。

笔者认为国际私法经济分析的视角不应以两分法(个人、国家)划分,而应该对应国际私法法律关系的主体以四分法划分为:个人视角、法律适用者视角、国家视角和国际视角。这样的视角划分为解读“成本收益”“价值取向”“方法论”等理论难点问题提供了更加细致、全面的分析起点。同样,在不同的历史平台中运用不同视角分析“承认”问题,有助于得出一个相对完整和严密的结论。

关于国际私法经济分析的价值,笔者认为,一方面,国际私法经济分析的价值取向并不局限于“效率/效益”(国际私法的功能也并不局限于经济层面的功能),还应该包括“正义”“自由”和“秩序”;另一方面,不能简单地将四个法律的基本价值套用到国际私法领域,应当从价值的主体性、时间性和空间性三个层面来做细致的动态分析。不同的时间、空间和主体视

角下的价值取向的内容和相互的关系必然不同,如果不做区分地一概论之,必然顾此失彼,引起理论混乱。需要指出的是,笔者之前的分析是以价值的主体性为参照标准的,实际上笔者分析的就是主体的价值取向,而把国际私法(经济分析)的价值取向看作对主体价值取向的不同取舍(例如欧洲大陆国际私法比美国更重视法律选择的可预见性,而后者则更为注重个案结果)或组合。徐国栋(1992)曾指出,“法律的价值体系是个多元化、多层次的动态的社会历史范畴,各价值既相得益彰又存在互克性,……在法律的诸价值中,如果其中一项得到完全的实现,难免在一定程度上牺牲或否定其他价值”。[①] 不能否认,主体价值取向的耦合是暂时的,而取舍是必然发生的。但是笔者认为价值取向之间也可以长期共存,因为我们忽略了一个重要的视角:制度本身的视角。国际私法是一种法律制度,而制度本身存在一种自发的秩序推进它向前不断地发展,不论何时何地何种价值占据了上风,这种制度本身的秩序取向是不变的(这也正是笔者在第五章中要重点讨论的内容之一)。此时,制度视角下的秩序取向与主体视角下的价值取向必然是长期共存的。

笔者认为,一部分国际私法主体(国际组织、国家)通过市场和非市场途径将国际私法资源(管辖权)在另一部分相对的国际私法主体(国家、法律适用者、个人)之间进行有效配置,明确主体的权利、提供激励、节约成本、增加收益,进而推动国际民商事生产要素流动和资源(社会资源和经济资源,主要指后者)的优化配置,体现国际私法对经济系统的反作用,这就是国际私法的经济功能。其中,管辖权的配置是核心功能,而对经济系统的反作用是其经济功能的最终表现。

最后,笔者在对国际私法经济分析的范围、视角、价值取向和国际私法经济功能分析的基础上,提出了国际私法经济分析的综合范式。比之主流范式而言,国际私法经济分析更应当采取这样一种范式:立足于国际私法经济分析的其他基本理论,建立问题讨论的历史平台,循沿着第一条理论主线:不同的分析视角,本着历史与逻辑相一致的方法原则,运用不同的经济学理论工具对国际私法问题进行分析,在对经济学理论工具进行实证性检验的同时,完成对国际私法问题的实证分析。与整个分析过程如影随形的就是围绕第二条理论主线:不同的价值取向,对国际私法理论内核、发展路径进行的规范分析。这就是笔者称之为“国际私法经济分析综合范式”的整体印象。笔者主要就是运用这个范式来分析“承认”问题的。

---

① 徐国栋:《法律的诸价值及其冲突》,载《法律科学》,1992(1)。

第三章　承认外国法律效力问题主流范式分析的实证性检验

“承认”作为一种现象，曾是一种历史的存在；作为一种法律制度，它又是一种现实的存在。而本章所谓的“实证性检验”就是初步考察主流范式下成本收益分析和博弈分析的结果与历史和现实是否相符。也就是考察两种主流范式的分析能否解释“承认”的现象或者得出“承认”的结论。进一步的实证性检验（利用历史细节证实或是证伪）将在后面几章中进行。

第一节　成本收益分析

成本收益分析作为法律经济学主要的实证、量化的分析方法，已经为一些发达国家和国际组织成功运用于政府管制、投资政策等领域。[①]“承认”问题的成本收益分析能否同样成功呢？笔者认为，对“承认”问题进行成本收益分析的目的是证明“对效率目标的追求”是“承认”现象出现的原因，或者说“承认”制度形成的原因。整个思路应该是：经由证明一个国家“承认”的收益大于“承认”的成本，得出“承认”是有效率的结论，这就能说明该国有“承认”的动机，就存在“承认”的激励，从而完成对“承认”问题的经济学解释。

目前尚没有完全针对“承认”问题进行的成本收益分析，但是有针对类似问题——“适用内外国法”的成本收益分析（孔令杰，2005）。如果能证明，在同等情况下适用外国法的收益与成本之差大于适用内国法的收益与成本之差（较之第一个思路稍显复杂），就能得出结论：适用外国法是有

① 在美国，福特、卡特、里根、克林顿等几任总统在其任内都曾专门下令，要求对联邦规制进行事先的成本收益分析。一些国际组织如经合组织、世界银行等也开始提供介绍说明成本收益分析方法的手册。可参见张玉堂：《法律经济学的理论意义和科学价值——方法论视角的反思》，载《法律文化史研究》，2004（1）。

效率的。而前文提到过,"承认"是"适用"的前提,有时两者又是同时发生的,[①]所以上面的结论也可推出:"承认"是有效率的。于是笔者即将借助检验"适用内外国法成本收益分析"来"证实"或"证伪""承认"问题的成本收益分析理论,因为前一个命题蕴含了范围更广的、与"承认"问题相关的成本收益的具体内容。

一、个人视角下适用内外国法成本收益分析之实证性检验[②]

孔令杰(2005)在《冲突法的经济分析》一文中指出,法律适用的个人成本包括事实查明成本、法律查明成本、证据与证明成本、法律解释成本、法律适用错误风险成本。比较后得出分结论之一:法院地法对个人而言具有成本上的优势,即 CAD < CAF;[③]接下来他将个人的收益分为实体收益和程序收益(见图 3-1)。但是没有作出比较,因为"适用内外国法对个人的收益会有不同的影响,其中实体收益的大小需要在具体案例中分析",而程序性收益的大小则取决于当事人的期望;最后,由于分结论(收益的比较)的缺失,他并没有对"基于效力标准,是否应当适用外国法"的问题作出回答,而是转而讨论与此无太大关系的另一个问题即个人与法律选择上成本收益的最大化平衡,得出的结论是:"总之,国际私法案件中当事方的法律选择产出不是随着投入的增加无限增大,它受法律选择对案件结果的影响极限的限制。同其他经济领域一样,当事方在法律选择上也面临边际收益递减与边际成本递增的问题。"笔者认为上述成本收益分析整体看来并没有遵循原本的思路:经由个人视角下的成本收益分析得出"承认"是效率的这一结论。所以无法从结论上对其进行实证性的检验,但是其论述过程中涉及的几个问题颇值得探讨。

(一)"个人在法律选择上的成本收益"概念之质疑

《冲突法的经济分析》一文提出了"个人在法律选择上的成本收益"的

---

① 一般来说承认外国法律效力是适用外国法的前提,但承认外国法不意味着就必然适用外国法。适用外国法还有其他前提:(1)义务,例如有条约为前提,或者有习惯法的约束;(2)自愿。参见[奥]凯尔森:《法与国家的一般理论》,沈宗灵译,273 页,北京,中国大百科全书出版社,1996。在第二种情况下,可以认为承认外国的法律就会随之适用外国法,这正是国际私法领域解决法律冲突时的一般情况。而"适用内外国法"包括了"适用外国法",所以说是类似的问题。

② 孔令杰:《冲突法的经济分析》,72 ~ 83 页,武汉大学硕士论文,2005。这篇论文运用的法律经济学的分析方法属于典型的主流范式,主要包括成本收益分析(包括个人视角和国家视角)和博弈分析。所以通过对其介绍和评价可以大致了解法律经济学主流范式对国际私法研究的意义。

③ CAD = Cost of Application of Domestic Law; CAF = Cost of Application of Foreign Law.

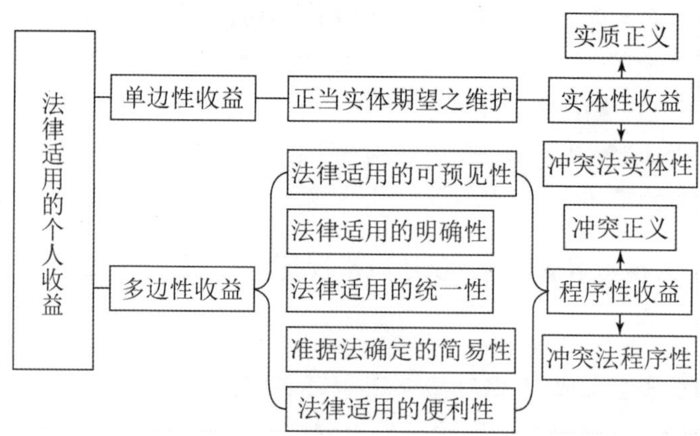

图3-1　法律适用的个人收益

概念,并且论述了个人法律选择成本与收益的关联、个人法律选择边际成本与收益的关联,得出了个人法律选择投入产出最优化的理论。其基本原理来源于主流范式:成本收益的关系、边际成本与边际收益的关系和最优化原理。然而,法律适用上的边际成本收益具有一般经济学上的含义吗(稍后专门论述)?关键是,什么是“个人的法律选择成本与收益”?什么情形属于当事人在投入法律选择成本?笔者认为,只有当事人在合意选择准据法时会涉及投入有关法律选择成本。法律选择最终的主体是法律适用者(法院/仲裁机构),而不是个人。那么,个人法律选择的收益又是什么?该文中的相关表述是:“实体性收益主要是指正当实体期望的维护,也就是双方经过投入相应的诉讼资源,在法律适用上做文章,……当事方会投入一定量的法律适用成本,以换来对自己有利的法律的适用。”笔者认为,一旦进入诉讼程序,当事人的意思自治范围已经缩小,①而且当事人达成“法律适用合意选择”的可能性大大降低,②法官会严格根据法院地的冲突规范来确定准据法。当事人又如何通过投入诉讼成本,“以换来对自己有利的法律的适用”呢?所以这里的“实体性收益”并不存在。

(二)个人视角下成本收益分析的理论意义之质疑

虽然其最终结论与考察“适用内国外法”问题无太大关联,但不能否认个人视角下的成本收益的界定有助于分析个人的行为模式(不限于“承

① 例如已不能再合意选择管辖权和仲裁方式。

② 在诉讼阶段合意选择准据法,当事人已经可以预测实体上的结果,基于同样的谈判成本,当事人更可能直接达成实体上的和解协议。

认”的场合),可是“界定”本身就很复杂,而且即使有了“界定清晰”的成本收益,又如何将之比较呢?对分析“承认”问题到底有多大的帮助呢?

1. 质疑之一:命题的设定

假设要证明“适用内/外国法对个人是有效率的”这个命题,不但需要计算两个主体(内国人和外国人)的总成本和总收益,还要计算两种情况下(适用内国法和适用外国法)的总成本和总收益。所以命题不如简化为“个人视角下对适用外国法的成本收益分析”。

2. 质疑之二:个人视角下成本收益内容的界定

即便简化了命题,个人视角下成本收益内容的界定仍很困难。

1)“个人”的范围

第一,“个人”指的是内国人还是外国人?这里的成本收益是指其中一方还是共同的成本收益?假设既包括内国人又包括外国人,则对“个人视角适用内外国法的成本收益”进行分析将十分麻烦:先要分析总成本,包括适用法院地法时内国人的成本、适用法院地法时外国人的成本、适用外国法时内国人的成本和适用外国法时外国人的成本,接着同样从四个方面计算总收益,最后进行比较。第二,“个人”是当事人(广义,指与案件有关的人)还是非当事人?如果指的是非当事人,也就是与法律适用无关的人,那么界定其成本收益的意义并不大,即使指的是当事人,笔者认为其(不论是内国人还是外国人)成本和收益也只能根据具体的法律适用结果来判断。而孔令杰所界定的“成本”虽然具有普遍性,但是正因如此,这种界定才失去了研究特殊问题(“适用内外国法问题”“承认”问题)的理论意义。

2)内容的界定与价值取向

如果“效率”是唯一的取向,那么成本收益的内容就应该是实体意义上的成本和收益,而不应该是所谓的“实质正义”和“冲突正义”意义上的收益。

3. 质疑之三:个人视角下成本与收益的比较

即便确定了“个人”的范围,又界定了成本收益的具体内容,还会遇到新的问题——比较。前面提到过,如果假设“个人”既包括内国人也包括外国人,那么就需要分析A:适用外国法时内国人的成本;B:适用外国法时内国人收益、A′适用外国法时外国人的成本;B′:适用外国法时外国人的收益。接下来就是进行比较。

1)“比较”的方法

比较的方法有两种,每种方法代表的意义不同。第一种,如果比较的是总成本(A + A′)和总收益(B + B′),实际上已经不是个人视角,而是国际视角,而这与主流范式的个人主义方法论是相矛盾的。主流范式的论证思维是:“如果一项制度安排(承认和适用外国法)可以使个人利益的最大化,就可以带来整个社会效用的最大化,就说明这项制度是效率的。”而总收益与总成本的比较却是从国际视角直接证明“如果适用外国法能带来整体效用的最大化,那么它就是效率的”。第二种,如果是分别比较,即分别检验(B − A)和(B′− A′),如果皆为正值,则说明适用外国法对个人(包括内国人和外国人)是有效率的,这才是个人视角下的分析。另外,如果一正一负,则又不仅仅是个人视角的问题了。这需要进一步分析,如果负者的绝对值大于正者的绝对值,那么从国际视角来看,社会总福利减少,则结论是“适用外国法”是无效率的,但是要从国家的视角来看,这种情况仍存在“适用外国法”有效率的可能,即只要(B − A)为正,即内国人获利,国家就有承认和适用外国法的动机,相反,如果(B − A)为负,就说明适用外国法对外国人有利而对内国人不利,这时即使(B′− A′)为正,国家仍有不适用外国法的动机。此时个人视角已被国家视角所覆盖,正如笔者在第二章中所论述的那样:有的时候个人利益与国家利益是一致的。

2)“量化”难题

在对“个人视角下适用内/外国法的成本收益分析”进行层层剥离之后,笔者找到了证成“承认”问题的路径:通过证明(B − A)为正,得出“内国承认和适用外国法”是效率的结论。似乎得到了“证实”的检验结果,其实,这不过是又来到了另一个“理论马拉松”的起点:如何量化成本收益?如何得出“(B − A)为正”的结论?这个致命的问题其实早在“成本收益内容的界定”环节就出现了。直接原因就是“个人”的成本收益的“界定”和“比较”都是动态的,在每个具体案件中的表现都可能是不同的。

总之,个人视角下成本收益分析的理论在“承认”问题(包括“适用内/外国法”问题)上,并没有像主流范式在其他领域(如政府管制)那样高奏凯歌,相反,它的解释力微乎其微。主要原因是成本收益界定和比较的难度太大,而且分析前提有一个明显的错误,即“承认”和“适用/内外国法”的主体不是个人,而是国家或者法律适用者。

二、国家视角下适用内外国法成本收益分析之实证性检验

孔令杰分析了法院适用法律的成本:案件事实查明成本、法律查明成本、法律与案件切合度分析成本、法律解释成本和法律适用错误校正成本,经过逐个比较得出分结论之一:一国法官适用本国法的成本比适用外国

法的成本低(CAD < CAF)。接下来分析法院适用法律的收益的时候,该文由柯里的政府利益引申出国家收益,包括对内收益和对外收益(见图3－2)。

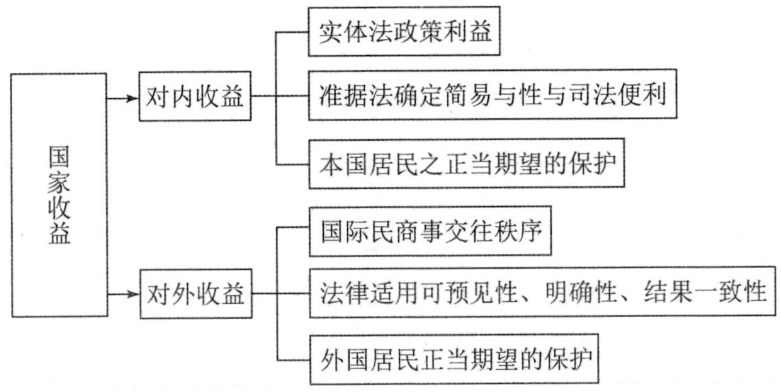

图3－2　法律适用的国家收益

通过对内外法适用收益的比较,作者得出分结论之二:一味地适用法院地法,不能实现自我收益的最大化,①而一味地适用外国法也并不意味着对外利益的最大化。最后得出总结论:对国际私法案件适当地适用外国法,有其经济基础。笔者认为,国家视角的选择是值得肯定的,因为国家是一般意义上的作出"承认"行为的主体。但是这并不意味着国家视角下的成本收益分析就能成功地解释"承认"问题,这需要对其论述中的几个问题进行深入的探讨,才能得出结论。

(一)国际视角与法院视角的关系与成本收益范围的界定

除了国家之外,法院也可以是"承认"的主体。一是在英美法体系中,关于这点笔者已经数次提及,这种情况下,法院视角覆盖了国家视角。例如在美国,法院就是进行法律适用利益分析的主体。这时法院视角下的成本收益也应覆盖国家视角下的成本收益。二是在国际私法历史中,国家尚未明显成为独立的主体时,法院就是"承认"的主体,这时法院的视角也就是国家的视角,与第一种情况相同,法院视角下的成本收益覆盖了国家视角下的成本收益。需要注意的是,"覆盖"大于"相同",因为法院视角下有一部分成本收益的内容是专属于法院视角的。如上述所说的"案件事实查明成本、法律查明成本、法律与案件切合度成分析成本、法律解释成本和法律适用错误校正成本"。这就说明,该文所说的"国家视角"实际上是"法院视角",而且是"未覆盖"国家视角的法院视角,实际上法院视角的选择

① "自我收益"与"国家收益"是什么关系?也许作者本意指的是对内收益。

也是值得肯定的。

（二）价值取向与成本收益具体内容的界定

在“个人视角”的分析中，笔者探讨了这个问题。在国家视角下，笔者仍坚持同一个观点：运用主流范式的成本收益理论，就必须依“效率”的价值取向界定成本收益的内容，这个内容只能是实体意义上的或经济意义上的。因为“正义”“秩序”和“自由”意义上的成本收益更是无法量化的。

1. 收益界定之辨析

所谓的“国际民商事交往秩序”和“法律适用可预见性、明确性、结果一致性”，实际上体现的是“秩序”的价值取向，后者也可以看作是“冲突正义”的价值取向；“本（外）国居民正当期望的保护”实际上是对个人视角下的“实体正义”价值取向的实现；而“实体法政策利益”则可能包括任何一个价值取向；只有“准据法确定简易性与司法便利”是实体（经济）意义上的，但它不属于国家视角，而属于纯粹的法院视角。

2. 成本界定之辨析

案件事实查明成本、法律查明成本、法律与案件切合度成分析成本、法律解释成本和法律适用错误校正成本都可具有经济上的意义。但需要注意的是，其中提到的法律与案件“切合”使原本的效率取向具有了浓厚的“实质正义”色彩。如果外国法与案件“切合”，是否意味着 “切合”可能成为支持“适用外国法”（“承认”）的理由？如果可以，那么效率标准和成本分析本身又有什么意义呢？换句话说，在以效率为衡量标准的成本收益分析中考虑“切合”的成本是否合适？结合笔者讨论的“承认”问题，如果把“最切合”理解为“最密切联系”，大部分学者会认为这种法律选择的方法在法则区别说时代并不存在，因为根据通说，最密切联系是在近代案例（Babcock v. Jackson）中发展起来的。如果真是这样，那么这种成本分析对考察国际私法发展初期的“承认”问题就没有任何意义，因为“承认”问题本身就是一个历史问题，它的历史发端要远在“最密切联系”出现之前。这同时也说明了主流范式“忽略历史方法”的弊端，起码在研究“承认”问题时是这样的。那么，能把“切合”理解为纯粹的效率标准吗？假如答案是否定的，再假如“切合”的方法在法律区别说时代是存在的，那么我们就可以说“国家承认外国的法律效力”除了主流范式极力推崇的“效率”外，必然还存在其他的激励。这种激励，也许直接源于法官本人的正义理念，也许更深刻的来源是法学家们的自然法思想；还也许根本不存在任何外在的激励，“承认”就是制度本身发展的应有之意？这正是后几章中笔者要运用综合范式回答的问题。

（三）成本收益的比较

到第一个分结论为止，《冲突法的经济分析》（2005）一文论述思路尚且明确：比较适用内国法相对于适用外国法所节省的成本是否足以抵消适用外国法相对于适用本国法的额外收益。而在接下来的论述中并没有看到对总收益和总成本进行比较，只有直接得出的最后结论：适用外国法有经济基础。导致回避“比较”的直接原因还是老问题：“量化”的困难。这就引发了更多的“老问题”：如果不能量化，那么判断“效率”与否的标准又是什么？如果不能确定“效率”与否，那么存在其他的价值取向吗？如果存在，那么成本收益分析在研究“承认”或者“适用内/外国法”的问题上还有价值吗？其实，这一点也反映了主流范式的固有弊端。既然存在如此多的问题，出现论证的模糊也是很正常的。

还有一些细节的问题，例如“命题的简化”，因其与“个人视角部分”存在的问题大致相同，故此处不予赘述。①

整体来看，适用内/外国法的成本收益分析论证过程和结论尚存疑问，同时也说明成本收益分析对于“承认”问题来说，意义不大。究其原因，主要在于主流范式分析固有的弊端：一则，在国际私法领域，起码在研究“承认或适用外国法”问题时，无法通过对成本收益精准的量化和比较来得出一个明确的效率标准。二则，即使有明确的效率标准，在“非效率”的前提下，一个国家就不会承认外国法律效力了吗？换句话说，“效率”是国家在“承认”问题上的唯一的或关键的价值取向吗？显然成本收益理论回答不了这个问题，这也是其理论在“承认”问题上失去适用性的根本原因。但是其分析过程中涉及的国家视角下、个人视角下的成本收益的界定给我们提供了宝贵的思路，特别是国家视角下成本收益的界定，将对后面的博弈

① 作者在分析比较收益时，建立了两个对应关系：适用法院地法——自我收益、适用外国法——对外收益。实际上，无论适用法院地法还是外国法，都会同时涉及一个国家的对内收益和对外收益，即国家收益。因此作者的第二个分结论（一味地适用法院地法，不能实现自我收益的最大化，而一味地适用外国法也并不意味着对外利益的最大化）不但无法与第一个分结论结合来证明最后的总结论，而且本身也是值得推敲的。出现这种情况的直接原因是：作者对适用的法律进行“内国外国”区分，又对国家收益进行“对内对外”的区分，这种同时区分又同时讨论做法本身就有逻辑的混乱，因为后一种区分的视角既可以是“内国”，又可以是“外国”，所以正如笔者前面主张的一样，在对“适用内外国法”进行成本收益分析时先选定一个国家的视角，然后把分析的对象锁定在“适用外国法”，这样视角就十分明确——一个内国国家的视角，这就可以避免讨论时的混乱。

分析、供给需求分析等提供直接的理论素材。下面笔者就尝试从国家视角界定“承认”的成本与收益。

三、国家视角下“承认”的成本收益界定[①]

前文讲过，不同的分析视角决定了不同的成本收益内容。四个分析视角中，国家视角相对而言在观察“承认”的成本收益时是最重要的，因为毕竟一般情况下作出“承认”行为的主体是国家。在国家视角下，“承认”的成本和收益可以根据不同的标准进行划分，例如从法制标准来看，可以分为立法的成本收益、法律实施的成本收益；从社会标准来看，可以分为经济的成本收益、法律的成本收益和政治的成本收益；从构成角度看，可以分为总成本收益、平均成本收益和边际成本收益等。笔者将从法制标准来分析成本，从社会标准来分析收益，关于构成标准，笔者将在下一部分尝试讨论“承认”的最大化均衡时涉及。

（一）“承认”的成本

1. 立法成本

立法就是制度创新的过程，但是“承认”作为国际私法制度产生并发展的一个主要动因，在国际私法历史的前期阶段并没有明确地体现在立法中，[②]而是在实践中由“适用外国法”来体现。“承认”的立法是随着国际私法的立法一并发生的，国际私法的立法史就是“承认”的立法史。立法可以分为国内立法和国际立法，“成本”也可作相应的划分。

1）国内立法成本

国内立法成本主要指制定冲突规范的成本，还包括制定涉及法律适用的程序规范的成本和制定调整涉外民商事关系的实体规范[③]的成本。国内立法成本就是指在上述相关立法过程中人力、物力、财力及所花费的时间、信息等资源的支出。[④]

---

① 主要针对的是“目前情况下”国家视角下“承认”的成本收益的界定，并不特指其他历史阶段，但是论述中会有所比较。

② 国际私法的立法史，在欧洲最早可以追溯到1756年的巴伐利亚法典和1794年的普鲁士法典，在我国则可追溯到7世纪唐朝的《永徽律》。

③ 即“直接适用的法”。

④ 立法成本的具体内容请参见钱弘道：《经济分析法学》，262～263页，北京，法律出版社，2003。

2）国际立法成本

国际立法成本主要是指谈判成本。笔者认为国际立法是国家间私法制度、国际私法制度竞争发展到一定阶段的产物，是“合作”的体现，而合作是由谈判开始的。谈判需要成本，体现在两个方面：一是指交易各方基于对各自责任、对权利和义务的不同认识而对法律的制定与实施进行争辩，最终达成一致所耗费的支出；二是指交易各方在获得有关市场信息后，基于对资源（管辖权）的不同效用估计而讨价还价，以实现权利（权力）交换支付的成本，也可称为缔约成本。当前，谈判成本是“承认”成本的重要组成部分。

2. 法律实施成本

一般意义上的法律实施成本包括司法、执法和守法过程中的投入。对于国家视角下的“承认”问题来说，主要指的是司法成本。“承认”并不是终点，“承认”制度的价值正是体现在“适用外国法”的过程中，也就是司法的过程中。笔者认为与“承认”问题相关的司法成本中相对重要的是信息成本和执行成本。[①]

1）信息成本

信息成本也可称为“发现成本”，指司法主体在情势复杂和信息不完全的环境中为获取真实、充分、有效的信息，作出正确的行为选择所耗费的资源，又可称为“查明成本”，最常见的就是案件事实的查明成本和外国法律的查明成本。查明外国法的内容需要花费大量的时间、人力和金钱成本，所以英美法系国家将外国法认定为事实，要求由当事人证明。需要指出的是，外国法的查明属于技术层面的问题，它的成本在不同国家有可能不同。[②]“查明成本”中还有一个重要的部分——“互惠的查明成本”。目前阶段，“互惠”作为一种重要的国际交往的原则，已经在很多条约中有所体现，“查明”已非难事，但是在国际私法的历史中，特别是在“国际礼让说”时期，“互惠”并没有明确体现在立法领域，而它本身又是一国承认外国法律效力的前提，所以在这个时期，“互惠的查明”是有成本的。

---

① 其他相对次要的成本，如法律适用错误校正成本、法律解释成本等。

② 例如，美国冲突法主要解决的是美国国内的州际法律冲突，鉴于美国绝大多数州采取普通法，法律制度相似，加上实行统一的法学教育制度，且信息资料查询方便，法官容易获得所需的外州判例及法规，甚至对外州法律和整个美国法精神的准确把握，也仍有可能做到。

2)执行成本

执行成本指主体依法进行权利(权力)交换时所必须支付的费用和所承担的风险成本。主要包括"监督互惠"的成本、"监督判决执行"的成本,[①]以及"执行外国法院判决"的成本。

3. 机会成本

机会成本指"将资源使用于某一方面,因而不能用于其他方面时所放弃的收益"。[②]法律的机会成本就是"针对某一社会关系是否运用法律手段进行调整,选择何种法律规范以及不同选择之间的效益差别和得失"。[③]

可以先从国际视角结合国际私法的经济功能来理解"承认"的机会成本:就是将管辖权资源配置给某一个或某一些国家,[④]而不能再将同一内容的资源再配置给其他国家时,所放弃的收益。那么从国家视角来看,就是"承认"和"适用外国法"时所放弃的本国管辖权上的收益。注意,"被放弃的收益"也可能涉及其他国家,例如甲国法院在乙国和丙国法律之间选择,最终适用了丙国法,那么被放弃的管辖权收益不仅有法院地——甲国的,还有乙国的。除此之外,"放弃的利益"某种意义上还可能包括"本国法律体系的完整性"。因为,一国立法体系形成一个整体,而本国法官的职责是适用本国法律。"外国法的介入会改变该体系整体结构的一贯性,并因此构成一种扰乱因素;况且,法官适用外国法有很多困难,因为他不了解外国法的精神和意义。"[⑤]当然,冲突法立法的出现使得"承认"和"适用外国法"成为"维护本国法律体系完整性"的一部分,反而是行使国家主权的体现,[⑥]那么它们带来的就不是"机会成本"而是"法律收益"。[⑦] 可见,对"成本"的深入分析离不开对"收益"的界定。

(二)"承认"的收益

即使"承认"现象不是国家追求"效率"目标的结果,笔者认为,"承认"

---

① 判决执行包括本国/外国判决在本国的执行和本国判决在外国的执行,对后者的监督的成本也属于"监督互惠"的成本。

② [美]波斯纳:《法律的经济分析》,蒋兆康译,林毅夫校,7 页,北京,中国大百科全书出版社,1997。

③ 周林彬:《法律经济学论纲》,334 ~ 335 页,北京,北京大学出版社,1998。

④ 例如将专属管辖权配置给"某一个"国家,将平行管辖权配置给"某一些"国家。

⑤ [法]亨利·巴蒂福尔、保罗·拉加德:《国际私法总论》,陈洪武等译,314 页,北京,中国对外翻译出版公司,1989。

⑥ 吕岩峰:《吕岩峰论国际法》,382 ~ 387 页,长春,吉林人民出版社,2005。

⑦ 现代意义上的"适用外国法"是行使国家主权的体现。

的收益也还是现实存在的,并可以从经济、法律和政治几个方面来考察。

1. 经济收益

经济收益是比较容易量化的,一般可以采用定量分析的方法,而法律、政治和社会收益则要采取定性的基本方法辅之以一定限度的定量分析。①经济收益体现的是"效率"价值取向。从国际视角来看,经济收益是通过管辖权(权利义务)资源的合理(有效)配置来实现的。显然"极端的属地主义"和"极端的属人主义"都不是合理的配置,而"承认"正是应合理配置的要求而生的。这是国际视角下的总量的经济收益,从国家视角来看,"承认"与经济收益的关系就要复杂一些了。前面提到过,"承认"意味着对本国管辖权收益的放弃,即存在机会成本,但是"承认"和"适用外国法"的结果却可能带来经济上的收益。例如根据外国法认定某合同是有效的,而合同的履行给内国带来了收益;再比如某侵权案件中,适用的外国法的结果是本国人获得了更高的赔偿数额(与内国法规定相比)。

可以说,在这些情况下,"承认"是效率的(对内国而言),因为"承认"虽放弃了法律收益(实现管辖权的收益),但是带来了经济收益。

2. 法律收益

法律收益应当体现法律的价值。在体现"效率"价值时,法律收益就表现为经济收益。有些时候(上述例子的反例),"承认"和"适用外国法"不会带来经济收益,但这时法律收益仍是存在的。一方面,法律收益包括立法管辖权收益和司法管辖权收益。前者虽有可能被放弃(其中必然包括了实现立法管辖权可带来的经济收益)——当然,前提是不存在冲突法立法,但后者则是必然存在的,受理案件、行使管辖权本身就实现了司法管辖权的收益。另一方面,从"秩序"和"正义"的取向来看,"承认"和"适用外国法"的法律收益还应该体现为"法律适用的稳定性、可预测性和一致性"和"对当事人正当期望的保护"。换句话说,对个人视角下"冲突正义"的实现也体现了法律收益,实际上这些也是"立法管辖权"收益的表现。与"放弃的实体立法管辖权"不同,这里带来收益的是"冲突法的立法管辖权"。

与此同时,该国的法律,特别是冲突法也会获得良好的声誉(公平、正义),②这使得该国法院有可能获得更多的诉讼资源,这同时又实现了"效率"取向上的法律收益。需要注意的是,"承认"和"适用外国法"还有可能

① 钱弘道:《经济分析法学》,273 页,北京,法律出版社,2003。

② 因为没有不加区分地一律适用法院地法。

带来一种间接的法律收益:法律的改进,即落后的内国法比照被适用的进步的外国法进行修改,形成一定的规模就成了法律移植。

3. 政治收益

政治收益更多地体现的是“正义”和“秩序”价值的实现。与法律收益体现的“正义”所表现的“国家与个人”层面不同,政治收益体现了“国家之间的正义”。因为前面讲过,“承认”是“互惠”的前提,而“互惠”的结果是国家间法律的平等,“平等”就是“国家之间正义”的表现;同样,政治收益中“秩序”价值的实现的层面也要高于法律收益中“秩序”实现的层面,它指的是“国际秩序”的实现,也就是“国际民商秩序”的实现,这对每一个置身其中的国家来说都是一种收益,政治上的收益。除此以外,“承认”和“适用”当事人合意选择的外国法,也是对个人视角下的“自由”价值取向的实现。

政治收益还有一种表现,难以断然地从某个价值取向的角度来描述,即“声望”,这种“声望”往往会贴上“公平”的标签,“声望”既体现为其他国家的尊重,又体现为公众的信赖。

总之,通过对“承认”中成本收益具体内容的界定,笔者获得了更多的、更详细的、更动态的有关“承认”问题的信息。虽然笔者仍然无法利用这种界定来赋予“承认”的成本收益分析更强的解释力,但可以利用它来丰富后面的分析理论——包括主流范式的,也包括非主流范式的,这正是“综合范式”对“经济分析理论工具”综合运用的体现。

四、国家视角下“承认”的边际成本收益分析的实证性检验

经济学中所讲的边际成本是指每增加一单位产出所增加的成本,边际成本曲线呈U型,表现边际成本随产量的增加而先递减后递增的性质,而边际收益则逐渐降低,两者相等时(即边际成本曲线和边际收益曲线相交)就会达到利益最大化。[①] 有学者认为这个原理同样适用于法律生产。“法律生产的边际收益曲线与边际成本曲线结合在一起,就可以找出法律生产的均衡点,即最优产出点。”[②]那么,边际成本收益理论能否用来描述“承认”问题呢?

前面已经按照法制标准和社会标准分析了“承认”的成本收益,而按照结构标准,就得到了边际成本、边际收益的划分。“承认”中的边

① [美]曼昆:《经济学原理》(第三版),梁小民译,246页,北京,机械工业出版社,2003。

② 陈宗波、阳芳、蒋团标:《法律的经济解释》,192页,桂林,广西师范大学出版社,2004。

际成本就是每承认和适用一次外国法律所增加的成本。边际收益与其相对应。需要明确的是,“承认”的边际成本和边际收益应当是“效率”价值取向的体现,因为其他的价值取向下的成本收益本身就难以量化,又如何判断增减规律？下面从三个方面来对边际成本收益理论进行检验。

(一)“承认”[①]的边际成本是否最终体现递增性

“承认”的成本按结构标准还可以分为不变成本与可变成本。立法成本可以看作不变成本。因为法律一旦制定,立法的成本就已经形成并固定。当然,不排除立法修订,从而存在新的立法成本。除此之外,“承认”的次数不会增加立法的边际成本;司法成本则可以看作是可变成本,例如每次“承认”都会产生新的外国法律查明成本(信息成本)或是新的执行外国法院判决的成本(执行成本)。边际成本的考察的对象当然是可变成本。下面笔者结合对“承认”司法成本的界定来考察边际成本的变化情况。司法成本包括信息成本(案件事实的查明成本、外国法律的查明成本、互惠的查明成本)和执行成本(“监督互惠”的成本、“监督判决执行”的成本、“执行外国法院判决”的成本)

“互惠”经一次查明之后,在对方立场不变的前提下,成本已经固定,所以对同一个国家的互惠查明成本和“监督互惠”的成本实际上接近于不变成本,不存在边际成本递增的情况。但是互惠查明的对象不可能限于一个国家,即便如此,互惠查明的成本毕竟是存在最大值的(将所有国家都查明),不是可重复的,所以不能说它的边际成本是递增的;案件事实的查明成本取决于具体案件的复杂程度,无法确定其增减;监督判决执行的成本也没有明显的理由说明增减的规律;而执行外国法院判决的成本和外国法律查明的成本是存在变化规律的,而且规律相同,下面以后者为例予以说明。

其实从理论上讲,外国法律查明的成本也存在最大值,即将所有的国家的所有法律都查明,但因为这个成本过于巨大(可能还未完全查明时,已查明的法律又作了修改,也就是说可能查明对象的修改速度要快于查明的速度),所以笔者认为外国法律查明的成本是可重复的,也就是可增加的。如果“承认”涉及了一个新的国家或同一国家的新的法律,就会增加查明的成本,但仍无法判断边际成本的增减规律;如果“承认”涉及的是同一国

---

① 其实还应包括“适用外国法”,为了标题简短,简称“承认”。

家的同一个法律，那么毋庸置疑，边际成本呈递减的趋势，因为法院会对这个外国法律越来越熟悉。

（二）“承认”的边际收益是否存在递减性

“承认”的边际收益应当体现为经济收益。如前所述，经济收益亦视具体案件而定，无从判断其增减规律。但不能忽略的是，随着一国“承认”次数的增多，其相关的法律制度就可能对其他国家的法律进行借鉴或法律移植，总的来看一定朝着进化、进步的方向发展，以增强自身法律产品的竞争力（第七章将详细论述）。事实证明，竞争发展到一定阶段，必然出现合作，即双边条约或多边条约（统一法）的制定。可以说统一法的出现是“承认”问题发展到极致或最高阶段的体现，完成了从“承认自己的法”到“承认外国的法”再到“承认自己的法（统一法）”的回归。在这样的过程中，虽然笔者无法肯定地说经济上的边际收益是递增的，但可以确定一点：边际成本是递减的，而且到统一法阶段会减至零。从边际成本收益的比较来看，“承认”似乎是有效率的。

（三）“承认”问题是否存在“物极必反”的哲学禁忌

有学者认为，边际成本之所以呈现先递减后递增的轨迹，“主要是因为法律的供给性在充分满足社会需求之前，每增加制定和实施一项新的法律制度时，法律规范体系就渐趋完善合理化，其边际成本递减。而在超过需求达到饱和状态后，法律规范体系随着法律供给的增加会产生新的不和谐，在其影响下，边际成本呈递增趋势。……并不意味着立法就是‘多多益善’。”[①]而在“承认”问题中并不存在这种“物极必反”的哲学禁忌。有人会提出，这是因为“物极必反”适用的是法律生产（立法）问题，而“承认”不是法律的生产。表面看来似乎如是：“承认”所依据的冲突规范[②]已经是立法生产的成品，而最终适用的准据法（某国具体的实体规范或程序规范）[③]也已经是某国立法的制成品，而且这些规范在立法过程中同样会遵循边际

① 陈宗波、阳芳、蒋团标：《法律的经济解释》，204 页，桂林，广西师范大学出版社，2004。

② 虽然现代的冲突规范都包括了“承认”的内容，但在国际私法历史中，“承认”的发生一定早于冲突规范的存在。冲突规范是对“承认”的成文化。从这个角度讲，也可认为冲突规范是“承认”制度生产的产品。

③ 通说认为准据法只能是实体法，而笔者认为也包括程序法，例如“仲裁协议的法律适用”问题中，冲突规范指引下的准据法一般都是某国的仲裁法，这就属于程序法；再例如，“诉讼时效”的准据法一般为某国的诉讼法，其也属于程序法。

成本递增的模式。注意,这种分析是将冲突规范和准据法割裂开来,分析各自静态的立法问题,如果将两者结合起来分析动态的法律适用(司法)过程,则会发现"承认"中的特殊的"再生产"过程:冲突规范和准据法虽然都是"成品",但是后者并不能直接地被适用,而是需要在冲突规范的指引下,由法律适用者来"发现"。"发现"就相当于"再生产"(特别是在冲突规范规定的相对灵活的时候,例如适用"最密切联系原则"),而这个过程实际上就是"承认"的过程。这种"再生产"所对应的需求随着具体案件的增加而增加,并不存在国内法生产中的"充分满足社会需求"的情况,所以也就不存在"物极必反"的哲学禁忌,这也是边际成本收益理论无法适用于"承认"问题的根本原因:不存在最大化均衡。

总之,边际成本收益分析与成本收益分析一样无法解释"承认"现象,但是通过对边际成本和收益的增减变化的具体分析,笔者得到了对"承认"问题更细致的、动态的描绘,这无疑有助于我们进一步准确地理解和把握"承认"问题。

第二节 博弈分析

博弈论的分析对象一般有四个特征:群体性、互动性、策略性、理性。[①]而"承认"问题涉及多个主体(国家),[②]同时"承认"的过程必然包括行为的互动和主体策略的选择与应对,而且,国家作为"承认"的主体,其行为必然考虑自身的利益,从这个角度说也符合"理性"的特征。而博弈理论恰恰为分析行为互动提供了一般的模型,所以主流范式的博弈分析模式对研究"承认"问题应该大有裨益。而且,笔者在成本收益分析中主要运用的是一个国家的视角,下面笔者尝试从多个国家的视角来对"承认"问题的博弈分析进行实证性检验,检验的标准很明确:博弈分析是否能解释"承认"的现象或得出"承认"的结论,也就是能否通过博弈分析得出{承认,承认}的合作解。

---

① 丁利:《作为博弈规则的法律与关于法律的博弈》,载[美]道格拉斯·G. 拜尔、罗伯特·H. 格特纳、兰德尔·C. 皮克:《法律的博弈分析》,严旭阳译,序言,北京,法律出版社,1999。

② 从实践中看,法院应该是主体,但我们认为博弈理论是用来解释"承认"现象的发生,其历史平台应当设置于国际私法的发生阶段:意大利法则区别说时期,这一时期的法院视角与城邦视角(也就是相当于现在的国家视角)是一致的。而且在今天,法院更多时候是司法者(英美法系中存在例外),真正的立法决策仍是从国家视角作出。

一、两个国家的视角——囚徒困境博弈分析[①]

目前尚无专门的针对“承认”问题的博弈分析。但是 Whincop(2005)曾用囚徒困境理论对承认外国法院判决进行了博弈分析,[②]这就为承认外国法律效力的博弈分析提供了直接的模本。因为两个问题是如此的接近:都是国家间的博弈,参与方同时采取行动,且均知晓任一策略对自己及他方所能带来的收益;博弈方都是国家(法院);策略都是“承认”与“不承认”;博弈的收益都最终体现为国家的法律收益(可能直接的表现是对本国国民利益的保护),主要是实现立法管辖权的收益(国内法获得了域外效力)。所以笔者也用囚徒困境博弈来分析“承认”问题(见图 3－3)。

		B国	
		承认	不承认
A国	承认	1, 1	-1, 2
	不承认	2, -1	0, 0

图 3－3　承认外国法律效力的静态博弈[③]

参与人(player)是 A 国和 B 国,这里存在一个重要的假设[④]:在各种行动组合中,只有当 A 国承认 B 国法律效力,而 B 国不承认 A 国法律效力时,B 国的收益才是最大的。[⑤] 那么给定 B 不承认的情况下,A 的最优战略是不承认;同样,给定 A 不承认的情况下,B 的最优战略也是不承认。这样纳什均衡就是{不承认,不承认}。而符合帕累托最优解的是{承认,承认},整体福利为 2,但是参与人在自我利益的驱使下实现的却是{不承认,

---

① 囚徒困境博弈是:嫌疑犯 1 和嫌疑犯 2 两个人共同作案。他们被警察在作案现场之外的地方抓住,并带到了警察局。为了不让他们相互之间进行信息沟通,将他们关在不同的房间里面。警察当局对他们进行个别提审,并试图让他们相互怀疑。如果其中一个嫌疑犯坦白,而另一个不坦白,则抵赖的人将获得 7 年的监禁,坦白的人将仅得到半年的监禁。如果两个嫌疑犯都坦白,那么每个人将被判处 5 年监禁,这两个嫌疑犯在思考自己在对方采取一定的策略的情况下该如何行动就构成了囚徒困境博弈。在这一困境中,由于参与方不能进行信息沟通,因此对于双方来说的最优选择是坦白。双方都坦白是纳什均衡。

② Michael Whincop and Mary Keyes, *Policy And Pragmatism In The Conflict Of Laws*, Ashgate Publishing Com. ,2001, pp. 157－160.

③ 静态博弈:指参与人的行动顺序相同。

④ 这种假设是非合作博弈与合作博弈相区别的关键,后面会具体提到。

⑤ 注意,前文已证明这种情况不是必然发生的(有的时候“承认”会带来经济收益,承认外国法院的判决也不例外),但为了分析简化而直观,不得不牺牲细节,这同时体现了主流范式抽象演绎方法的优点和不足。

不承认}的纳什均衡,整体福利为0。这说明了社会的两难,即"个体理性并不总能带来群体理性。"①

总之,笔者通过对"承认问题"进行静态博弈分析得出的结论与现实是不符的。现代国家的战略选择不会出现{不承认,不承认}的纳什均衡,而且"承认"的状态由来已久,那么问题最开始是怎样的呢?众所周知,法则区别说提出了法的域外效力,那么,是这个学说影响了各个国家的战略选择,还是"承认"的存在引发了这个学说?这些只有通过历史的方法才能找到答案,同时历史的细节会丰富上述的博弈的前提,也许这些细节的增加正是改变博弈结果的原因(将在第八章进化博弈中详论)。笔者所说的国际私法经济分析的"综合范式"就包含了这种"逻辑和历史相一致的方法"。

也许有人会提出,现实中"承认"问题不仅仅涉及两个国家。那么会不会是笔者假设两个国家的前提影响了最终的博弈结果呢?下面,笔者就假设存在多个国家参与博弈,对"承认"的博弈分析理论进行进一步检验。②

二、三个国家的视角——公共物品供给博弈分析③

笔者先假设承认外国法律效力无需有意识的谈判磋商过程(符合"承认"问题的初始状态),换句话说,其事前交易费用(谈判成本)为零。这时"承认"就属于国家的自愿供给,再假设在所有的国家都"承认"的情况下,各国的收益是大于成本的,就符合了公共物品供给的特征④(见图3-4)。

参与者有A国、B国和C国;假设承认的收益(国家视角)都为1,而承认的成本为1.5;那么,如果某国选择承认,其收益就是承认收益的总量减去1.5;如果某国选择不承认,其收益是承认收益的总量。显而易见,该博弈的帕累托最优的策略选择组合就是{承认,承认,承认},这时社会福利

---

① ［美］大卫·D. 弗里德曼:《经济学语境下的法律规则》,杨欣欣译,龙华编校,106页,北京,法律出版社,2004。

② 在已知一个法律问题的现实结果的前提下,运用经济学方法从头推导的过程就是验证经济方法普适性的过程。这应该是法律经济学对经济学的反哺作用的体现。所以本书对各种经济分析方法的运用,也是对各种方法的检验,更是对各种方法完善的过程。

③ 在此之前没有人对承认外国法律效力问题进行公共物品供给博弈分析或近似的分析。另外选择三个国家的情形是因为"三人博弈包含了多人博弈的一些问题"。见［美］罗杰、A. 麦凯恩:《博弈论战略分析入门》,原毅军、陈艳莹、张国峰译,59页,北京,机械工业出版社,2006。

④ ［美］罗杰、A. 麦凯恩:《博弈论战略分析入门》,原毅军、陈艳莹、张国峰译,58页,北京,机械工业出版社,2006。

<table>
<tr><td colspan="2"></td><td colspan="4">B国</td></tr>
<tr><td colspan="2"></td><td colspan="2">承认</td><td colspan="2">不承认</td></tr>
<tr><td colspan="2"></td><td colspan="2">C国</td><td colspan="2">C国</td></tr>
<tr><td colspan="2"></td><td>承认</td><td>不承认</td><td>承认</td><td>不承认</td></tr>
<tr><td rowspan="2">A国</td><td>承认</td><td>1.5, 1.5, 1.5</td><td>0.5, 2, 0.5</td><td>0.5, 0.5, 2</td><td>-0.5, 1, 1</td></tr>
<tr><td>不承认</td><td>2, 0.5, 0.5</td><td>1, 1, -0.5</td><td>1, -0.5, 1</td><td>0, 0, 0</td></tr>
</table>

图3-4　承认外国法律效力的公共产品供给静态博弈

为最大值:4.5。但是博弈的结果却事与愿违,对三国来说,在其他两国都承认的情况下,任何一方的战略由承认转为不承认都可以使其收益增加0.5,因此“不承认”是唯一的占优战略均衡,也是唯一的纳什均衡。这个纳什均衡是缺乏效率的,这正是公共物品供给博弈的一般性结论:“私人自愿供给会导致供给不足。”①这就是所谓的三人社会两难。

可见,笔者通过承认外国法律效力问题的公共物品供给的博弈分析同样没有得到与现实相符的解。那么,问题之处可能有三:第一,选择了错误的博弈模型;第二,选择的博弈模型没有错,但是忽略了该模型的变化形式;第三,博弈分析本身的不完善。下面,笔者针对这假设的“三错”进行分析,从中对“主流范式方法”和“综合范式中的非主流方法”进行比较。

三、“承认”问题的合作博弈分析——对“第一处错误”的纠正尝试

合作博弈(cooperative game)强调的是团队理性,强调的是效率、公正、公平,其结果是效率的;而非合作博弈(non-cooperative game)强调的是个人理性、个人最优决策,其结果可能是效率的,也可能是无效率的。笔者前面关于“承认”的两个博弈分析都属于非合作博弈分析。也许有人会认为,“非合作解” 的分析结果与“合作”之现状之所以不符,是因为选择了错误的博弈模型。那么选择合作博弈分析“承认”问题具有可行性吗?

合作博弈与非合作博弈之间的区别主要在于人们的行为相互作用时,当事人能否达成一个具有约束力的协议(binding agreement),如果有这样的协议,就符合合作博弈(例如寡头企业之间的联合、合作产品研发),如

① 张维迎:《博弈论与信息经济学》,50页,上海,上海三联书店、上海人民书店,2004。

果没有,就属于非合作博弈。[①] 显然,在笔者讨论的“承认”问题的原初状态下(国际私法的发生阶段),不存在国家之间关于“承认”的有约束力的协议。所以用合作博弈来分析“承认”问题在理论上不具可行性。实际上,国家之间虽然难以达成一个一致的有约束力的协议,但却可能经过战略协调,达成无约束力的“合作承诺”,形成一个联盟。[②] 但这种联盟是不稳定的,因为“合作承诺”没有约束力。某个国家会很快发现,如果它脱离出来形成单独联盟,它的收益将增加。如此类推,各方很快又回到了非合作博弈的状态。所以即使存在“合作承诺”,也不必然带来合作博弈的合作解。实际上“合作博弈的参与者在决定是否合作时,也要进行非合作博弈”,[③]所以非合作博弈更为基本。如此看来,想要出现合作的解,各国家就必须签订一个有约束力的协议,但这又与事实不符,国家之间相互承认法律效力的合作状态早已出现,而直到今天也未出现一个关于承认外国法律效力的所有国家都参加的协议。那么在非合作博弈的过程中为何出现了合作的解呢?看来原因不在于博弈模型的选择。

四、“承认”问题的重复博弈分析——对“第二处错误”的纠正尝试

之前笔者讨论的博弈形式都属于静态的,即一次博弈。而重复博弈(repeated game)则是动态博弈的一种,强调同样结构的博弈重复多次。下面笔者来考察用重复博弈分析“承认”问题的可行性。重复博弈的基本特征是“所有参与人都观测到博弈过去的历史”,[④]而“承认”问题中,国家可以获知自己的法律在其他国家的适用情况(互惠的查明),从而它可以有针对性地调整自己对待某个国家的策略,这点符合重复博弈的特征。Axelrod(1984)指出,在一个无限重复博弈中,最优战略是针锋相对战略——如果他不在上一次博弈中合作,我就在这次博弈中不合作;如果对方在上一次博弈中合作,我就在这次博弈合作。[⑤] 可见,多次博弈的结果使博弈方存在着合作的可能。而使这种可能转化为国家间合作的现实,仅仅“针锋相对”(你承认则我承认)是不够的,还需要必要的让步(你不

---

① 张维迎:《博弈论与信息经济学》,3 页,上海,上海三联书店、上海人民书店,2004。

② 注意这里存在一个我们一直认为是正确的前提:各国都承认外国法律的效力时社会福利最大。即{承认,承认}虽然不是最后的解,却是帕累托最优解。

③ [美]罗杰、A. 麦凯恩:《博弈论战略分析入门》,原毅军、陈艳莹、张国峰译,27 页,北京,机械工业出版社,2006。

④ 张维迎:《博弈论与信息经济学》,123 页,上海,上海三联书店、上海人民书店,2004。

⑤ See Robert Axelrod, *The Evolution of Cooperation* (1984). 转引自[美]罗伯特 · D. 考特、托马斯 · S. 尤伦:《法和经济学》,施少华、姜建强等译,33 页,上海,上海财经大学出版社,2002。

承认,我也承认),这就需要进一步解释让步的动机以及最后合作的形成。

(一)主流范式之重复博弈理论的解释

重复博弈可能带来一些“额外的”均衡结果,而这种均衡结果不会在一次博弈中出现。影响重复博弈均衡结果的主要原因是博弈重复的次数和信息的完备性。重复次数的重要性来自于参与人在短期利益和长远利益之间的权衡,如果博弈重复多次(“承认”问题即是如此),参与人可能为了长远的利益而牺牲眼前的利益从而选择合作的战略,而“信息的完备性”则说明参与人作出的“牺牲”或让步能为其他参与方所知晓。这样产生的激励就使参与人有建立好“声誉”的动机。①

(二)非主流范式之实验经济学解释

经济学家针对囚徒困境进行了多次实验,发现参与者选择合作的次数比基于纳什均衡所预期的次数要多得多。对此实验证据的一个普遍解释是:并非所有的博弈者都只被金钱收益所激励。相反,很多人主张某些博弈者作出利他行为时,他们会得到额外的收益。②

可见,博弈的变化形式提供了正确的线索和思路,但是还没有得出一个确定的{承认,承认}的合作解,只是证明“得出合作解”是一种可能

五、制度经济学和行为经济学的解释——对“第三处错误”的纠正尝试

博弈分析方法在“承认”问题上并没有得到“证实”的检验,但不能由此否定整个博弈理论的价值。笔者说过“博弈的变化形式提供了正确的线索和思路”,这说明博弈理论本身有很强的生命力和适应性,也就是“理论张力”。在“承认”问题上,笔者质疑的只是上述传统的主流范式的博弈分析方法(实验经济学除外),这些方法采用了个人主义和抽象演绎的方法论,理论前提是“个人是理性的,对自身利益有最大化的追求”。笔者认为“纠正尝试”就体现为对其方法论的完善和对理论基础的修正。而制度经济学和行为经济学为此提供了理论来源,“纠正”的过程同时也是发展和丰富博弈分析的形式的过程,最终笔者得出了“进化博弈”的分析模式。

---

① 张维迎:《博弈论与信息经济学》,124 页,上海,上海三联书店、上海人民出版社,2004。

② [美]格若赫姆·罗珀:《博弈论导引及其应用》,柯华庆、闫静怡译,209~213 页,北京,中国政法大学出版社,2005。

相关内容将在第五章和第六章中展开。

第三节　小　　结

在这一章中,笔者通过“承认”问题的成本收益分析和博弈分析分别检验了成本收益理论和博弈理论。

在成本收益分析部分,首先,笔者对个人视角下“承认”问题的成本收益分析进行实证性检验,结论是:成本收益理论对个人视角下的“承认”问题的解释能力微乎其微,主要原因是个人视角下“承认”的成本收益的界定和比较是不现实的。另外一个明显的原因是“承认”的主体是国家(法院)而不是个人。其次,笔者又对国家视角下“承认”问题的成本收益分析进行实证性检验,结论是:成本收益理论在国家视角下仍然无法解释“承认”的现象。除了存在界定和比较的难题外,笔者发现了其理论解释力受限的根本原因:“效率唯一”价值取向。因为“效率”的判断标准难以确定,而且在“承认”问题中“效率”不是唯一的价值取向。虽然成本收益理论从检验结果上看令人失望,但是它仍然带给我们一个宝贵的思路:对国家视角下“承认”成本收益具体内容的界定。笔者通过对国家视角下“承认”的立法成本、法律实施成本(主要是司法成本)和机会成本以及经济收益、法律收益和政治收益的初步分析,为后面进一步运用供给需求理论更具体、更全面地解释“承认”问题提供了重要素材。接下来,笔者尝试运用边际成本收益理论对“承认”进行分析,发现并不存在“最大化均衡”,因为“承认”问题中不存在“边际成本的递增”“边际收益的递减”和“物极必反”的哲学禁忌。但我们并非一无所获,起码得到了关于“承认”问题的全新的动态的描述。

在博弈分析部分,经过主流范式的囚徒困境静态博弈和公共物品供给博弈的分析,笔者并没有得到与现实相一致(合作解)的结论;接下来主流范式对此运用动态的重复博弈理论进行了解释,但没有得出确定的合作解,只是证明了存在出现{承认,承认}结果的可能性;而非主流范式的实验经济学研究证明这种“可能性”是很大的,虽然人没有确定的结论,但是说明了博弈理论的理论张力:通过对理论前提的不断修正和完善,它可以无限地接近事实的真相。笔者发现,不论是运用囚徒困境理论、公共物品供给理论还是重复博弈理论,主流范式都强调了一个非常重要的理论前提:参与方是理性人。前面提到的成本收益分析其实也建立在同一个基础上:认为“承认”的主体是理性人,能够自觉根据成本收益的比较作出理性选择。笔者认为主流范式的成本收益理论和博弈理论在“承认”问题上集体失语的原因恰恰就是它们之所以能在经济分析领域大行其道的原因：“理性人”的假设和“效率唯一”的价值取向，以及严格的个人主义和抽象演绎的方法论。

笔者接下来要进行的制度经济学分析和行为经济学分析就分别体现了对其个人主义方法论和“理性人”假设的修正，同时涉及的是不同视角下的不同价值取向，并且所有分析都要体现抽象演绎和历史方法相一致的方法论。这首先需要设定一个历史平台，这正是下一章要进行的内容。

第四章　承认外国法律效力问题综合范式分析的历史平台：意大利法则区别说时期[①]

尤伦（1989）指出："法经济学最迫切需要的是更多关于历史和跨时期角度的实证研究。"[②]同样，国际私法的经济分析离不开对国际私法历史的研究。笔者将从经济、政治、宗教和法律等多个切入点缕述国际私法产生之初——意大利法则区别说时期——的"承认"问题，同时初步从多种理论视角切入分析，力争廓清其本来面目，经由阐释解释历史，从而探寻导引当下循沿历史之径向前迈进之线索。对"承认"问题进行历史分析的过程也就是综合范式分析的历史平台建立的过程。笔者将意大利法则区别说的背景放大为中世纪中期，[③]因为法则区别说的提倡者巴托鲁斯（1314—1357 年）基本生活在这个时期内，这段时期涵盖了法则区别说产生的时代背景，并且为观察"承认"问题提供了一个基本连续完整的历史空间。

第一节　意大利法则区别说

一、法则区别说之前的法律适用

法律冲突的现象和解决法律冲突的方法由来已久，在法则区别说时期以前，法律冲突的解决原则为极端属地原则，即法律适用者仅适用其所属

---

① 法律经济学的主流范式并不采用历史分析的方法，即使一般涉及历史的经济分析也是侧重经济史的分析。而有的学者认为："主张全方位、长时段、整体描述社会的经济——社会史，比单纯的经济史更富有解释力，无疑也更有魅力和前途。"参见侯建新：《让历史的解释更有说服力：从经济史到经济——社会史》，载《清华大学学报》（哲学社会科学版），2007（5）。

② 转引自［美］尼古拉斯·麦考罗、斯蒂文·G. 曼德姆：《经济学与法学——从波斯纳到后现代主义》，吴晓露、潘晓松译，朱慧、史晋川审校，254 页，北京，法律出版社，2005。

③ 中世纪不是一个严密的表述。一般指"从西罗马帝国结束到以文艺复兴、地理大发现和宗教改革为标志的现代欧洲兴起这样的一个时间间隔，大约有 1000 年。"而在 1100 年之前称为中世纪早期，1100—1350 年称为中世纪中期。参见［爱尔兰］J. M. 凯利：《西方法律思想简史》，王笑红译，76 页，北京，法律出版社，2002。我们之所以采用时代划分的方法是为了方便表述，并不意味着所有引用的材料要严格的限制在这个区间内。

地域的法律,外国法律在其领域内不具有效力。这是因为10世纪以后,欧洲的封建王国纷纷形成,封建关系的各方面,包括政治、经济和法律,无不紧紧依附“土地”而生,所以法律的效力自然也受领域范围的局限。至中世纪中期,随着商业行为对“领域”的不断突破,法律也产生了突破地域性的要求。在巴氏之前,已有学者提出了类似法则区别说的主张。

起码早在13世纪,阿迪库斯(Aldricus,1170—1200年)就主张法官应适用“更强大和更有用的习惯法”,因为他必须按“在他看来更好的法律”进行判决。[①] 他不但提出了应该承认和适用外国法律,而且指出了法律适用的一般原则:适用更好的法律。[②] 另外阿库秀斯(Accursius,1228年或许更久远)认为,“一波伦那人在默地纳(Modena)被诉,不允许对其适用他不隶属的默地纳法则进行判决”。胡果利努斯(Hugolinus)也主张,“既然罗马皇帝都只能对隶属于他的臣民发号施令,那么北意大利城邦就更应该仅将其法则适用于其属民,而不应该强迫外邦人也遵守其法则。”[③]这两位学者都反对极端的属地管辖,后者还明确提出属人管辖的主张,但是没有明确具有属人管辖效力的法律的范围(而巴托鲁斯明确了这个范围:关于人的缔约能力的法律)。那么排除了属地管辖之后,如何处理外邦人所适用的法律的问题呢?如果不适用任何法律,外邦人将得不到法律的保护,那么唯一的也是合理的办法就是适用外邦人的属人法。

巴托鲁斯在此基础上,进一步明确提出了解决法律冲突的一般原则,形成了较为系统的理论,即法则区别说。

二、法则区别说的内容

(一)法则区别

在巴氏之前,已经存在将法则区分为程序法、物法和人法的三分法,巴氏承继了这种划分,进而又从人法中划分出了混合法,形成了四分法的格局。

(二)不同法则的不同效力范围

巴氏认为,程序法和物法只能在域内发生效力,而人法和物法则可以

---

① See Martin Wolf, Private International Law, *Scientia Verlag Aalen* ,1977, p. 22.

② 从国际私法法律选择方法的价值角度看,这种观点显示了对实质正义的追求。

③ Christian von Bar/Peter Mankowski: Internationales Privatrecht, Band I, 2. Aufl. , München 2003, §478 Rn. 8; §478 ff. 转引自秦瑞亭:《冲突法的理论与实务》,6页,北京,对外经济贸易大学出版社,2007。

在域外发生效力。这就意味着一个城邦有可能承认外城邦的人法和混合法的效力,而不是单一地适用本城邦的法律。所以,法则区别说否定了极端属地原则。

(三)具体的冲突解决规则

在此基础上,巴氏提出了具体的法律适用规则,也就是冲突规范的具体内容,包括:关于人的权利能力与行为能力,不必依行为地法(可以适用属人法);法律行为的方式依行为地法;侵权行为适用场所支配行为的原则;关于合同的成立也应依场所支配行为原则适用缔结地法,但是关于合同的效力,应区别当事人预期的效力和因法律而发生的效力,分别选择准据法;关于继承,无遗嘱之继承,依物之所在地法,遗嘱的处分能力之实质范围,对于外国人不适用地方法则(local law),而遗嘱的成立要件和执行方式适用行为地(立遗嘱地)法;关于不动产应适用物之所在地法;程序问题适用法院地法。

三、法则区别说与"承认"的关系

法则区别说为"承认"提供了一个自然法意义上的理由,[①]即人法、混合法本身就应该具有域外效力。换言之,承认外城邦的人法和混合法在自己领域内的效力,是一个城邦遵守自然法规则的体现。显然,巴托鲁斯认为,这种"承认"应当具有普遍性,这种普遍性的实现同时就意味着"互惠"的实现,也就是一个现实可运作的国际私法制度的产生。

第二节　非法律因素与"承认"问题

一、政治分立和政治联盟

(一)政治分立

11世纪末期,意大利的政治格局体现为群雄并立:西西里王国管辖南部意大利和西西里;教皇还控制着中部意大利的大部分地区;而众多城市

① 后来的国际礼让说、既得权说和本地法说认为,"承认"是一国行使主权的体现,它的理由是出于"礼让","承认"并不是主权国家的义务,不具有普遍性。所以这些学说也被称为特殊主义。

国家则在北部伦巴第和中部的托斯卡纳落地生根。这种政治统治不统一的状态不仅贯穿了整个中世纪的中期，而且延绵至16世纪早期，其间还伴随着文化的多元性。稳定持续的政治分立状态会提高城邦的自治权限。1183年的康斯坦(Konstanz)和约赋予了意大利中部、北部各重要城邦更高的自治权限，各城邦开始竞相制定都市条例，以至中世纪中期意大利的法律错综复杂。

在政治的分立的前提下，法律文化要经历一定阶段的各自为政的发展，才能在各种因素的促进下走向融合。这些各自发展的法律文化的直接来源就是各个地区的习惯法，但地区习惯法的真正源头并不是地区文化，而是有着明显特征的民族文化，在中世纪的意大利，各个地区是后于民族而形成的。法律的多元性是法律冲突产生的根本原因。承认外国法律效力意味着极高的承认外国法律文化的可能性(而计算这种成本的难点，正是主流范式成本收益分析的弱点)，这种可能能否成为现实取决于被承认的外国法律在多大程度上体现了其自身的法律文化。一般来讲，涉及主体资格、婚姻家庭继承、侵权的认定及赔偿范围等实体问题的法律规定更能体现法律文化的内容(法律的具体内容稍候详细阐述)。

正是这种差别使这些民族或者地区成为独立的、有生命力的个体，并且为其输入源源不断的生命力，在它们经历摩擦、竞争、冲突的过程中，共性的因素会被逐渐关注，直到摩擦、竞争、冲突达到十分充分的时候，共同的因素才会成为直接影响各自法律文化的未来的最主要的因素。在此之前，地区或民族的法律文化要经历一个充分的内因式的自我发展的过程。正是这种差别构成了“承认”问题的原初状态。承认外国法律的效力正是摩擦、竞争和冲突的开始，它引发了地区或民族法律文化的内外因结合式的进化历程：从无意识的开始[①]到有意识的比较法律产品、法律制度、法律文化的异同；从法律继受到法律移植；从冲突规则的确立到统一规范的制定。正如伯尔曼所说：“法律是一个不断增长的机体、一种不断发展的原则、规则、程序和制度的体系……法律是以相互对立的综合与协调为基础构成的复杂整体。”[②]“承认”问题的出现就是对“对立的综合与协调”的一种现实回应。“承认”问题是为应对法律多元化而生的，而政治分立则为法律多元化

① 后面的行为经济学分析中会对“无意识行为”进一步解释。

② [美]哈罗德·J. 伯尔曼：《法律与革命——西方法律传统的形成》，贺卫方、高鸿钧、张志铭、夏勇译，507~528页，北京，中国大百科全书出版社，1993。

提供了肥沃的土壤。所以政治分立是“承认”问题产生的政治原因。

（二）政治联盟

“承认”问题与政治的联系不止于此。政治分立的因素导致了法律的差别，同时也成就了法律不尽相同的城邦组成小的政治联盟。例如，北意大利 Lombarden 民族建立的诸城市，为了在教皇的教会国和德国的神圣罗马帝国之间自保而互通声息地联合在一起。[①] 而外国法律效力的承认在这些城邦间更易发生，除了政治上的需要之外，民族的共性也是减少“承认”阻力的重要原因，这些是主流范式极力主张的效率标准所无法解释的。这些联盟城邦的法律之间也会发生摩擦、竞争、冲突，但这个过程会因为“民族的共性”这个共同因素而大大缩短，小的法律文化迅速融合形成一个相对的大的法律文化：Langobarden 部族习惯法，然后接着加入城邦法律的竞争队伍。可见，“承认”成本的计算与“共同因素”有直接关系。两个城邦之间的共同因素越多，“承认”的成本就越低。

总之，“承认”问题和政治因素的关系可以描述如下：政治分立为“承认”问题的产生提供了条件，而在政治联盟的情况下，更易使“承认”问题成为迫近的现实问题。

二、经济的发展与城市的兴起

城市（邦）是“承认”的重要主体，巴氏的法则区别说主要解决的就是城市规则之间的法律冲突。城市的兴起与经济的发展密切相关，同时，经济的发展产生了新的法律需求。

（一）农业与手工业的发展

11 世纪以后，人口数量迅速增加，商业和城市随之兴起，但如果没有粮食增长和农业生产力的提高，这一切都没有可能发生。正如马克思所说：“超越于劳动者个人需要的农业劳动生产率，是一切社会的基础，并且特别是资本主义生产的基础。”[②]随着农业的发展，手工业逐渐从农业中分离，交换随之发展。“交通要道、关隘、渡口以及城堡或教堂附近，逐渐兴起市集。许多行商成为坐商，手工业者也聚居其地。这样，便出现了商业和

---

① 戴东雄：《中世纪意大利法学与德国的继受罗马法》，76 页，北京，中国政法大学出版社，2003。

② ［德］马克思：《资本论》第 3 卷，888 页，北京，人民出版社，2004。

手工业日趋活跃的城市”。[①] 因此,近代城市出现的经济原因不仅必须归结为商业扩展和商人阶层的兴起,而且必须归诸农业扩展和工匠、手艺人及其他工业生产者阶层的兴起。

(二)人口的增长

在14世纪之前,中世纪中期的欧洲经济一直稳步增长。1000年以后外来入侵随着马扎尔人和维京人停止进攻而告终。稳定的生活生产是人口显著增加的部分原因,人口的激增促进人们改进农业技术以养活增长的人口,而粮食的增产转而又使人口的进一步增长成为可能。欧洲的内部贸易和国际贸易也随着战争的结束而开始发展,十字军东征(1096—1291年)和13世纪蒙古帝国的建立使东西方的贸易空前繁荣。人口的增多和商业的繁荣成就了城邦的兴起。[②] 人口的增加还导致了劳动力的富余,大批贫民纷纷离乡,要么加入十字军要么加入修道院,幸运的则会在某个城邦找到稳定的工作和安定的生活。商人在许多城邦的形成过程中起着主导作用,频繁的商事交往也是使“承认”成为一个普遍性问题的主要原因,可以略带夸张地说,当第一个商人迈出城门时,“承认”已成必然。

(三)商业的发展

农业和手工业的显著进步,为商业提供了更多的交换对象。皮雷纳将11世纪、12世纪近代欧洲城市的出现首先归因于商业的复兴。他还把11世纪、12世纪整个欧洲数以千计的新城镇的建立主要归因于新兴商人阶层的压力。[③] 12世纪以后,欧洲内部的商品交换日益频繁,地方市场逐渐形成,与东方的贸易也逐渐扩大。城乡之间的商品交换,主要通过地方集市。其中香槟一带为地中海与北方主要商路的交叉点,从12世纪中叶到14世纪初,形成一个巨大的国际市场。13世纪至14世纪时,地中海地区已成为欧洲主要的商业区,以意大利城市,特别是威尼斯、热诺阿、比萨等为中心。[④]

---

① 周一良、吴于廑:《世界通史》,132页,北京,人民出版社,1972。

② 参见[美]斯塔夫里阿诺斯:《全球通史》,董书慧、王昶、徐正源译,385~387页,北京,北京大学出版社,2006。14世纪经济衰退的主要原因有粮食歉收和饥荒(1315和1316年最为严重)以及黑死病(1348—1349年),还有英法百年战争和德、意、等国国内的其他冲突。

③ [美]哈罗德·J. 伯尔曼:《法律与革命——西方法律统的形成》,贺卫方、高鸿钧、张志铭、夏勇译,436页,北京,中国大百科全书出版社,1993。

④ 周一良、吴于廑:《世界通史》,135~136页,北京,人民出版社,1972。

贸易的发展在北部意大利城市国家表现得尤为显著，尤其是威尼斯、热那亚和比萨等海上城市，它们竞相控制着东部的贸易，这就促进了海商法规则的发展。斯密曾说："水运开拓了比陆运开拓的广大得多的市场，所以从来各种产业的分工改良，自然而然地都开始于沿海沿河地带。"[①]法律产业的分工又何尝不是如此？专门调整海事交易的规则迅速在沿海城市中涌现，并且不断完善，不同的法律之间存在竞争，"承认"是竞争的前提，只有彼此承认才能有所比较，展开竞争。少人问津的产品的生产者被淘汰出局，被淘汰者为了继续分享海事交易的巨大利益，不得不遵守胜出者的法律，这时就又出现了另一个"承认"。这种居统治地位的法律实际上就是统一实体法的上一代产品，同时也是法律借鉴、法律移植（后一个"承认"的应有之义）的最早范本。这些细节是一般的博弈分析无法涉及的，这种法律产品竞争中的博弈既不同于主流范式，因为他得到了合作的解；同时它又不同于后"制度主义综合范式"，因为这个博弈设定了"理性人"的前提，同时这个博弈的过程也未涉及利他主义。

承认外国法律的效力是海事交往的需要，这个"承认"的过程实际上就是海商跨国法律市场上，不同城市的海事规则之间竞争的过程，也是法律产品的消费者——商人——选择产品的过程。需要注意的是，在这个竞争和选择的过程中，早就存在意思自治的因素，这个"意思自治"不是后来所说的"当事人的意思自治"，而是更广泛地体现为当事人和法院甚至是地域的统治者之间的合意：适用完善发达的海事法律，哪怕它是外国的法律。

商业的发展带来了开放的市场，这个市场的法律也是开放的。不同主体之间的法律的联系和依赖性增强，这就是"承认"具备了市场基础。马克思曾断言："资本主义，由于开拓了世界市场，使一切国家的生产和消费都成为世界性的了。……过去那种地方的和民族的自给自足和闭关自守状态，被各民族的各方面的互相往来和各方面的互相依赖所代替了。"[②]开放的经济并不意味着不存在限制，例如国家会限制从外国输入国内能生产的货物。[③] 如果把"货物"看成是一种法律产品，那么这种限制非但没有成为法律交流的障碍，反而为法律产品竞争以及承认和适用外国法律提供了

---

① ［英］亚当·斯密：《国民财富的性质和原因的研究》（上卷），郭大力、王亚南译，17 页，北京，商务印书馆，1974。

② 《马克思恩格斯选集》第 1 卷，254 页，北京，人民出版社，1995。

③ ［英］亚当·斯密：《国民财富的性质和原因的研究》（下卷），郭大力、王亚南译，24 页，北京，商务印书馆，1974。

理论支持,因为这种限制同时告诉人们:“国家不会限制从外国输入国内不能生产的货物。”海事法律落后的城邦会积极地承认并且借鉴其他城邦的发达的法律,当然,前提是这种法律对它有用,相关法律的供不应求可能是“承认”的一个原因。“承认”又可能是使它感到落后的原因之一,而“承认”本身可能是由别的因素(政治、文化、宗教等)导致的。但不可否认,“承认”问题与经济发展密切相关。

(四)城市的兴起

1. 城市与封建主和封建经济

中古城市是在教会或世俗封建主的领地上产生的。城市居民受封建主的司法和行政管辖,担负赋税和劳役。封建主关心自己领地上城市的兴起,因为城市可以带来额外的收入。但是随着商品货币关系的发展,封建主对城市的剥削加重,这就不利于工商业的发展。城市居民为了本身的利益,往往用金钱向领主赎买自治权。但多数城市则依靠武装斗争获得不同程度上的独立和自主。城市的产生和商品货币关系的发展,对封建农村的自然经济起了很大的破坏作用。与此同时,农民对领主人身依附关系逐渐松弛,一部分农民在交纳赎金以后,豁免了杂役,获得了人身自由。

城市的独立不仅是政治的独立,也是法律的独立,同时封建经济的式微使得法律对土地(领域)的依附有所减轻,从而使得某些方面的法律具有了发生域外效力的可能。

2. 行会与商人

中古城市手工业者按照各自的行业结成行会。行会在其存在的初期,起了进步的作用。它对保护当时还很脆弱的城市手工业,促进封建社会生产的发展具有积极意义。在城市中势力逐渐强大起来的商人,为了保证贸易独占权和其他权利,也结成联盟,成为商人公会。通常每个城市只有一个商人公会,其势力和地位远在手工业行会之上。商业发展对当时社会结构的改变产生了影响。由于教会和一般人士对商业的看法不断转变,商业和商人的地位不断提高,商人成为一个新的让人不可小觑的阶层,拥有让贵族们羡慕不已的财富和自由身份。商人们实际上正在解构原有的以土地为基础的庄园制度,并在建构新的社会风俗和高效的制度安排。

3. 城市制度

城市拥有政治上的独立地位,拥有城市本身以及同业公会和行会的法律或自治章程，拥有自主权，即有不受外来干预的独立的司法和行政机关。城市有自己的法院，拥有从本城选举的陪审员，市民只在本市的法院接受审判，拥有市场管辖权。由上所述，可以看出自由是城市制度的本质内涵，[①]它包括人身自由、土地自由、司法自由，这当然也意味着城市享有"承认"的自由。

第三节　法律因素与"承认"问题

一、法律中的共同因素与"承认"问题[②]——法律进化视角

（一）罗马法因素——认知与法律生产、法律进化

罗马法满足了不断增长的法律需求。首先，意大利人对罗马法的普遍接受有着充分的心理动机，"意大利人因拥有罗马城而自傲，也因承继罗马文明而自信。"[③]其次，意大利的跨国法律市场原有的日耳曼法或Langobarden 民族的习惯法无法满足当时交易上之需要。法律供给方需要更好的私法来满足这种需求。

深受统治者器重的法学家们担起了研发新产品的重任——实际上他们幸运地找到了一个现成的产品，随着 6 世纪优帝罗马法典遗稿的重见天日，法学家们无一例外地将全部激情投入罗马法的研究当中。"当时经济过程正在塑造一种生活方式，这种生活方式要求建立法律制度，特别是在订立契约方面，而古罗马法学家制定的法律正好适应了这一需要。"[④]复兴罗马法确实也是一种最为重要的节约时间和劳动的方法。一般的法律供给者会因为生产的垄断而缺少提高法律生产效率的动机，而作为罗马法的提供者之一的法学家们的"生产"热情却从未消退。

而教会——罗马法的另一个重要的供给者——也同样不遗余力地、广

---

① ［德］马克斯·韦伯：《经济与社会》（下卷），林荣远译，674～683 页，北京，商务印书馆 1998。

② 中世纪法律的共同因素还应该包括封建法和庄园法，但由于两者几乎不涉及民商事交往，故略而不谈。

③ 戴东雄：《中世纪意大利法学与德国的继受罗马法》，122 页，北京，中国政法大学出版社，2003。

④ ［美］约瑟夫·熊彼特：《经济分析史》（第一卷），朱泱、孙鸿敞、李宏、陈锡龄译，143 页，北京，商务印书馆，1994。

泛地传播罗马法,以期增加教会法院的管辖领域。即便如此,罗马法还是遭到了封建领土(甚至包括商业极为发达的威尼斯)的当地习惯法的抵制,[①]在这里,承认罗马法与承认外国法律有了近似的含义。可见法则区别说或者"承认"问题并不是在罗马法完全地、真正地成为意大利的普通法的背景下发生的,但这并没有阻碍国际私法发展的脚步,相反,诸城邦在学会接受罗马法的过程中或多或少地融化了极端属地主义的壁垒,这就使承认外邦的"非罗马法类的法律"并不显得突兀,而承认外邦法律中已经浸润或杂糅了罗马法精神的地方习惯更是显得顺其自然。

可见,"承认或进一步地继受罗马法"带动了"承认地方的习惯法",应该指出,后者对于整个意大利的法律文化、法律制度的发展的重要性并不逊于前者,因为它为各个地区或民族的习惯法的充分进化、陶养成型争得了空间和时间,而这部分法律正是萨维尼所说的"一个独特的民族所特有的根本不可分割的禀赋和取向",他高度评价到这些城邦法规"可被视为此一阶段法律的真正内在语法"。萨维尼把法律和语言相比,语言的发展不该断裂,法律的发展也应如此。[②] 这揭示了承认外邦法律效力特别是承认看似野蛮落后的外邦法律的意义,虽然这个意义更大程度上是对外邦而言的,从国际视角来说则是对整个法律文化的保留和发展作出了贡献。即便如此,谁又能肯定否认这不是某个城邦的偏好的体现呢?特别当该城邦被一群热爱自然法的、情感丰富的法学家所左右的时候。而也有一些法学家因不谙 Langobarden 法,曾批评该法的缺点,结果是一度招致民众的愤怒与抗议。[③]

(二)教会法因素[④]——认知与竞争视角

法则区别说所要解决的是城邦法则之间的冲突,我国学者一般认为城邦的法则是特别法,而谈到与其相对应的普通法时,却仅提到了罗马法。[⑤]其实,与罗马法同样具有普世效力甚至影响更大的是教会法。"在中世纪,

---

① 例如 Langobarden 部族法在意大利之 Bergamo 地区迟至公元 1451 年始告废止不用。参见戴东雄:《中世纪意大利法学与德国的继受罗马法》,124 页,北京,中国政法大学出版社,2003。

② [德]弗里德里希·卡尔·冯·萨维尼:《论立法与法学的当代使命》,许章润译,7 页,北京,中国法制出版社,2001。

③ 戴东雄:《中世纪意大利法学与德国的继受罗马法》,124 页,北京,中国政法大学出版社,2003。

④ 教会法是在 11 世纪初到 12 世纪中叶之间形成的。

⑤ 李双元:《国际私法(冲突法篇)》,105 页,武汉,武汉大学出版社,2000。

罗马法和教会法其实是通行整个西欧的普通法。”①

人们对法律的价值的理解和对法律的信仰更多地来自于与教信仰密切相关的教会法,从教会法中可以找到人们认知的内核。而且教会法的规定涉及人们生活的方方面面,并影响着世俗法律的制定。教会法的成功促使世俗权威建立他们自己的专职法院,出版专业法律文献,改造部族的、地方的和封建的习惯,建立它们自己的与教会法竞争的法律制度。② 这种竞争的过程,既是教会法传播的过程,也是世俗法律完备的过程;既有竞争的形式,也有“承认”的表现。

程序规定方面,教会法庭上使用的“纠问式程序”为世俗法庭所采用。特别是关于婚姻家庭、遗言遗嘱方面的规定,仍然在很大程度上影响着现代国家的立法。巴托鲁斯提出的若干法律适用规则涉及了人的权利能力、行为能力、侵权、合同、遗嘱、不动产、程序等国际民商事交往中的基本问题,却单单没有提及婚姻。这与婚姻法恰恰是教会法的最重要内容之一不无关系,教会的婚姻法详细规定了天主教徒之间以及天主教徒和非天主教徒之间的婚姻问题,③这就相当于为各个城邦的立法提供了范本。但这不意味着中世纪的婚姻领域没有法律冲突。教会法针对这种冲突提供了法律选择的一般原则。“有些婚姻是合法的,却不是教会所承认的,有些是被承认的,却又是不合法的,而有些婚姻既合法,又被教会承认。合法的婚姻是遵照法律或者地方习俗而缔结的。”这意味着关于婚姻的合法性问题,教会法与地方习惯发生冲突时,适用地方习惯法。这虽然不是严格意义上的“承认”,但它比一般的“承认”具有更广阔的胸襟。在“承认”问题上,这不能不对世俗法律界的行为选择产生巨大的影响。

教会法不但对世俗法律制定产生影响,而且还用来解决法律的冲突。“在地方习惯法有空白的时候,在不同地区习惯有冲突的时候,教会法和罗马法的有关条文往往被法官用来裁决诉讼。”④这正是基于人们对共同因素的认知:对熟悉的法律更容易承认和接受,容易产生一致的偏好。教会法在这里起到了类似于统一实体法的作用,区别在于教会法不是被直接适用。所有这些规定对中世纪整个法律市场的影响是巨大的,法律的供给者

---

① 彭小瑜:《教会法研究》,51 页,北京,商务印书馆,2003。
② [美] 哈罗德 · J. 伯尔曼:《法律与宗教》,53 页,北京,中国政法大学出版社,2003。
③ 彭小瑜:《教会法研究》,44 页,北京,商务印书馆,2003。
④ 彭小瑜:《教会法研究》,51 页,北京,商务印书馆,2003。

们“认为自己的工作是在教会的指引下表达神法，以此引导所有的人们完美实践自己作为社会成员的属性，走向至善”。[①] 同时，也说明教会法并不是法律的完全垄断市场的产物，“教会法在原则上承认与基督教信仰和道德没有冲突的地方宗教习惯。”[②]地方的习惯法可以参与竞争，在竞争中，无论是教会法还是地方的习惯法都得到了发展和进化，而“承认”正是竞争的开始。

（三）商法因素[③]——合作博弈视角

中世纪的商人习惯法是为了弥补国家法律的不完善而发展起来的；当时基本上还是农业社会，自给自足，人们过着传统的生活。它的主要特征在于：它是在事先没有计划的、几乎是杂乱无章的情况下从习惯性做法中发展而来，并最终成为普遍接受的惯例。[④] 商法是针对法律的空白而产生的，所以它不像教会法那样面临着传统的强大的地方习惯的挑战，也不需要费力探讨与罗马法的适用关系，因为“一部分罗马法中所含之原则已纳入商法之中”。[⑤]与罗马法和教会法相比，商法的普通性更接近统一实体法的性质。商法具有的客观性、普遍性和权利互惠性的特点符合各个城邦的理性选择。同时，商法的主要传播途径为判例的承认和条约的订立，也许判例的承认还需要历经一个复杂的重复博弈的过程，但是条约的订立使得商法的承认问题符合了合作博弈的特征。

这样，秉承了商业的普世性，商法迅速为各地所接受，并随着同样新鲜的商人阶级和新兴城市一同壮大起来。商事领域也成为“承认”阻碍最小的一个领域。

（四）法律进化论

法律上的共同因素是各城邦产生法律的共同认知的主要原因，它消除了“承认”问题中的认知（心理）性障碍，使法律的交流因为建立在共同的认知基础上而变得自然而然。同时，共同因素提供了大量的优秀的法律产

---

① Various European Authors, *A General Survey of Events, Sources, Persons and Movements in Continental Legal History*. Boston: Little, Brown and Company, 1912, pp. 92 -95. 转引自彭小瑜：《教会法研究》，40 页，北京，商务印书馆，2003。

② 彭小瑜：《教会法研究》，39 页，北京，商务印书馆，2003。

③ 11 世纪晚期和 12 世纪：近代商法形成。

④ ［英］施米托夫：《国际贸易法文选》，赵秀文选译，85 页，北京，中国大百科全书出版社，1993。

⑤ ［美］孟罗斯密：《欧陆法律发达史》，姚梅镇译，6 页，北京，中国政法大学出版社，1999。

品,成为大家竞相模仿的对象,有利于各地法律制度的建立和法文化的发展。同时各地的法律产品也会在“承认”的博弈中加入竞争的行列,力争获取最接近普通法的地位。需要注意的是,在这个博弈和竞争的过程中,粗暴地否认外国法律的效力和武断地抄袭外国的法律都会割断法律与民族或地区内在性格的有机联系,会破坏法律文化、法律制度有机的进化和发展。在今天,不论是制定冲突法还是实体法抑或签订条约的过程,都是国内国外各种法律产品竞争的过程,都是各种利益关系不断博弈的过程,从中胜出的前提不是否认或者抄袭,而是自身的充分发展,这时的竞争才是一种良性的竞争,这时的博弈才是一种进化的博弈、走向合作的博弈。这是笔者关于法律进化论的一个基本观点。

二、法律中的差异因素与“承认”问题的产生——法律市场视角

法律产品的差异性的前提是存在多个法律供给方,如教会、罗马法学家、商人、封建王国和城邦等。

(一)共同因素之间的差异

因为教会法、罗马法、商法皆有“普通法”的身份,三者存在重叠管辖之处。例如教会法和罗马法关于婚姻家庭和财产问题各有规定。一旦规定不同,则会产生法律冲突。此类法律冲突解决途径有二:一是这些法律本身提供了法律选择的方法,例如前面提到的教会法关于婚姻的规定;二是如果没有明确的法律适用的指引,则司法管辖权的归属即决定了法律的运用,例如世俗法院受理的案件更多的是适用世俗法律。

(二)共同因素与地方习惯、城市条例之间的差异

有时共同因素会与地方习惯发生冲突。例如,罗马法认为所有权具有绝对的排他权利,而日耳曼法承认部分的所有权。注释法学派认为只有分割所有权才能适应社会的需要,即分为封主的上级所有权和封臣的下级所有权。[①] 罗马法和日耳曼法发生冲突时,是否“适应社会的需要”成为注释法学派进行法律选择的标准。虽然这不是司法意义上的选择,只是立法意义上对罗马法的修正,但是同样会极大地影响法官的思路,成为他们在处理涉外案件中承认和适用外国法律的理由和标准。毕竟注释法学派的观

---

① 戴东雄:《中世纪意大利法学与德国的继受罗马法》,91 页,北京,中国政法大学出版社,2003。

点直接影响城邦的法律实务，[①]而且这一时期的法律冲突多多少少都会与罗马法和日耳曼法的冲突有关。

有时共同因素会与城市条例发生冲突。城市条例（城市法）以法令和判例为内容，规定了交易主体在各种经济活动中的平等关系，试图排除交易中的随意性及封建特权对这些平等关系的侵犯。城市条例还包括对集市贸易规则的个性规定，规范了市场主体的行为，促进了市场的有序性。[②]注释法学派基于罗马法帝王排他性的立法权理论，提出单一帝国和单一法律的原则，至少在形式上不愿承认都市条例的效力。但是疏证法学派正视当时政治社会的实际环境，不愿排斥实际存在的都市条例的拘束性，因而设置了普通法与特别法的理论，认为罗马法是普通法，而都市条例为特别法，两者冲突时应该本着“特别法优于普通法”的理论，适用都市条例。[③]比及前面提到的注释法学派解决罗马法和日耳曼法冲突之理论，疏证法学派的理论则具有了司法的意义，在“承认”的问题上更深刻地影响着司法者的思维。

（三）城市条例之间的差异

在提及了罗马法与日耳曼法（地方习惯法）的冲突、罗马法与都市条例的冲突之后，“承认”问题将要面对法律冲突中更重要的一种：都市条例之间的冲突。法则区别说正是为了解决此类冲突而产生的理论。城市之间不存在隶属关系，因此各个城市条例的效力是平等的，这是冲突（竞争）产生的前提。城市条例规定的方方面面，包括城市的管理、民事领域、商事领域，都有可能发生冲突。法律差异是法律交易的前提，而不同城市条例之间的交易正是法则区别说所关注的对象。该学说提出的冲突规则也就是交易的规则。

总之，“承认”是在由法律因素构成的市场中产生的，它与市场的发生、发展和变化存在着密切联系，具体内容将在第七章中进行阐述。

---

① 萨维尼曾说：“Azo之著作无异于现代法院之六法全书，其权威性不难推测。”见戴东雄：《中世纪意大利法学与德国的继受罗马法》，83页，北京，中国政法大学出版社，2003。而且有些注释派法学家本身又是法官。

② 萧国亮、隋福民编著：《世界经济史》，94页，北京，北京大学出版社，2007。

③ 戴东雄：《中世纪意大利法学与德国的继受罗马法》，111页，北京，中国政法大学出版社，2003。

第四节　小　　结

本章的目的有二：一是通过对“承认”问题产生时（意大利法则区别说时期）的历史细节的考察，得出关于“承认”原因的直观结论，其中有些理论初步涉及了“制度—行为—市场”综合范式分析框架中内容，但主要是以历史内容的陈述为主，论述为辅；第二个目的就是为后面三章的分析提供历史素材。如在第二章提到的那样，本章就是“以史为主，论从史出，重点在于设置历史平台，而不是抽象理论（逻辑）的建立”。[①] 这个历史平台建立后，后面几章在论述中对相关历史材料的运用就不显得唐突和零散，这就能较好地体现“逻辑与历史相一致”的方法的运用。下面对本章内容稍作总结。

首先，笔者介绍了意大利法则区别说的内容。该学说在区分法则的同时也界定了不同法则的效力范围，这就等于提出了“承认”的概念，并且赋予了“承认”一个普遍主义意义上的理由。学说在设定具体冲突规则的同时，也划定了“承认”的范围。总之，该学说蕴含了“承认”的原因及内容，是笔者研究对象的一个历史载体。

其次，通过对该时期非法律因素的分析，笔者找到了一些与“承认”有关的政治、经济层面的线索。其中，政治分立和政治联盟的状态提供了“承认”的政治原因。而经济的发展、人口的增加和城市的兴起既构成了这一时期的主要社会图景，同时也直接或间接地影响着法律制度的变迁，又构成了“承认”问题的主要制度背景。非法律因素为“承认”问题的制度经济学分析和行为经济学分析提供了直接的素材。

最后，“承认”作为一种法律制度或法律问题，该时期的法律因素自然会提供与其相关的最直接和最直观的素材。该时期法律的共同因素和差异因素一起构成了“承认”发生时复杂的法律市场。共同因素带动了不同法律产品间的竞争与合作，促进了法律的进化，而差异因素则是法律市场交易发生的基本前提和深层次的动因。“进化”“竞争与合作”是本书的重要结论，笔者将通过后面几章的论述逐步得出相应的结论。

---

① 参见本书第二章。

第五章　承认外国法律效力问题综合范式分析之制度经济学分析

在第三章中，通过对主流范式的分析方法的运用及检验，笔者认识到主流范式分析方法是有局限的，下面笔者将通过对“承认”问题制度经济学分析、行为经济学分析和供给需求理论分析，构建一个“制度—行为—市场”的综合范式分析框架。

第一节　制度经济学与“承认”问题

首先，笔者认为运用制度经济学分析“承认”问题是有必要的，因为制度经济学体现了对主流范式的修正；其次，制度经济学与“承认”问题的理论结合点可以在“制度”“产权”的概念及其与“承认”问题的关系中得到体现。

一、制度经济学对主流范式的修正

制度经济学提出了一些非主流的分析方法来研究经济社会。正如它的名字所暗示的，制度经济学将分析的重心置于制度结构和制度安排，前者是宏观导向，后者是微观导向。① 施皮格尔（1971）将制度经济学描述为“对抗拘泥形式的反叛思潮”的一个组成部分，这个反叛思潮同时也发生在法学、历史学和经济学中。② 从方法论的角度看，制度经济学的“非主流”和“反叛”的特征体现在以下两个方面。

（一）制度经济学注重历史的方法

主流的经济分析拘泥于形式主义的抽象演绎推理原则，这个原则如同

---

① ［美］尼古拉斯·麦考罗、斯蒂文·G. 曼德姆：《经济学与法学——从波斯纳到后现代主义》，吴晓露、潘晓松译，朱慧、史晋川审校，136 页、175 页，北京，法律出版社，2005。我们要进行的制度变迁理论分析属于制度结构范畴，产权理论分析属于制度安排范畴。

② ［美］尼古拉斯·麦考罗、斯蒂文·G. 曼德姆：《经济学与法学——从波斯纳到后现代主义》，吴晓露、潘晓松译，朱慧、史晋川审校，136～137 页，北京，法律出版社，2005。

皇冠上的宝石被视为行之有效的方法准则，包括消极地假设理性的效用最大化行为及过度关注均衡的比较静态分析的实证研究。然而，制度主义者得反其道而行之，其所关注的是特定制度的分析。虽然他们主要强调用归纳的方法来描述制度，但最终仍然能够实现实质性理论上的一般化。这就避免了极端的归纳方法的误区。就像沃尔特·S. 白金汉（1958）所说的，“一般化的发展使制度经济学比以描述性分析为基础的历史学派（德国的）有着更多的理论内容。制度经济学的理论并不像主流理论那样精炼且精确，但也并不是如此地抽象以至于缺乏经验性的研究内容。”[①]这本身也是笔者提出的“综合范式”历史与逻辑相一致方法的含义。

（二）制度经济学注重整体主义方法论

康芒斯（1934）反对只强调反映在主流理论中方法论上的个人主义，反之他肯定了集体主义和团体行为在经济分析中的地位。而笔者所强调的综合范式是要注重两者的结合。

具体而言，制度主义的研究方法关注的是制度之间运行过程中的相互关系，而不是微观经济学理论在法律上的应用。施密德（1987）认为，制度主义经济学或者说制度主义法经济学强调的是“政府和经济之间的相互关系和相互交互作用”；[②]而笔者对“承认”问题涉及的“相互作用的”制度的范围要更广泛，包括经济制度、政治制度、法律制度及其他社会制度。这就需要先解释“制度”的含义以及其含义与“承认”问题的关系。

二、制度的概念与“承认”问题

（一）“承认”是一种制度

在制度经济学中，对制度有各种不同且宽泛的定义。凡勃伦（1899）所定义的制度是指“被广泛遵循的习惯思维和在任何约定时期内占统治地位的惯例”，[③]他所强调的是制度的效力特性。康芒斯（1934）将制度定义

---

① ［美］尼古拉斯·麦考罗、斯蒂文·G. 曼德姆：《经济学与法学——从波斯纳到后现代主义》，吴晓露、潘晓松译，朱慧、史晋川审校，137 页，北京，法律出版社，2005。

② 参见［美］尼古拉斯·麦考罗、斯蒂文·G. 曼德姆：《经济学与法学——从波斯纳到后现代主义》，吴晓露、潘晓松译，朱慧、史晋川审校，147 页，北京，法律出版社，2005。

③ ［美］凡勃伦·T. B.：《有闲阶级论：关于制度的经济研究》，蔡受百译，北京，商务印书馆，1964，转引自［美］尼古拉斯·麦考罗、斯蒂文·G. 曼德姆：《经济学与法学——从波斯纳到后现代主义》，吴晓露、潘晓松译，朱慧、史晋川审校，136 页，北京，法律出版社，2005。

为作为“控制个体行为的集体行为”，且作为“在约束、放松及扩张的个体行为中的集体行为”，[①]他强调的是制度“行为”的内容，并且指出了行为主体之间的关系。这些有关制度概念的基本描述与“承认”之间有何关系呢？首先，到目前为止，“承认”一直是作为国际私法中的一种惯例存在的，尽管“承认”的理由有所差别。[②] 其次，“承认”本身即是一种行为，可以将若干个国家之间相互承认法律效力的行为看作“集体行为”，这时“承认”体现出的“惯例”效力正是“集体行为”的效果。而国家作为国际社会中的“个体”，在保证“承认”这个“集体行为”的前提下，可以对“承认”的前提、范围和条件作出调整，这就体现了个人行为的“约束、放松和扩张”。另外，平乔维奇(1990)认为，制度可以被定义为“对人类重复交往所作的法律的、行政的和习惯性的安排”。[③] 这又体现了“承认”作为惯例的另一个特征：重复性。[④] “承认”是对国家重复交往所作的法律性(习惯性)的安排。

可见，“承认”具有“集体行为”和“个体行为”的内容和“重复性”的惯例式的效力，所以笔者认为“承认”是一种制度。

另外，制度很大程度上被视为正式和非正式冲突解决过程的结果，成功的制度应该产生解决冲突的合理价值或切合实际的相互关系。而“承认”本身体现了合理价值(体现为“正义、自由、秩序、效率/效益”几种价值的耦合互动)的取向，用来解决国际私法中不同的冲突关系。[⑤] 所以“承认”既是国际私法的一个基本概念也是国际私法的一个基本制度。

(二)“承认”是一种法律制度

“承认”是国际私法的基本制度，是国际私法的开始，或者说国际私法一开始是以“承认”制度的形式存在的。笔者讨论国际私法制度在中世纪中期国际私法产生阶段的作用，实际上针对的就是“承认”制度，它旨在控制国际私法主体之于管辖权配置问题的相互关系和行为模式。这就体现

---

① [美]康芒斯：《制度经济学》，于树生译，87～88页，北京，商务印书馆，1962。笔者在这里只是使用康芒斯的概念来与“承认”问题作比较，用来说明“承认”成为一种“集体行为”时的状态，并不是说“承认”的“个人(国家)行为”产生的原因是出于某种“集体行为”的要求，换句话说，笔者并不同意康芒斯的制度设计论的制度生成进路，笔者赞同的是哈耶克的演化生成论，后面会进一步论述。

② 例如根据国际礼让说的观点，“承认”是基于国家的一种礼让行为，而不是义务。

③ [前南]斯韦托扎尔·平乔维奇：《产权经济学——一种关于比较体制的理论》，蒋琳琦译，张军校，3页，北京，经济科学出版社，2004。

④ 笔者在第三章提到过这个特点。

⑤ 有关冲突关系的具体内容参见第二章。

了新制度经济学家对制度的定义的不同解释:“制度是对人和组织行为的规范,它是人和组织为了适应环境、合理配置资源、实现目标最大化的必要手段。”①“承认”制度的“管辖权配置”功能就是作为法律制度的一部分体现出来的。“承认”作为国际私法制度最早的载体属于当时法律制度的一部分,而且是法律制度发展到一定阶段的产物,也就是法律制度变迁的结果或表现。

(三)法律制度是制度的一部分

新制度经济学家对于制度的含义的界定非常广泛,既包括规则和秩序,也包括组织本身;既有政治、经济、文化、技术等方面的制度,也把道德意识形态等纳入了制度范畴。② Theodore W. Schultz 说:“我将一种制度定义为一种行为规则,这些规则涉及社会、政治及经济行为。”③诺斯在《制度、制度变迁和经济绩效》一书中指出,制度是由一系列正式约束(政治规则、经济规则)、社会认可的非正式约束(价值观、道德规范、风俗习惯、意识形态等)及其实施机制所构成。④ 从这些制度的概念中可以看出,“制度”作为一个整体,是由各种不同的制度构成的,包括政治制度、经济制度、法律制度以及“非正式的约束”的制度等。法律制度作为其中的一部分,它的发展变化必定与其他制度的发展变化有关联。

三、产权的概念与“承认”问题

前文提到过,“承认”的主体是国家,笔者认为“产权”与国家的“主权”是存在某种联系的。

(一)产权与主权的可比性

1. 产权的概念

产权的概念有广义和狭义之分。狭义的产权,就是对财产的权利(property rights),它是人们围绕或通过财产而形成的经济权利关系。⑤ 广

---

① 钱弘道:《经济分析法学》,121 页,北京,法律出版社,2003。

② 钱弘道:《经济分析法学》,121 页,北京,法律出版社,2003。

③ 盛洪:《新制度经济学在中国的应用》,载《天津社会科学》,1993(2)。

④ 钱弘道:《经济分析法学》,121 页,北京,法律出版社,2003。

⑤ 黄少安:《产权经济学导论》,68 页,济南,山东人民出版社,1995。持此观点的还有张乃根教授,参见张乃根:《法经济学——经济学视野里的法律现象》,317 ~ 320 页,北京,中国政法大学出版社,2003。

义上的产权,就是权利,或者说是用经济学语言对权利进行的描述。[①] 费希尔(1923)认为:“产权是享有财富的收益并且同时承担与这一收益相关的成本的自由或者所获得的许可……产权不是有形的东西或事情,而是抽象的社会关系。”[②]可见,狭义观点严守权利客体的财产特征,认为产权应与其他非财产性质的权利(如政治权利、人身权利)严格区分。广义观点则强调人们之间通过权利建立起的法律关系(legal relations),不仅仅是财产关系。平乔维奇(1990)认为:“把人权与产权割裂是错误的,我的选举权和我发表言论的权利就是我的产权,因为,它们明确了我与别人之间的关系。换句话说,这一产权定义适用于所有个人相对于别人所拥有的权利。”[③]实际上,要将产权经济学用于分析其他社会科学领域,也必须使产权能够包含非财产权利的内容,否则便不可能如巴泽尔所言,“一切现象皆可以产权来解释”。[④] 本书因此采广义论。

2. 主权的概念

历史学家 Carr(1978)认为:“主权的概念总是根据政治的、法律的、经济的、外部的和内部的主权形成的差别进行划分。”[⑤] James(1986)也认为主权的概念最好被限制在正式的范围中,在国际领域,主权表明了宪法和制度上的独立。[⑥] 笔者在国际私法领域讨论“承认”问题时,主权指的就是国家的管辖权,包括立法管辖权和司法管辖权。而在中世纪中期讨论“承认”问题时,主权指的就是城邦(城市)的管辖权。

3. 产权与主权

1)一个基本假设

如果我们可以将国际社会比喻成一个由平等主体组成的市民社会,那么产权经济学就有适用于国际私法分析的空间(实际上也就是国际视角和国家视角的切换)。国家社会与市民社会所处的客观环境是一致的,因此

---

① Commons, John R (1968): *Legal Foundations of Capitalism*, *quoted from Elinor Ostrom*: "*Private and Common Property Rights*", Encyclopedia of Law and Economics, 2000, p. 339.

② Fisher, Elementary Principles of Economics, New York: Macmillan, 1923, p. 27. 转引自[南]斯韦托扎尔·平乔维奇:《产权经济学——一种关于比较体制的理论》,蒋琳琦译,张军校,29 页,北京,经济科学出版社,2004。

③ [南]斯韦托扎尔·平乔维奇:《产权经济学——一种关于比较体制的理论》,蒋琳琦译,张军校,29 页,北京,经济科学出版社,2004。

④ [以]Y. 巴泽尔:《产权的经济分析》,费方域、段毅才译,16 页,上海,上海人民出版社,1997。

⑤ [英]约翰·霍夫曼:《主权》,陆彬译,2 页,长春,吉林人民出版社,2005。

⑥ Alan James, Sovereign Statehood (London: Allen&Unwin, 1986) 转引自[英]约翰霍夫曼:《主权》,陆彬译,序言 3 页,长春,吉林人民出版社,2005。

这种比喻的可行性就决定于国家主体与私人主体在主观属性上有没有可比性。国家是政治上组织起来并基于一定领土的全体社会成员的共同体，是一个大的股份公司,政府是其权力行使代理机构。因而,国家跟市场上的法人一样,也是一个追求自身效用最大化的实体。[①]

2)都具有排他性

排他性是产权的决定性特征。主权也具有排他性,"独立性、自主性"就是其明显体现。[②] 主权是"一个国家所拥有的独立自主地处理其内外事务的最高权力"。

3)都具有可让渡性

产权必须是可处置的(可转让),也就是可让渡的。巴泽尔认为:"个人对资产的产权由消费这些资产、从这些资产中取得收入和让渡这些资产的权利或权力构成。"[③] Alessi 也认为产权具有可让渡性的特征。[④] 至于主权的可让渡性则与其自由处分性密切相关,后者曾被主权至上论的观点认为是主权的唯一内容,但目前的普遍意见认为,主权不再是绝对的,其部分的让渡是为了更好地维护主权,尤其是在全球化的背景之下,这种互相让渡是解决各国所面临的共同问题所必要的。所以主权不是没有限制的,也具有可让渡性,这是国际法上的基本原则。

4)都具有优化资源配置的功能

产权是作为克服外部性的工具出现的,国家主权的最终确立也为全球范围内资源配置的优化提供了条件。

(二)产权与管辖权

我们已经知道:产权与主权具有可比性,国际私法领域的主权表现为

---

① 叶玉:《国际法的经济分析:产权经济学的一个应用》,山西财经大学硕士学位论文,2002。

② 主权观念的发展使得主权的自主性、独立性和排它性得到了充分的发展,本国意志的至高无上广被推崇,成为渗透到各个领域中的绝对观念。体现在国际私法上就是主权利益的绝对优位,法院地法的扩大化使用。法官在作出法律选择时,考虑的重心是本国法能否适用,本国意志能否起到支配作用,而他国法律只处于从属地位,对它们的适用不决定于案件的本身,而绝对取决于主权者的既有安排,即只有法院地法是最佳答案。这种"主权优位"思想使得法律的观念在实践上大打折扣。另一方面,国际关系的基本模式是对抗,平等友好的国际民商事交流无法充分发展,主权者及属民不能享受到这种交流带来的效益。参见余民才:《2000 年国际法学研究的回顾与展望》,载《国际法学》,2001(2)。

③ [美]Y. 巴泽尔:《产权的经济分析》,费方域、段毅才译,2 页,上海,上海三联书店、上海人民出版社,1997。

④ Louis De Alessi:《产权理论的发展》,载埃瑞克 · G. 菲吕博顿、鲁道夫 · 瑞切特编:《新制度经济学》,孙经纬译,56 页,上海,上海财经大学出版社,1998。

管辖权,包括立法管辖权和司法管辖权。所以产权与管辖权也就具有可比性,管辖权同样具备一个完备的产权的内容:使用权、用益权、决策权和让渡权。[①] 本书中的"产权"具有两个含义,一个是个人视角下的权利(即广义的产权),另一个就是国家视角下的管辖权。

(三)产权与"承认"

如前所述,国际私法的核心功能是分配管辖权资源,"承认"作为国际私法产生的前提,当然要体现这一功能。所以在分析"承认"问题与"管辖权配置"的关系的过程中,产权的相关理论应该有借鉴意义。

四、制度经济学的理论与"承认"问题

(一)制度变迁理论与"承认"问题

制度变迁理论在经济学领域主要用来考察制度变迁如何影响经济绩效,但同时考察的一个重要问题就是"要确定什么引起了制度变迁,以及是什么决定了制度变迁的方向"(凡勃伦,1899,1904,1923;康芒斯,1934;艾尔斯,1944;塞缪尔斯,1989;施密德,1989)。[②] 如果我们把"承认"看成一种制度变迁的产物,那么制度变迁理论的后一个研究方向也就成了我们探讨的重点。实际上,笔者运用的是经济学的制度主义方法,也可以称之为制度主义法经济学方法。[③]

一方面,制度变迁理论对于考察"承认"制度出现的原因或者说以"承认"的出现为表现的法律制度变迁的原因具有重要的意义。特别是这种考察是在特定的历史平台上进行的。制度变迁理论就是强调"法律制度导致历史的变化,历史进程也导致法律制度的变化,这两种变化是同步的,同时发生的"。[④] 诺斯(1990)认为制度决定了社会演进的方式,制度的变迁是

---

① 关于完备产权的表述,请参见张军:《现代产权经济学》,26 页,上海,上海三联书店、上海人民出版社,1994。

② 参见[美]尼古拉斯·麦考罗、斯蒂文·G. 曼德姆:《经济学与法学——从波斯纳到后现代主义》,吴晓露、潘晓松译,朱慧、史晋川审校,136~153 页,北京,法律出版社,2005。

③ [美]尼古拉斯·麦考罗、斯蒂文·G. 曼德姆:《经济学与法学——从波斯纳到后现代主义》,吴晓露、潘晓松译,朱慧、史晋川审校,136~145 页,北京,法律出版社,2005。

④ [美]尼古拉斯·麦考罗、斯蒂文·G. 曼德姆:《经济学与法学——从波斯纳到后现代主义》,吴晓露、潘晓松译,朱慧、史晋川审校,152 页,北京,法律出版社,2005。

理解历史变迁和国家兴衰的一把钥匙，制度是“理解历史的关键”。[①] 这就包括理解“承认”的历史（国际私法的历史）。另一方面，笔者希望经由对“承认”问题制度变迁的分析，得出关于国际私法的理论内核的一般性结论。凡勃伦（1899）早就指出，不能用静态均衡分析中的机械论视角来观察经济社会，而应运用进化方法来进行制度变迁分析。应确信物质环境、技术及人类本能的偏好将孕育和发展制度。不仅要知道这些制度是如何运作的，还要了解它们将如何演进。[②] “进化的方法”为笔者考察制度变迁问题提供了重要的启示。

（二）产权理论与“承认”问题

产权制度是市场交易中各种权利转让的前提，而产权理论就是对“有利于资源配置最大化的产权制度”的经济分析，也可以叫作“产权经济学”。[③] 产权经济学的发展可以分为两个阶段：第一个阶段，对产权经济学的大部分研究主要是探讨具体的合同和制度安排的性质。这些研究深深植根于实际观察，从中阐发了关于不同产权界定的结果、交易成本和产权交易的理论。这些理论一般是非数学化的、通过历史证据或一些非正式证据阐述的（如 Alchian，1959，1961，1965，1967；Demsetz，1964，1967）；第二个阶段，随着产权重要的观点被接受，经济学家越来越多地用数理模型推到各种所有权安排的经济意义，用复杂的计量模型对许多现象上的所有权安排的意义进行检验（Alessi，1980；Eggertsson，1989）。与此同时，这些理论更详尽地发展了经济理论的结构和作用（Demsetz，1972；Williamson，1975）。[④]

笔者对“承认”问题进行经济分析时所使用的产权理论来自于“第一个阶段”，即运用产权理论，探讨“承认”问题与管辖权的界定（安排）和管辖权交易（演变）的关系。在此之前，笔者先对“承认”问题进行制度变迁理论分析。

---

① ［美］道格拉斯·C. 诺斯：《制度、制度变迁和经济绩效》，刘守荣译，3 页，上海，上海三联书店，1994。

② ［美］尼古拉斯·麦考罗、斯蒂文·G. 曼德姆：《经济学与法学——从波斯纳到后现代主义》，吴晓露、潘晓松译，朱慧、史晋川审校，138～139 页，北京，法律出版社，2005。

③ 张乃根：《法经济学——经济学视野里的法律现象》，320 页，北京，中国政法大学出版社，2003。

④ Louis De Alessi：《产权理论的发展》，载埃瑞克·G. 菲吕博顿、鲁道夫·瑞切特编：《新制度经济学》，孙经纬译，56～57 页，上海，上海财经大学出版社，1998。

第二节 “承认”问题的制度变迁理论分析

运用制度变迁理论分析“承认”问题,关键在于解释“承认”的原因。笔者认为,“承认”制度的形成就是法律制度变迁的一个结果,也可以说是法律变迁的表现。那么法律制度变迁又是什么导致的呢?Watson(1974)认为,“大多数制度的许多变迁是借鉴的结果……在大多数情况下,法律制度的变迁是由于法律移植”。[①] 而 Ugo Mattie(1996)也认为“(法律移植)被证明是法律发展最丰富的源泉”。[②] 笔者认为法律借鉴、法律移植只是法律变迁的直接原因,而不是根本原因。比较法学家 Sacco(1991)认为原因在于被借鉴、移植的法律的“声望(prestige)”。[③] 一些法律经济学家认为,法律变迁(包括法律借鉴、移植)是法律制度“向效率发展”的结果,与“声望”无关。[④] 那么,“承认”作为法律制度变迁的表现,它产生的原因是外国法律的“声望”?是对效率的追求?还是有其他更全面、更深层次的原因?下面笔者将从客观和主观两个方面对法律制度变迁(即“承认”现象的出现)的原因进行全面的考察,进而尝试发掘其根本原因。[⑤]

一、法律制度变迁的客观原因

(一)马克思的经济决定论

马克思认为经济的发展变化既是制度变迁的客观原因,也是其根本原因。马克思指出,导致社会变迁的力量是生产力与生产关系、经济基础与上层建筑的矛盾运动。“从根本上讲,马克思认为制度变迁的根源是技术和生产力的变化。是技术、生产力的变化引起了原有的生产关系的不适应,从而引起生产关系的改变;是经济基础的变化引起原有的上层建筑的

① A. Watson, *Comparative Law and Legal Change*, 37 Cambridge L. J. 1978, p. 313.

② [美]乌戈·马太:《比较法律经济学》,沈宗灵译,张建伟审校,122 页,北京,北京大学出版社,2005。

③ R. Sacco, Legal Formants: Dynamic Approach to Comparative Law, 39 Am. J. Comp. L. 398 (1991).

④ 参见[美]乌戈·马太:《比较法律经济学》,沈宗灵译,张建伟审校,127 ~ 139 页,北京,北京大学出版社,2005。

⑤ 法律制度变迁的原因也就是“承认”制度生成的原因。之所以使用前者,是因为它更强调“过程”因素,而且具有普遍性。

不适应,从而引起上层建筑的改变”。[①] 显然,马克思所说的制度变迁包括法律制度的变迁,对此他进一步指出,“只有毫无历史知识的人才不知道:君主们在任何时候都不得不服从经济条件,并且从来不能向经济条件发号施令。无论是政治的立法或市民的立法,都只是表明和记载经济关系的要求而已”。[②] 可见,马克思认为作为法律制度变迁的客观力量,经济变化是法律变迁的根本原因。

(二)经济决定论的实证性检验

前文提到,法则区别说之前的极端的属地主义属于自然经济的产物。自然经济条件下的贸易活动并不活跃,各种涉外民商事案件的发生数量并不多,“冲突规范所使用的确定准据法的连结因素比较容易确定,发生争议的国际民商事关系也并不复杂,这些因素决定了在以往的国际经济发展对应的领域适用连结点固定、单一的冲突规范产生的法律适用成本会比较低,这种冲突规范所指引的准据法往往也能够实现相关资源的有效配置。”[③]法律适用的单边主义不涉及“承认”问题,也就是说“承认”还没有成为法律变迁的表现。然而,“人类经济从封闭式的自然经济经过以市场为导向的原始工业化经济,迈向机器生产和开放的市场经济,这是人类经济发展的共同道路,普天之下,概莫能外。”[④]市场经济的出现,使得僵化的单一的法律适用方式已不适应新的经济形势。开放的经济就需要开放的法律,而“承认”就是打开紧闭的“极端属地主义”之门的一把钥匙。可见,“承认”作为法律变迁的一个重要内容,它的出现和经济的发展联系密切。

(三)凡勃伦的综合观点

凡勃伦认为,“制度实质上是人们一般的思想习惯,它受本能的支配,它是对外来环境压力(主要是经济力量)刺激的反应,因此制度随着环境变化而变化。社会制度要同改变了的形势相适应,归根到底,要通过构成社会的各个个人的思想习惯的变化才能实现”。[⑤] 凡勃伦所说的“制度环境”也体现为“环境制度”,包括政治制度、经济制度和法律制度,等等。仅

---

① 高德步:《经济发展中与制度变迁:历史的视角》,253 页,北京,经济科学出版社,2006。

② [德]马克思:《哲学的贫困》,载《马克思恩格斯全集》(第四卷),121 ~ 122 页,北京,人民出版社,1958。

③ 朱莉:《国际私法的经济分析》,吉林大学博士学位论文,2007。

④ 葛金芳:《经济史研究方法论示要》,载《江西社会科学》,2007(6)。

⑤ 钱弘道:《经济分析法学》,120 页,北京,法律出版社,2003。

从客观因素上看，可以说，凡勃伦认为各个制度之间的影响是相互的，而不是马克思所说的经济决定论。需要注意的是，凡勃伦在肯定了客观环境变化对制度变迁的影响的同时，也指出了制度变迁的主观因素：人的思想习惯变化。那么，主观因素有哪些体现呢？

二、法律制度变迁的主观原因

制度变迁的主导者是人，所以人的主观因素必定会对制度变迁产生影响，下文将从连贯性与变革性和成本收益的衡量两个方面来予以阐述。

（一）连贯性与变革性

法律制度变迁的过程中会出现两种对立的力量：连贯性和变革性，两者之间永久存在的紧张状态，是制度变迁的力量之源。[①] 从个人视角来看，影响制度变迁的关键在于“谁能控制并使用司法和经济的联结来控制司法和经济的连贯性和变革性”（塞缪尔斯，1971）。[②] 在“承认”问题上，必定也存在“对立的力量”。“承认”与否将涉及“谁的利益应该通过权利进行保障，其是选择过程的函数——选择关于谁将拥有权利、谁将能完全行使权利、谁将会影响其他人收益和损失以及程度将会如何”（塞缪尔斯和麦考罗，1979）。[③]

下面通过意大利法则区别说时期的行会和商人的对立以及神学与自然法哲学的对立来分析法律制度变迁中这两种力量（连贯性与变革性）的对立。

1. 行会与商人的对立

手工业者的行会最早在10世纪时就已出现在意大利。而商人阶级的形成却无法确切阐述，但据皮雷纳（1927）的描述，10世纪时，商业的扩展已经由两个地方（威尼斯和佛兰德尔），“像一种健康的时尚传遍整个大陆”。[④] 起初两者关系尚且密切，在城市形成的初期，“农夫、手工业者等沿道路修建房屋店铺，为来往商旅行人提供饮食住宿等服务，逐渐

---

① 参见［美］尼古拉斯·麦考罗、斯蒂文·G. 曼德姆：《经济学与法学——从波斯纳到后现代主义》，吴晓露、潘晓松译，朱慧、史晋川审校，152～153页，北京，法律出版社，2005。

② ［美］尼古拉斯·麦考罗、斯蒂文·G. 曼德姆：《经济学与法学——从波斯纳到后现代主义》，吴晓露、潘晓松译，朱慧、史晋川审校，156～157页，北京，法律出版社，2005。

③ ［美］尼古拉斯·麦考罗、斯蒂文·G. 曼德姆：《经济学与法学——从波斯纳到后现代主义》，吴晓露、潘晓松译，朱慧、史晋川审校，157页，北京，法律出版社，2005。

④ ［比］亨利·皮雷纳：《中世纪的城市》，陈国梁译，67～68页，北京，商务印书馆，1985。

形成了具有一定规模的手工业和商业社区”。[①] 然而随着商业的发展，行会逐渐成为生产力发展的障碍，因为行会力求维持小生产，限制生产的规模，其行业规则便具有严格的属地性：承认另一个城市相关行业的规则已无可能。所以行会体现了一种连贯性的保守力量，限制市场的空间的同时也限制了法律效力的空间。而“商人对于以前一切都停滞不变，可以说由于世袭而停滞不变的社会来说，是一个革命的要素”。[②] 毋庸置疑，商人是变革性的力量。11 世纪时，两者的矛盾逐渐明朗化、激烈化。“行会在出售自己的制造品、购买原料时，都不容许中介人的存在，从而把商人排挤出城市内部贸易”。[③] 但是追逐利润的本性使得商人要求突破原有的制度束缚，扩大市场的空间，同时要求扩大自己所熟悉的或者是先进的市场交易规则的适用空间，即希望自己城市的法则能具有域外效力，或者是其他城市先进的法则能在自己的城市里发生效力，这也就是对“承认”的需求。

两者博弈的结果因城市而异。在商业发达的城市中（如威尼斯），城市贵族保持统治地位，并且商业资本侵入手工业，使没落的小行东和手工业工人依附于商业资本。这些城市也正是较早的“承认”的主体。而在手工业特别发达的城市中（如斯特拉斯堡），行会代表则占据着城市议会议员中的多数。正如麦考罗（1980）所说：“竞争性利益将最终通过影响（或利用）政府来促进其在一个资源稀缺的社会中的最终目标和选择的实现”。[④] 前文提到过，“承认”体现了国际私法核心的经济功能：管辖权的分配。从这个意义上讲，两种力量的博弈可以看作是通过对政治的控制而完成对管辖权分配的不同要求的过程，“承认”作为一种法律变迁的表现，首先出现在“变革性”力量在政治上占优的城市。当然，博弈的根本原因是经济上的原因。所以仅就“行会与商人的对立”来看，作为法律制度变迁“主观原因”的连贯性和变革性的背后，还有更深刻的经济原因。经济决定论在这里是正确的。

2. 神学与自然法哲学的对立

中世纪神学的基本思想认为“一切权威（包括法律）皆源于唯一的

---

① 萧国亮、隋福民编著：《世界经济史》，78 页，北京，北京大学出版社，2007。

② 《马克思恩格斯选集》第 1 卷，105 页，北京，人民出版社，1995。

③ 萧国亮、隋福民编著：《世界经济史》，87 页，北京，北京大学出版社，2007。

④ ［美］尼古拉斯·麦考罗、斯蒂文·G. 曼德姆：《经济学与法学——从波斯纳到后现代主义》，吴晓露、潘晓松译，朱慧、史晋川审校，170 页，北京，法律出版社，2005。

神——上帝”,世俗没有权利制定自己的法律,而只能“传达神的旨意”。[①]因此神学代表了连贯性的力量,世俗世界没有权利变革“神”的法律安排。自然法虽然也认为存在超然的规则,而且这种规则来自于“神的旨意”,但是自然法不排斥从不同的主体身上寻找和吸收“神的旨意”,因而自然法具有开放的、变革的特点。“当各种法律制度像英国衡平法的发展与英国法吸纳商法,那样可以自由地从外部世界吸收素材的时候,自然法理论起到了很大的作用”,[②]自然法在法律制度稳定与变化的变迁过程中起到了促进变化的作用,“承认”也随之促进了不同法律制度、法律体系之间的相互吸纳的过程。需要注意的是,当这种吸纳过程暂告完成的时候,当法律制度的稳定性要求暂停这种吸纳过程以便充分消化其在发展期间所吸纳的东西的时候,当法律制度的稳定性又要求内部细节彼此协调、系统化和有序化而不是要求创造的时候,自然法理论也就无法再满足上述各种需要了。[③] 有时候,这种制度稳定性的需求不单单来自于法律,更来自于政治和经济制度的需求,例如16世纪的荷兰。可见,法律制度变迁过程中的连贯性和变革性因素的选择不仅仅体现为经济性质,博弈过程也不仅仅受经济的影响,也受其他制度因素(如政治)和法律制度自身均衡需求的影响。

(二)成本收益的衡量

1. 理论的内容

诺斯(1990)认为,主体期望获取最大的潜在收益是导致法律制度变迁的诱致因素。“如果预期的净收益(潜在收益)超过预期的成本,一项制度安排就会被创新。只有当这一要求得到满足时,我们才可望发现在一个社会内改变现有制度和产权结构的企图。”[④]诺斯认为,制度旨在约束追求主体福利或效用最大化的个人行为。[⑤] 笔者认为,这实际上提出了制度变迁的价值取向是“效率”,制度变迁的结果取决于人们对“变迁的成本和收益”衡量的结果。规则之所以被修改,是因为人们认识到重建交换关系(政治的或经济的),他们会干得更好。就是说,促进人们改变现存制度的

---

① ［美］汤普逊:《中世纪经济社会史300—1300年》,耿淡如译,266页,北京,商务印书馆,1997。

② ［美］庞德:《法律史解释》,邓正来译,9页,北京,中国法制出版社,2002。

③ ［美］庞德:《法律史解释》,邓正来译,9页,北京,中国法制出版社,2002。

④ ［美］道格拉斯·C. 诺斯:《制度创新的理论:描述、类推与说明》,胡庄君等译,载《财产与权利制度的变迁》,274页,上海,上海三联书店,1994。

⑤ ［美］道格拉斯·C. 诺斯:《经济史中的结构与变迁》,陈郁、罗华平译,225～226页,上海,上海三联书店、上海人民出版社,1994。

根本原因,是新制度新规则所能带来的收益,这种未来的潜在的收益,使人们改变对现存制度的效率评价,即认为它是低效率的。

根据这种效率的观点,意大利法则区别说时期法律制度的变迁就是为了满足某些个人"得到或尽可能得到因变迁而产生的潜在收益"的需求,这种变迁通过对不同的法律制度、不同的法律内容和不同的法律选择的比较来优化其现行的法律适用方法,即单边的方法。笔者认为这种理论在意大利法则区别说时期的海商领域是成立的。"某些个人(商人)"的"承认"需求在这个领域得到了实现。

2. 历史的实证性检验

如前所述,中世纪中期,随着意大利北部海事贸易的发展,一些城市制定了各自的海事规则。商人们逐渐发现适用其中相对完善和发达的规则来调整相互间的权利义务,从长远来看有利于交易的安全,所以相应的规则也逐渐取得海事跨国法律市场中"统一法"的地位,自然而然的这些规则使具有了"域外效力",也就是出现了"承认"的现象。

而取得"域外效力"的并不是威尼斯、热那亚和比萨这三个中世纪意大利最大的城市的法律,而是沿海小城阿玛斐和特拉尼的海商法典,原因很简单:阿玛斐在海事贸易并不逊色于三大城市的同时,它的法典制定的更早(11 世纪,具体时间无从考证)而且完善,"所有的争端、所有诉讼和所有海上纠纷都按照阿玛斐法典来决定";①而特拉尼则是因为它特殊的地理位置成为希腊、阿拉伯、意大利、布温罗斯和卡塔伦起源的法律的汇集,多种法律文化的兼容性使特拉尼法典(1183 年)成为海事领域的"万民法"。不同城邦海事法院依据这两个法典作出的判决,在地中海得到普遍认可。一般来讲,承认外国法律的效力应该是承认外国法院判决的前提。但是在中世纪的中期,在海事领域,后者与前者是同时发生的。表面上是承认外国法院的判决在前,但作为判决依据的外国法律也确确实实是被一并承认了的。

此时,"承认"就应承了商人们的需要,如果不"承认",就意味着已经熟悉的规则可能被放弃,这无疑大大增加了交易的不确定因素,也就大大增加了成本。所以,在海商领域,"承认"作为法律变迁的表现体现了商人们对效率的追求,其本身也体现了这个领域中法律变迁的效率的价值取向。

总之,法律制度变迁的主观原因揭示了"承认"并不是一个被给定的

---

① ［美］约翰·H. 威格摩尔:《世界法系概览》(下册),何勤华、李秀清、郭光东等译,754 页,上海,上海人民出版社,2004。

或者被发现的东西,"而是一种通过协商性和非协商性的人类选择作出的人为的痕迹"(塞缪尔斯,1981)。[①] 这种"人为"的因素既不同于制度环境因素,也不局限于自然法因素——因为它同时体现了对"效率价值"取向的追求,这就为"承认"找到了一个与客观原因以及国际私法传统理论中的"普遍主义"解释都不相同的理由。

三、法律制度变迁的目的性原因:制度的均衡性

(一)制度均衡理论

笔者认为,制度变迁不是一个无休止的连续不断的过程,在某个临界点变迁就会停止,这个"临界点"就是"制度均衡点"。制度均衡是指制度变迁的目的和结果,制度变迁有两个源头,一个是外部的,一个是内部的。[②] 相应的,制度均衡理论也包括两个含义:外部的"制度间均衡"和内部的"制度自身均衡"。

1. 制度间的均衡

某个制度作为制度整体中的一分子,它的内容的变化会破坏现有的"整体平衡",也就是出现"非均衡"。这时制度的均衡性就要求其他制度的内容随之变化,各自变迁,直到出现新的均衡。其实,这个含义上的制度均衡理论与经济决定论有相同之处,即都认为某个制度的变迁要受其他制度变迁的影响。而两者的区别也是明显的,经济决定论认为不同制度之间存在一个终端的决定性力量:经济制度;制度均衡理论则认为不同制度之间是相互影响的,如果说其中也存在一个终端力量,那么这个力量就是由这些制度构成的"整体制度"。另外,还有一个重要的区别,制度均衡理论认为制度变迁也可以由自身决定,即具有"内生性"。也正因为如此,在制度均衡状态下首先出现的制度变迁就可以发生在任何一种制度的身上,而不是"唯经济制度马首是瞻"。制度均衡理论的第二个含义就是这种"制度的自身均衡"。

2. 法律制度的自身均衡

1)制度自身均衡的三个内容

笔者认为制度(包括法律制度)主要是由人的行为和规则两部分组

---

① 参见[美]尼古拉斯·麦考罗、斯蒂文·G. 曼德姆:《经济学与法学——从波斯纳到后现代主义》,吴晓露、潘晓松译,朱慧、史晋川审校,15页,北京,法律出版社,2005。

② 参见朱天飚:《比较政治经济学》,149页,北京,北京大学出版社,2006。

成。制度自身均衡就分别体现为人的行为之间的均衡、行为与规则之间的均衡和规则的进化。

三个内容之于“制度自身均衡”，不存在主次之分，没有先后之别，它们在一种相互作用、互相影响的动态中，共同决定了制度自身均衡的内容。首先，人的行为之间的均衡，从个人视角来看，实际上就是私人间的利益通过交换或博弈而得到的均衡，笔者曾在国际私法冲突关系的内容中对此有所论述。从国家视角来看，这里的“个人”就是处在国际社会中的国家，国家行为间的均衡在私法法律层面就体现为“承认”和“适用外国法”，以及由此引发的法律的借鉴和移植。这时，以“国家行为均衡”为自身均衡内容之一的“制度”，实际上就是国际视角下的制度，是指跨国的、整体的法律制度，也就是国际视角下的国际私法制度。其次，“行为与规则之间的均衡”的含义，不论从哪个视角来看，都体现为“人的行为对已有规则的遵守”。而一旦行为的内容突破了规则的规定，就会遭到否定性的评价，而不必然会破坏“均衡”，除非这种“突破”符合了“规则进化”的精神。这时，“突破”规则的行为内容本身就成了“进化后”的规则所要确定的内容，原有的均衡被打破，行为与规则之间就形成了新的均衡，人的行为之间也会形成新的平衡，同时也出现了新的规则系统，也就形成了包括了哈耶克所说的两种秩序，从而开始了新一轮的循环。

2）关于“规则进化”的几点说明

第一，“规则”进化从时间上表明了一种先后的顺序，例如“极端属地主义”和“承认”。第二，从空间上看，规则的进化既可以是国家视角下的规则的进化（如某国的海事规则），也可以是国际视角下的规则的进化（如统一法）。第三，规则进化的原因是制度自身均衡的需求，同时也受到制度间均衡需求的影响，因为这些制度的变化在影响着“人的行为”的模式。第四，规则进化的动力是各种对立力量（包括连贯性和变革性）的博弈与均衡。第五，规则进化的路径是竞争与合作（将在第七章中详细论述），[①]法律制度变迁（“承认”的出现）的根本目的，就是解决冲突和建立秩序，它的最终特征就是竞争与合作，这也是解决冲突的方式。[②] 第六，规则进化的方向。从国际视角来看，“进步”应该是规则进化的方向，但是不排除存在个别的“退化”，“进步”在不同时期、不同国家、不同的法律部门也许会

---

① 李晓明：《私法的制度价值》，717页，北京，法律出版社，2007。

② ［美］尼古拉斯·麦考罗、斯蒂文·G. 曼德姆：《经济学与法学——从波斯纳到后现代主义》，吴晓露、潘晓松译，朱慧、史晋川审校，153～154页，北京，法律出版社，2005。

体现出不同的价值取向。第七，规则的进化的同时也就是制度的进化，但是制度进化的内容不仅仅局限于规则的进化，还表现为“人的行为新的均衡”和“行为和规则之间新的均衡”的不断出现。其实不仅仅是法律制度，各种制度都在不断地变化、进化和不断地相互影响，从而构成整个的社会秩序。

3）与哈耶克制度“自生自发秩序”理论的关系

制度自身均衡三个内容与哈耶克（1933）提出的制度“自生自发秩序”理论有很大的相同之处。根据哈耶克的理论，法律制度（特别是私法制度）变迁是法律制度自生自发秩序的体现，是“人之行动而非人之设计的结果”，[①]而制度自身均衡理论同样注重“人的行为”。哈耶克认为“自生自发”秩序包括“两种无论如何都不能混淆的类型：一是在进行调适和遵循规则的无数参与者之间形成的互动网络的秩序（或称为行动结构），二是作为一种业已确立的规则或规范系统的秩序”。[②] 而这两个秩序，同样体现在制度自身均衡三个内容的动态关系当中。

不同之处在于，第一，哈耶克的理论着眼于解决个人自由与社会整体秩序的关系，而制度自身均衡理论还要解决国家行为与国际社会整体秩序的关系，也就是该理论中的“个人”包括了“个人和国家”两个视角。第二，哈耶克的理论强调个人是制度生成演变的主导因素，而制度自身均衡理论赋予了“制度”与“个人”同样重要的影响力，也就是把“制度”拟人化，认为“制度进化”也可以有其自身的需求来表达。第三，哈耶克的“自生自发秩序”模型同斯密的“无形之手”模型一样，本质上都导向一种动态竞争的非均布式和谐秩序，而制度自身均衡理论同时强调竞争与合作。

总之，制度均衡理论是基于对法律变迁目的性原因的思考而得出的抽象结论。下面笔者要为其主要的理论构成：制度间均衡理论和制度自身均衡理论在意大利法则区别说时期寻找历史支点。

（二）制度间均衡理论的历史实证性检验

笔者需要考察的是，其他制度的变化是否导致了法律制度的相应变化。对于中世纪中期而言，应当从政治、经济和宗教制度的变化着手分析，而关于“经济制度变化对法律变迁的影响”，前文已经论述，宗教变化之影响的具体内容将在第六章中论述，所以这里笔者主要考察政治制度的变化

① Hayek, *Studies in Philosophy, Politics and Economics*, Routledge &Kegan Paul, 1967, p. 9.

② Hayek, *Studies in Philosophy, Politics and Economics*, Routledge &Kegan Paul, 1967, p. 10.

对法律制度的影响。下面以人口政策的变化为例进行分析。

前面笔者提到了经济的发展带来了人口的迅速增长，那么城邦统治者面对人口的涌入，采取了什么样的政策呢？“不仅国王，而且公爵、伯爵及其他地域统治者，都有强有力的刺激手段来鼓励人们在其领地的城镇里定居，于是，工匠、手工业者和商人趋之若鹜，货币地租从这里流出。”[①]显然，“鼓励定居”的新政策打破了原来的政治制度的平衡，这种新的政治上的需要最终要通过新的法律规则来实现。那么与这个政策相一致的法律规则就应是：承认一个外来的人与本城邦人具有相同的法律地位，承认他依其所属城邦的法律获得的权利，这样才能使他感到“宾至如归”，放心大胆地定居或者游走于城邦之间，进行频繁的经济活动。有时地域统治者为了增加定居人口的目的，不但会承认外国人即得的权利，有时还会给予他们一定的优惠、特权或者政策倾向。例如，“1103 年，在由列日和胡伊的商人对科隆的商人提起的要求实施前科隆大主教所授予的特许权的诉案中，陪审法官作出了有利于外来商人的判决。”[②]

这里，“承认”现象的出现既有制度环境变化的客观原因，同时也体现了“人的行为导向”的主观原因。总之“承认”既满足了政策变化的需要又满足了法律制度主体（个人）的需要。而前者无疑体现了制度间的均衡性。

（三）法律制度自身均衡理论检验

国际视角下的法律制度的自身均衡就体现为法律市场上供给和需求的均衡，相关论述将在第七章中进行。笔者在这里着重检验国家视角下的法律制度的自身均衡。检验从“规则进化”开始。

城邦建立新的法律规则无疑是“规则进化”的表现。1120 年德意志的康拉德公爵给弗莱堡（free town）颁发的特许状中规定：“他们仅受商人法特别是科隆的商人所享用的法律的支配。”弗莱堡不是唯一的例子，在 12 世至 14 世纪，12 个以上的主要的德意志城市的法律被数以百计的新城市正式接受了，[③]这表面上看起来是一种法律的继受，似乎与法律冲突没有关系，但是在完全的法律继受之前，城邦自己的相关规定并不是白纸一张，

---

① ［美］哈罗德·J. 伯尔曼：《法律与革命——西方法律传统的形成》，贺卫方、高鸿钧、张志铭、夏勇译，447 页，北京，中国大百科全书出版社，1993。

② ［美］哈罗德·J. 伯尔曼：《法律与革命——西方法律传统的形成》，贺卫方、高鸿钧、张志铭、夏勇译，450 页，北京，中国大百科全书出版社，1993。

③ ［美］哈罗德·J. 伯尔曼：《法律与革命——西方法律传统的形成》，贺卫方、高鸿钧、张志铭、夏勇译，455 页，北京，中国大百科全书出版社，1993。

继受的同时也意味着放弃,意味着规则的进化。虽然与法律冲突现实存在的情形有所差别,但“承认”在这里毕竟是继受的前提。其实,普遍存在的法律继受正是解决法律冲突的重要的、直接的,也是最终的途径——制定统一实体法——的良好开端。从这点来看,城邦之间的法律继受以及其中涉及的对外国法律效力的承认对于国际私法制度的形成(也就是原有法律制度的变迁)有着同样重要的意义。可见,“承认”作为法律制度变迁的内容有时会体现为一个城邦“规则进化”的结果。

接下来考察“人的行为与规则的均衡”被打破的情形(实际上还是与“规则进化”有关)。12 世纪,阿迪库斯(Aldricus,1170—1200 年)主张法官应适用“更强大和更有用的习惯法”,因为他必须按“在他看来更好的法律”进行判决。① 他不但提出应该承认和适用外国法律,而且指出了法律适用的一般原则:适用更好的法律。② 显然,“正义”可以作为“规则进化”的一个价值取向,也就是说,法官的自主行为有可能产生新的“行为与规则”之间的均衡,③正如哈耶克所说:“法官的工作乃是在社会对自生自发秩序赖以形成的各种情势不断进行调试的过程中展开的,换言之,法官的工作是这个进化过程的一部分”。④ 而这个均衡不但表明了“进化的方向”, 而且指明了“承认”的内容。

可见,“承认”作为法律制度变迁的内容,满足了法律制度自身均衡性的需求。

四、制度均衡理论与主客观原因的关系

制度变迁的客观原因强调的是制度“整体”对“部分”或是“不同部分之间”的相互影响,体现的是方法论的整体主义,而制度变迁的主观原因则强调主体(人)的力量对制度的影响,体现的是方法论的个人主义,而制度

---

① See Martin Wolf, *Private International Law*, Scientia Verlag Aalen, 1977, p. 22.

② 从国际私法的价值取向来看,这种观点显示了对实质正义的追求。

③ 法院的视角在这个年代与地域统治者的视角(国家视角)保持着高度的一致,我们可以从 12 世纪科隆市政府的构成得出这个一般性的推论,“大主教任命两个首席官员:一个叫‘城堡指挥官(Burggraf),他在高级法院的诉讼程序中统率陪审法官,而且还是城市的军事头衔,并对公共街区和场所拥有权力;另一个叫‘镇长官’(Stadtvogt),他主持高级法院的某些一般性的审判”。参见[美]哈罗德·J. 伯尔曼:《法律与革命——西方法律传统的形成》,贺卫方、高鸿钧、张志铭、夏勇译,453 页,北京,中国大百科全书出版社,1993。实际上,这两个官员的权力以及主教自身的权力受陪审法官公会、市长公会以及教区行政司法长官公会的支配。但这并不妨碍我们有关“法院的视角在这个年代与地域统治者的视角保持着高度的一致”的结论。

④ [英]弗里德利希·冯·哈耶克《法律、立法与自由》:邓正来、张守东、李静冰译,185 页,北京,中国大百科全书出版社。

均衡理论体现了两种方法论的结合。

制度间的均衡理论体现了方法论的整体主义,强调的是制度变迁的客观原因。制度自身均衡理论体现了个人主义的方法论(如第一个内容的个人视角,第三个内容的制度拟人化视角),强调了制度变迁的主观因素,同时还提出了主客观因素都无法准确涵盖的"制度自身"因素。

总之,"承认"作为法律制度变迁的一个结果,它的出现具有复杂的原因。它既是制度间均衡的体现(客观原因),又是制度自身均衡的体现(主观原因)。它是法律规则进化的一个必然结果,它的出现带动了法律借鉴和法律移植的进一步发展,从这个角度看,它本身也是法律制度变迁的一个重要原因。

第三节　"承认"问题的产权理论分析

笔者认为,"承认"是国际私法核心的经济功能——"管辖权配置"的体现,而管辖权的配置与管辖权的界定、管辖权的交易和管辖权的交易成本密不可分。根据产权理论,产权的界定和交易都是资源配置的表现,而"交易成本"则是资源配置过程中必须面对的问题。所以,"承认"问题的产权理论分析就是运用产权界定、产权交易和交易成本理论,来分析国际私法管辖权配置(管辖权界定、交易)过程中涉及的问题,进而在具体的历史平台(意大利法则区别说时期)上证明"承认"是国际私法"管辖权配置"的一个表现和一种效率的"治理结构"的体现。

一、产权的界定和产权交易理论

(一)产权界定和交易的主体

一般情况下,产权界定的主体是国家的立法机关,而产权交易的主体也就是产权的主体,一般指的是"个人"(自然人、法人)。产权主体被认为是理性的,因而是决定其产权利用方式的最佳人选。他可以自主决定如何处分产权,包括是否用于交易以及是部分用于交易,还是全部用于交易,这体现了产权的自主性。

(二)产权界定和交易在资源配置中的表现和关系

德姆塞茨(1967)认为产权的界定会带来外部性,"产权包含着收益或给自己或给他人造成损害的权利"。这种外部的成本或收益就是外部性的表现,而“产权主要起着引导人们争取更多的将外部性内在化这种激励作用”,[①]即最大限度地利用自身的智识和已有的外在资源,创造更多的效用。但因为效用是主观的东西,不同的客体对于不同的主体来说可能具有不同的效用,所以,产权被界定后还必须通过交易才能真正实现资源的优化配置,也就是说产权的这种激励功能主要通过产权交易来实现。菲吕博顿和瑞切特(1990)认为,产权界定是产权交易的前提,“产权安排借以影响资源配置的方式是交易”,这是因为“一个决策者能够向他人转让的权利不能超过他所拥有的对商品的权利,因此,交换规模和交易条款受社会中产权结构的影响”。[②]

笔者认为,产权的界定和交易的关系分为两种。第一,如果最初的产权界定是“效率”的,那么在资源配置中两者的关系就表现为“界定—交易”的模式。即首先通过立法界定产权,目的是确定私人之间的权利义务关系,这并不是资源配置的终止,产权的界定会产生一定的激励机制,用以引导潜在当事人通过产权交易完成资源的配置。第二,如果最初产权的界定是“不效率”的,那么两者的关系就表现为“界定—交易—界定—交易”的模式。也就是说,产权的“第一次交易”是对非效率界定的一个“纠正”的过程,其不是资源配置的终止,而是新的产权界定的前提。如前所述,一般情况下,产权的交易只能在“界定”的框架中进行,但是在条件具备的情况下,产权的主体可以通过交易来进行私人间的“纠正式”的界定 ,所谓“条件具备”其实就是出现了制度变迁的理由。而“规则进化”要求对形成的新的“人的行为模式之间的平衡”予以确认,也就是新的产权界定。新的产权(效率的)界定后,两者的关系就回到了第一种模式:界定—交易,最终通过交易完成资源配置。

总之,笔者认为,在初始产权的界定是“效率”的情况下,“界定”是“交易”的前提;而在初始界定非效率的情况下,两者互为前提。需要注意的是,无论在哪种情况下,产权交易都是效率资源配置的必经阶段,是产权界定的一个必然结果。

---

① 张乃根:《法经济学——经济学视野里的法律现象》,324 页、325 页,北京,中国政法大学出版社,2003。

② [美]埃瑞克·G. 菲吕博顿、[德]鲁道夫·瑞切特:《新制度经济学:一个评价》,载[美]埃瑞克·G. 菲吕博顿、[德]鲁道夫·瑞切特编:《新制度经济学》,孙经纬译,6 页,上海,上海财经大学出版社,1998。

二、交易成本理论[①]

可以说,产权的界定与交易理论都是为交易成本理论服务的。以科斯为代表的新制度经济学的核心范畴就是“交易成本”,其影响贯彻产权的形成与运行的全过程,包括产权的形成、界定与交易各个环节。也正是因为交易成本的影响,产权这只无形的手才不能仅仅靠个体的理性选择就自动促成社会整体效用最大化。如何缓解(而不能完全克服)交易成本的负面作用是产权经济学的核心议题。[②] 所以也有人将新制度经济学称为交易成本经济学。[③] 交易成本理论是分析“承认”问题的重点,下面从交易成本的概念和内容、交易成本产生的原因、交易成本对资源配置的影响以及交易成本的缓解等几个方面来予以详细论述。

(一)交易成本的概念与内容

1. 交易成本的概念

产权经济学家关于交易成本的定义并不统一,可以用广义和狭义来区分,狭义论的观点有:“……使用价格机制的成本(Coase,1937)”“交换所有权的成本(Demsetz,1968)”;“产权交易中发生的费用,具体包括发现交易对象、磋商及合同的执行所花费的成本,这些都是产权与产权之间在市场上发生交易的过程中产生的(Niehans,1997)”。现在,制度经济学更广泛地把交易成本定义为包括所有与制度或组织的建立或变迁,和制度或组织的使用有关的成本(Allen,1991),[④]它除了狭义论的内容外,还包括了一切产权制度运行的费用。

在笔者论述的产权界定和交易互为前提的情形中,交易成本不可能仅存在于交易环节,所以本书采广义论。

2. 交易成本的内容

Dahlman(1979)认为,交易成本的内容可以根据交换过程本身所包含

---

① 我们所探讨的交易成本是在产权交易的过程中产生的,应该属于产权交易理论的一部分,但考虑到其重要性,所以单独论述。况且,交易成本与产权界定也有一定的关系。

② 叶玉:《国际法的经济分析:产权经济学的一个应用》,山西财经大学硕士学位论文,2002。

③ 钱弘道:《经济分析法学》,135 页,北京,法律出版社,2003。

④ [美]埃瑞克·G. 菲吕博顿、[德]鲁道夫·瑞切特:《新制度经济学:一个评价》,载[美]埃瑞克·G. 菲吕博顿、[德]鲁道夫·瑞切特编:《新制度经济学》,孙经纬译,8 页,上海,上海财经大学出版社,1998。关于 Allen 的观点,请参见 Allen, Douglas W.:“Transaction Costs”,载 *Encyclopedia of Law and Economics*, http://encyclo.findlaw.com/tablebib.html,分别见第 901 页,第 898 页。

的不同阶段分为寻找成本、信息传递成本、决策成本、谈判成本、监督成本和实施成本。双方要进行交易，就必须寻找交易对象，从时间和资源上看，这种寻找活动要花费成本；如果这种寻找活动获得成功，双方进行了接触，那么他们必须彼此通报在双方间出现的交换机会，这种信息传递活动也要消耗资源；如果交易双方各有几个交易伙伴可供选择，在交易条款确定以前还要发生一些决策成本；交易条款常常只能通过有关各方进行谈判才能达成，这种谈判活动也要花费成本；在交易达成以后，还要发生监督对方以确保其义务根据合同条款的规定得到履行的成本以及实施协议的成本。Dahlman 指出这些成本不过是对一个具有可操作性的交易成本概念的近似表述而已。①

（二）交易成本产生（或增加）的原因②

交易成本产生（或增加）的原因有二：经济人的机会主义倾向和有限理性、制度均衡的需要。前者是静态的、主观的、微观的原因，后者是动态的、客观的、宏观的原因。③

1. 经济人的机会主义倾向和有限理性

Williamson（1975）指出，经济人特性一方面可以激励人们不断地创造利益、促成社会效用的增进；另一方面，一些人（委托人或代理人）可能是不诚实的，他们可能掩盖偏好、歪曲数据、故意混淆是非。用 Williamson 的话说，就是存在“欺诈性地追求自我利益”（Self-seeking with Guile）。这就是机会主义倾向的表现。Simon（1975）认为，要更深入地理解现实世界中的制度，就必须承认人们只有有限的获取和处理信息的能力这一观点。他用“有限理性”这一术语来反映决策者不具有超理性——虽然可以假设他在主观上追求理性——这一事实。④ 人们虽然“在意图上是理性的，但仅在有限程度上如此”。⑤

机会主义倾向与有限理性给产权制度带来的障碍是：一方面，产权的

---

① Dahlman. C. J (1979), “The Problem of Externality”, *Journal of Law and Economics*, 3, pp. 1 – 44.

② 之所以用“产生（或增加）”的表述，是因为我们所列出的两个原因不是所有交易成本产生的原因，但是它们可以导致这部分交易成本的增加。

③ 其实制度均衡的原因中就存在主观原因（人对均衡的要求），但是这里作为原因出现的是“均衡”的结果，所以把它归为客观原因。

④ [美]埃瑞克 · G. 菲吕博顿、[德]鲁道夫 · 瑞切特:《新制度经济学:一个评价》，载[美]埃瑞克 · G. 菲吕博顿、[德]鲁道夫 · 瑞切特编:《新制度经济学》，孙经纬译，4 页，上海，上海财经大学出版社，1998。

⑤ Simon, Herbert, *Administration Behavior*, 2nd ed. New York: Macmillan. 1957. p. xxiv.

界定是不完全的，包括界定不清晰和界定无效率。产权客体的错综复杂和人的有限理性使得产权之间的界限实际上只能是相对的而不可能是绝对的，而产权界定是产权交易的前提，如果产权没有界定清晰，就无法进行交易，产权不确定造成的效率损失，被称为"无形的交易成本"，产权界定不清楚，"潜在的"交易成本会无穷大，阻碍交易的实现。[1] 有时虽然界定清晰，但可能其界定是不效率的（前文提过）；另一方面，产权的交易也是不完全的，体现在有限理性带来的"信息不完全"会增加其中任何一个交易环节中的交易成本，包括交易信息的获取、交易对象的选择、交易条件的谈判、合约的履行、监督及违约的救济等一系列的环节。[2]

笔者认为，即使经济人没有机会主义倾向并且是完全理性的，这时可能出现"产权界定完全（清晰且效率）"和"产权交易完全"，但这也并不意味着交易成本为零，因为产权交易中的交易成本不都是由交易方的主观原因导致的。现实世界中，有些成本（例如合约履行、监督和违约救济的成本）是客观存在的（也是客观原因的一个体现），不可避免的。

需要注意的是，至此我们仍局限于对交易成本的静态的、微观的分析，如果在制度变迁的宏观环境中动态地考察，我们还会发现交易成本产生的另外一个重要原因：制度均衡的需要。

2. 制度均衡的需要

由效率的产权界定和交易带来的效率的资源配置状态不是永久不变的，随着制度非均衡的出现，人的行为（关于产权）之间（通过不断的交易、博弈）会出现新的均衡，在这种新的均衡被规则认定之前，在产权交易过程中，作为产权交易前提的"产权"是介乎"老产权"和"新均衡"之间的，这就类似于产权不完全（不够清晰或不够效率）的状态，由于激励不够明确，所以产生了信息成本，也就是交易成本。

（三）交易成本对资源配置的影响

科斯（1960）指出，如果交易成本为零（zero transaction cost），不管产权如何界定，有效率的配置结果都会出现。换句话说，当交易成本为零，并且个人之间是合作行动时，法律权利的任何分配都是有效率的；如果存在现实的交易成本，有效率的结果就不可能在每个权利配置方式下发生。换句话说，在交易成本为正的情况下，不同的权利界定和分配，会带来不同效率

---

① 钱弘道：《经济分析法学》，341 页，北京，法律出版社，2003。

② 叶玉：《国际法的经济分析：产权经济学的一个应用》，山西财经大学硕士论文，2002。

的资源配置。所以,能使交易成本最小化的法律是最好的法律。①

由于现实中交易成本总是存在的,效率的资源配置的关键就在于交易成本最小化,所以交易成本的缓解是产权经济学的核心议题。

(四)交易成本的缓解

交易成本的缓解是交易成本理论的核心。交易成本的缓解可以从两个层面着手。

1. 产权界定层面

既然交易成本恒为正,那么产权初始界定就应遵循总损失最小化或总收益最大化的目标进行。国家作为产权界定的主体,应当完善立法,也就是完善产权的初始界定,体现集体理性对个体理性的补充作用。下面从两个方面予以说明。

一方面,应当清晰地界定产权。界定产权的目的是明确权利义务,解决利益冲突,而不应带来新的权利冲突。② 另一方面,应当效率地界定产权。界定的产权应当尽量如实记载当时"人的行为"之间的均衡状态,从而达到"人的行为"与"规则"之间的均衡。③ 例如,适当限制产权的自由处分能力就是对均衡要求的体现,产权的排他性和自由处分性不应是绝对的,否则交易也不会发生。这种"适当限制"往往体现为私权利之间的限制和公共利益对私权利的限制。其实这种限制本身也反映了"清晰的界定产权"的要求。

2. 产权交易层面

在产权交易层面,主要靠改进产权交易的治理结构(structure of governance)来缓解交易费用问题。

Williamson(1963)认为,治理结构是"一种交易的完整性在其中得到确定的制度矩阵",④它的功能就是缓解交易成本,包括缓解组织交易的成本和交易的监督与执行成本。其中执行的成本的缓解是核心,这实际上是对法律强制力的有效性提出了质疑, Williamson 指出"除了所有权和激励一

---

① Ronald Coase. "The Problem of Social Cost". 3 *Journal of Law and Economics* 1 (1960). reprinted in Coase. The Firm. the Market. and the Law (University of Chicago Press. Chicago 1988). pp. 95 - 156.

② 权利冲突和利益冲突的关系在第二章中已经论述。

③ 关于均衡的形成,请参见制度变迁理论部分。

④ [美]奥利弗·E. 威廉森:《治理机制》,王健等译,497 页,北京,中国社会科学出版社,2001。

致性外……交易成本经济学还认为合同的事后支持制度也重要”。[①]在这里,“合同”的设置对于交易成本(特别是执行成本)的缓解十分重要,因为产权通过合同进行让渡(当交易成本允许“订立”和实施合同时)。Williamson 所说的治理结构实际上就是不同的合同设置。

Williamson 认为,在交易过程中,完全的古典合同(如委托代理合同)必须被不完全合同或关系合同的概念代替。古典合同是完全的,在所有的最终状态上,在合同的整个有效期里,业绩和报酬条款在事前规定,双方遗漏的条款由合同法治理。而且,合同的开始与终结也有明确的规定;而关系合同允许协议中留有缺口,因为它认识到,有限理性和高交易成本使得合同双方无法在事前就可能影响合同双方关系的所有未来事件达成一致。[②] Macneil(1974)也指出,关系合同内生于一个社会关系体系中,这种关系的开始和终结都无法准确地确定。[③]

总之,当制度环境不确定(处在变迁当中)或者交易频繁发生时,关系合同就会出现。这种情况下,合同各方可能建立关系合同以最小化监督与适应不断变化的环境的成本,从而缓解交易成本。关系合同的概念及交易成本缓解理论对于理解“承认”问题至关重要。

三、国际私法管辖权的界定、交易理论与“承认”问题

(一)管辖权界定和交易的主体

1. 管辖权界定、交易主体与管辖权配置主体的关系

管辖权的界定和交易都属于管辖权配置的范畴。所以管辖权界定和交易的主体就是管辖权配置的主体。[④] 本书第二章界定了管辖权配置的含义和主体。管辖权配置有两层含义:一是指通过制定规范体现管辖权的内容(具体的权利义务);二是管辖权(权力范围)的国际分配。相应的,管辖权配置的主体也分为两种:一是国家视角下的配置主体,即国家立法机

---

① [美]埃瑞克·G. 菲吕博顿、[德]鲁道夫·瑞切特:《新制度经济学:一个评价》,载[美]埃瑞克·G. 菲吕博顿、[德]鲁道夫·瑞切特编:《新制度经济学》,孙经纬译,21 页,上海,上海财经大学出版社,1998。

② See WILLIAMSOM, O. E. (1963), “Managerial Discretion and Business Behavior”, *American Economic Review*, 53, 1032 – 1057.

③ See MACNEIL, J. R. (1974), “The Many Futures of Contract”, *Southern California Law Review*, 47, 691 – 816.

④ 实际上个人也可以作为管辖权交易的主体,这是管辖权配置市场途径的一个表现,本书第二章中有相关论述,但本章主要讨论“承认”主体为国家的情形,所以略之不表,特此说明。

关;二是国际视角下的配置主体,包括国际立法组织和参与条约制定的国家(缔约国)。可见管辖权配置主体包括国家和国际组织,相应的管辖权界定和交易的主体也就包括国家和国际组织。

2. 国家与国际组织的双重身份

国家一方面可以是界定的主体,进行国内管辖权内容(即国内实体法和程序法)和范围(即国内冲突法)的界定,参与国际管辖权内容和范围的界定,即通过缔结条约制定统一法(包括统一实体法、统一程序法和统一冲突法),其实国家参与"国际界定"的过程就是管辖权交易的过程。另一方面,国家也可以是交易的主体,国家间可以进行管辖权内容的交易,即制定统一实体法、统一程序法,也可以进行管辖权范围的交易,即"承认"(通过制定国内冲突法,单方"承认")和制定统一的冲突法(共同"承认")。

国际组织更多时候是界定的主体,即组织制定统一法,少数情况下也可以作为交易的主体,某些具有管辖权的特殊国际组织(如欧盟)可以和其他国家进行管辖权交易。①

需要注意的是,与一般意义上的产权界定和交易不同,管辖权界定和交易的主体可以是相同的。另外,管辖权配置的范围是国际社会,而不局限于国内。

(二)管辖权界定、交易在资源配置中的表现和关系

1. 管辖权界定、交易与管辖权配置的途径

前文论述过,国际私法管辖权配置有两条途径:市场途径和非市场途径。市场途径是指管辖权产品通过国际市场上供给与需求的变化而在配置对象之间流动,即管辖权的交易。非市场途径是主要途径,也就是通过立法来配置——包括国内立法和国际立法(国际条约、国际惯例),可见非市场途径就是管辖权的界定。

2. 管辖权界定、交易之间的关系

产权界定和交易的关系同样适用于管辖权。即根据管辖权初始界定效率与否,②可分为"界定—交易"和"界定—交易—界定—交易"两种模式。

---

① 刘卫翔:《欧洲联盟国际私法》,37页,北京,法律出版社,2001。

② 管辖权配置因为其主体主要为国家和国际组织,所以价值取向可能不限于"效率",某些时候可能"正义""自由"和"秩序"更为重要,但若在此处逐一讨论,则不堪负累,非本书能及。各价值取向关系相关内容请参见本书第二章。

3. 管辖权交易的结果

麦考罗(1990)认为:“交易的结果,最终不仅仅是产品和服务的转移,而且还是一束不同的属性和活动。”①所以管辖权交易不仅是规则的交换使用以及管辖范围的让渡,同时还有法律文化、法律理念的交流,管辖权的配置同时也是法律文化和理念的配置。

一国的立法越发达,其法律的可交换性就越差,该国家愿意支付的与其他国家进行立法权交换的成本就越低。立法权的交易中存在机会成本。但是强制执行的成本昂贵,合作的重要性显而易见。

(三)管辖权的界定、交易与“承认”问题

“承认”作为管辖权资源配置的表现,既可以体现在管辖权界定阶段,也可以体现在管辖权交易阶段。管辖权的界定和交易中有四处体现了“承认”问题。

第一,国家进行国内管辖权范围的界定,制定冲突法;第二,国家参与国际管辖权范围的界定和交易,制定统一冲突法;第三,国家参与国际管辖权内容的界定和交易,制定统一实体法和程序法;第四,国际组织参与国际管辖权交易,制定统一法。国际私法一般意义上的“承认”是指前两种,特别是第一种含义中的“承认”的状态从国际私法的产生绵延至今,本书研究的“承认”主要就是针对这一情形。第三种则为国际私法发展到一定阶段的产物,也是“承认”的最后形式,第四种也是新近出现的,不是本书论述的重点。

四、国际私法管辖权交易成本理论与“承认”问题

(一)管辖权交易成本的概念与内容

管辖权的交易成本可以从广义上理解为“关于管辖权配置的一切成本”,即包括 Dahlman 所说的寻找成本、信息传递成本、决策成本、谈判成本、监督成本和执行成本,除此以外,还应包括与“承认”有关的成本,因为“承认”是管辖权配置的一个表现。“承认”的成本在第三章中讨论过,包括立法成本、实施成本(信息成本、执行成本)和机会成本,前两种成本的内容与 Dahlman 所描述的成本内容基本相同,而“机会成本”则未涉及。这

---

① [美]尼古拉斯·麦考罗、斯蒂文·G. 曼德姆:《经济学与法学——从波斯纳到后现代主义》,吴晓露、潘晓松译,朱慧、史晋川审校,179 页,北京,法律出版社,2005。

也是管辖权交易成本理论的一个特点。“承认”的机会成本就是将管辖权资源配置给某一个或某一些国家,[①]而不能将同一内容的资源再配置给其他国家时,所放弃的收益。例如立法管辖权的交易中,一国立法越发达,它的法律的可交换性就越差,因为交易的机会成本太高(放弃发达的法律而适用欠发达的法律),该国愿意支付的与其他国家进行立法管辖权交换的成本就越低。[②]

(二)管辖权交易成本产生(或增加)的原因

在本书第二章中,笔者提到了管辖权配置具有“节约成本,增加收益”的功能,但是管辖权配置自身也同时存在成本,即管辖权交易成本。导致管辖权成本产生(或增加)的原因仍然可以归于两点:主体的机会主义倾向、有限理性和制度均衡的需要。

1. 机会主义倾向和有限理性

笔者认为管辖权交易的主体——国家和国际组织——也存在机会主义倾向和有限理性,其对管辖权交易成本的影响可以从界定和交易两个层面来论述。

1)管辖权界定层面

由于国家是由有限理性的自然人组成的国际人格者,也仅具有限理性,并且在客观因素方面,管辖权的界定还可能涉及国际因素,较国内一般的产权界定而言更为复杂。所以,管辖权界定具有不完全性,这种不完全性较之一般的产权界定更为严重,主要体现在以下几个方面。

第一,从界定主体上看,在国际视角下,不存在类似于国家立法机关那样的统一的立法主体。[③] 这样,所谓的“集体理性”就需要“个体理性”来分散表达,这必然导致分散界定的管辖权之间缺乏明确的界限,造成界定不清晰,而机会主义的存在甚至会导致不同的管辖权之间互相冲突,这样的界定同时也必定是不效率的。第二,国家管辖权行使的基础主要有两个:属地管辖权与属人管辖权,这就为管辖权重置或架空埋下了伏笔。[④] 这种管辖权界定上的不完全正是产生法律冲突的根本原因,也是“承认”的前提。

---

① 例如将专属管辖权配置给“某一个”国家,将平行管辖权配置给“某一些”国家。

② 而强制交易的成本昂贵,所以合作的重要性显而易见。

③ 国际组织立法的范围是有限制的。

④ 叶玉:《国际法的经济分析:产权经济学的一个应用》,山西财经大学硕士学位论文,2002。另:关于属地管辖权和属人管辖权的关系请参见本书导言部分。

2）管辖权交易层面

首先，机会主义更多地体现在一国通过制定国内冲突规范（单方“承认”）进行交易的场合。例如，甲国在某个问题上承认了乙国的法律效力，而乙国在同等条件下针对同种问题却没有承认甲国法律的效力，乙国的行为就是机会主义的表现，这一行为就增加了甲国与其进行管辖权交易的成本。[①] 实际上，法律适用上“回家去（即增加法院地法的适用）”的趋向（homeward trend）就是机会主义的表现。

其次，与私人间产权交易一样，“交易的磋商、合约的缔结、履行均需花费时间、精力、物力、财力，再加上信息的不完全性，或者说国家的有限理性，使得交易在开始时国家无法预见将来会发生的一切事件，或者说即使能够预见到，也不能均提前作好安排。”[②]有限理性将直接导致决策成本的增加，一国可能作出不利于自身利益最大化的管辖权范围界定，例如让渡的管辖权范围过大，即“承认”的范围过大。同时有限理性还会增加寻找的成本、信息传递成本和谈判成本等各个环节的成本。

2. 制度均衡的需要

制度均衡的需要也是管辖权交易成本产生的重要原因之一。这时的制度均衡首先是指一国内部新出现的制度均衡，新的制度均衡要求国家重新界定国内的管辖权，而国际视角下的管辖权配置的均衡必定会因为其中某个或者某些国家管辖权的重新界定而被打破，国际管辖权制度也会有均衡的要求，所以新的管辖权交易就会在这个大框架内产生并重新达到均衡，也就是产生了新的“承认”内容，这个过程中涉及的新增的交易成本，就是制度均衡需要导致的。

（三）管辖权交易成本的缓解

我们可以从界定和交易两个层面来探讨管辖权交易成本的缓解。

1. 管辖权界定层面

首先，“清晰地、效率地界定管辖权”也应是缓解交易成本的重要途径，完善界定包括两种情形。第一种情形是有一个世界政府来行使统一的立法管辖权，但是如前所述，这样的政府是不存在的，所以发挥国际立法组织的作用就显得格外重要。可以通过制定统一实体法、统一程序法

---

① 当然，这个问题可以通过互惠制度来解决，这其实也揭示了互惠制度在交易成本理论上的原因。但是，互惠的实施同样需要交易成本，第三章中已有相关论述。

② 叶玉：《国际法的经济分析：产权经济学的一个应用》，山西财经大学硕士学位论文，2002。

直接明确界定管辖权的内容,还可以通过制定统一冲突法,明确管辖权范围,即明确了立法管辖权分配的统一标准。第二种情形是虽然各国分别制定标准,但是有一定的共性,即属人属地不能同时最大化。换个角度讲,即域内效力和域外效力并存,也就是承认域外效力,也承认其域内效力,先肯定交易的前提(也就是意大利法则区别说的观点)。第一种情形在实践中只占少数。

其次,国家应适当限制对各自管辖权的自由处分能力。笔者认为“不当的处分”表现在:对法院地法不加控制地适用、过多地运用公共秩序制度、过严地限制当事人意思自治的范围和过多的“直接适用的法”的运用,等等。

2. 管辖权交易层面

管辖权交易层面的措施是交易成本缓解的重点,原因有二。第一,管辖权交易是管辖权配置的核心和必经阶段,往往也是最终阶段;第二,如前所述,管辖权界定往往是不清晰的、不效率的,[①]所以交易阶段的成本缓解就成了重点。

管辖权交易的过程可以看作履行合同的过程,因此设定科学的“治理结构”的过程也就是设置合同的过程。国家既是界定的主体,也是交易的主体,即合同的主体。如前所述,国家具有有限理性,使得交易在开始时国家无法预见将来会发生的一切事件,或者说即使能够预见到,也不能均提前作好安排。而关系合同允许协议中留有缺口,因为有限理性和高交易成本使得合同双方无法在事前就可能影响合同双方关系的所有未来事件达成一致。这种“缺口”就为处在长期关系之中的不同国家之间的重复式交易提供了缓冲的平台和协商的余地。由于这种关系合同是一种长期关系的合同,所以也可称之为“长期合同”。长期合同发展到极致的结果就是出现了“世界政府”。长期合同对交易成本的治理分为两种情形:外在治理和内在治理。

Aceves (1996)指出,所谓外在治理结构是指明示的合约担保,法律上可由政府或某个外部机构强制执行。换言之,外部治理结构将争议提交给第三方解决,由第三方来决定不确定性的部分应如何处理、损害赔偿的方式以及数额或进行其他的调适工作。相反,内在治理结构则是指一种默示的合约担保,由市场机制通过威胁一方退出未来交易来执行。因而,与外在治理结构不同,内在治理结构在自身合约安排的框架内依靠相互间的依

① 特别是在国际私法产生阶段,将在后文论述。

赖关系解决争议。[①]

显然,管辖权交易合同更适用于内部治理的方式。因为,国家间关于管辖权形成明示合同(统一法)的情形尚属少数,大部分的管辖权交易是通过一国制定国内冲突法,即"单方承认",来形成一种默示要约,只要相关国家在立法或者实践中也承认该国的法律效力,就意味着作出了承诺,那么,一个默示合同就成立并生效了。所以,内在治理结构更适合管辖权交易。当然,由于缺乏强制性的执行机制,内在治理结构也有其局限性,就是前述的机会主义,所以也不能忽略外部治理结构的作用。[②]

Aceves (1996)指出,内在治理结构天然地契合于分权的国际社会。它强调主体自身的调适作用。而国际习惯纯粹是国家实践达成的协议,是自生自发的秩序。笔者认为,"承认"就是这样一种国际习惯,[③]它是由国家实践达成的默示协议,它既是管辖权配置(界定、交易)的表现,同时也体现了长期合同内在治理结构的功能,所以也是交易成本缓解的一个重要手段。下文将对这一结论进行历史检验,通过产权理论来进一步明确与"承认"相关的细节问题,赋予"承认"问题新的动态含义。

五、意大利法则区别说时期的管辖权界定、交易和"承认"问题

前文提及,意大利法则区别说产生之前,法律适用为单一的属地方法所调整,笔者把有关这种方法(极端属地)的管辖权界定和交易称之为"初始界定和交易",以此来观察其与法则区别说产生时的管辖权界定和交易的关系,同时探讨其中的变化与"承认"问题的关系,进而完成产权理论在特定历史平台上对"承认"问题的分析和解释。

(一)管辖权的初始界定和交易

1. 初始界定的主体

10 世纪以后,欧洲社会发生剧烈动荡,逐渐进入封建社会。在后法兰

---

① See William J. Aceves (1996),"The Economic Analysis of International Law: Transaction Costs Economics and the Concept of State Practice",*17 University of Pennsylvania Journal of International Economic Law* . 995 - 1068. n25, n58. 转引自叶玉:《国际法的经济分析:产权经济学的一个应用》,山西财经大学硕士学位论文,2002。

② 实际上,单纯的外在治理结构或单纯的内在治理结构均是不常见的,内在与外在治理结构相互补充才是大部分情形的现实选择。并且,随着世界格局两极分化的加深,已经出现了一股强化外在治理结构的趋势。GATT/WTO 体系等争端解决机制的发展历程是这方面的典型例证。相关内容参见叶玉:《国际法的经济分析:产权经济学的一个应用》,山西财经大学硕士学位论文,2002。

③ 参见[德]弗里德里希·卡尔·冯·萨维尼:《法律冲突与法律规则的地域和时间范围》,李双元等译,16 页,北京,法律出版社,1999。

克时代,旧的部落联盟逐渐解体,取而代之的是以地域为单位的统治权的建立。[①] 11 世纪晚期和 12 世纪早期的大变动中,欧洲各民族在政治上被组织成一种松散的、复杂的和相互交叉的结构。这种结构包括:地方单位、领主单位、部落(氏族)单位、公国和侯国(巨大的地域单位)、王国(不是地域单位,只是处于某个国王统治下的、信基督教的人们的共同体)。[②] 这些"结构"就是笔者所说的管辖权初始界定的主体。

2. 初始界定的内容和范围

1)内容的界定

在 11 世纪和 12 世纪,封建法和庄园法获得了系统化,前者调整封建占有关系(采邑)和领主—封臣关系(忠诚),后者则调整领主—农民关系以及农业生产和一般的庄园生活。[③] 在初始界定的管辖权中并没有专门规定调整国际民商事交往的法律,当然也没有规定相关情况应当适用哪个地域的法律。

2)范围的界定

明确地规定了管辖权的效力范围——域内。在本地域只适用本地域的法律。"这一点无论是在《萨克森之镜》还是在《施瓦本之镜》中都有规定。在中世纪的英国法律中也可见到此类规定。"[④]

3. 初始交易

初始的管辖权交易不是以"承认"和"适用外国法"的形式进行的,交易的形式被"不明显的法律借鉴和移植"所取代,而且交易是从封建法开始的。例如,法兰克的国王们将源于日耳曼部落的"采邑—封臣式的"习惯推行到他们的领土的所有部分(这同时体现为管辖权的界定),[⑤]这种封建习惯随着北欧人的迁徙和十字军东征进一步扩大了它"被借鉴和移植"的范围。而关于民商事内容的管辖权交易并没有发生,原因在于其交易成本高昂,表现在以下几方面。

---

① Conrad, *Deutsche Rechtsgeschichte*, I, S. 346. 转引自杜涛:《德国国际私法:理论、方法和立法的变迁》,22 页,北京,法律出版社,2006。

② [美]哈罗德 · J. 伯尔曼:《法律与革命——西方法律统的形成》,贺卫方、高鸿钧、张志铭、夏勇译,363 页,北京,中国大百科全书出版社,1993。

③ 参见[美]哈罗德 · J. 伯尔曼:《法律与革命——西方法律统的形成》,贺卫方、高鸿钧、张志铭、夏勇译,361 ~ 362 页,北京,中国大百科全书出版社,1993。

④ Aa0, S. 365,转引自杜涛:《德国国际私法:理论、方法和立法的变迁》,22 页,北京,法律出版社,2006。

⑤ 有的历史学家则认为该习惯源于罗马帝国的晚期。但不管源自何处,都体现为被借鉴或移植的对象。相关内容请参见[美]哈罗德 · J. 伯尔曼:《法律与革命——西方法律统的形成》,贺卫方、高鸿钧、张志铭、夏勇译,364 ~ 365 页,北京,中国大百科全书出版社,1993。

第一,信息成本高昂。体现在“法兰克时代所形成的丰富的法律渊源早已被人遗忘或不再有效;各个地域之间相互封闭,彼此不了解对方的法律”。[①] 第二,谈判成本高昂。由于封建领主之间经常发生战争,所以管辖权谈判的形式往往为战争谈判的形式所覆盖,而战争谈判的成本是巨大的。第三,机会成本高昂,卢峻(1936)认为“其他(地域)法律,亦即无由在同一领域发生效力,是法律与土地有不可分离之关系”。[②] 可见,管辖权交易可能动摇其封建土地所有关系,所以机会成本高昂。民商事管辖权交易虽然为地域统治者所排斥,但是各地域的私人主体之间的民商事行为模式却逐渐萌生了这一内容,反映了制度均衡的要求。

4. 制度均衡的要求

民商事法律的内容虽未被界定,但这不代表民商事交往的杜绝。9 世纪至 10 世纪,意大利许多地方就出现了定期集市,[③]集市以其特有的开放性和渗透力量突破了庄园制的束缚和限制,为追求利益的商人提供了场所。[④] 人们在商事活动中逐渐形成的新的行为均衡在集市创造和发展的新型商业规则和技巧中得到了体现,这便形成了对“行为与规则”新的均衡的要求,这种要求逐渐为地域统治者所注意并且成为某些地域统治者(城市)的重要的管辖权界定内容。

(二)管辖权的重新界定和交易

1. 新主体的出现与“重新界定”

11 世纪,商业逐渐复兴,城市随之兴起,成为新的管辖权界定、交易的主体。城市的起源与“商业的复兴直接有关,前者是果,后者是因,这是毋庸置疑的。商业的发展与城市运动的扩张,非常明显的协调一致就是证明”[⑤]。在新兴的城市中自然存在着新的需求,这种需求的产生正如菲吕博腾和里克特(1991)在谈到财产权的形成和改变时所指出的那样:“经济系统中,特定的个体或团体确信,重构财产权体制将是有利可图的,而且他们愿意忍受由此类改变带来的成本。换言之,当前的财产结构及/或相联系的非正式约束(如习俗)可能不能支撑新发展的、能创造财富的交易,从

① 杜涛:《德国国际私法:理论、方法和立法的变迁》,22 页,北京,法律出版社,2006。

② 卢峻:《国际私法之理论与实际》,32 页,北京,中国政法大学出版社,1998。

③ 周一良、吴于廑:《世界通史》,42 页,北京,人民出版社,1972。

④ 萧国亮、隋福民编著:《世界经济史》,66 页,北京,北京大学出版社,2007。

⑤ [比]亨利·皮雷纳:《中世纪的城市(经济和社会史评论)》,陈国梁译,85 页,北京,商务印书馆,1985。

而导致对新的或修正的权利的需求。"[①]新的主体——城市满足了这种需求,也就是满足了制度上"行为与规则"均衡的要求,开始重新界定管辖权,增加了商法的内容。

2. 新的管辖权交易

尽管管辖权交易在封建法和庄园法领域并未停止脚步,但显然,新的管辖权交易最为明显地体现在商法领域。其最开始的表现是,某个新兴的城市承认并适用其他城市已有的商业规则,进而各个城市在适用商业规则的过程中,彼此借鉴和补充,逐渐形成了具有普遍性的商法规则。伯尔曼(1983)指出:"11 世纪晚期以后,商法上的各种权利义务在地方适用中变得更加统一、更加普遍,而较少(出现)差异,也较少(出现)歧视。"[②]

可见,商法领域管辖权交易由单方合同逐渐向多方合同、由单方"承认"逐渐向"共同承认"的方向发展,交易的最终形式就是统一法的制定,即"通过相互间的条约来保证商法的普遍性"。"至少从 12 世纪开始,意大利各城市就达成了各种双边条约。"[③]

(三)意大利法则区别说与管辖权界定、交易理论

1. 学说中的管辖权界定观点

与前面提到的地域统治者不同,法则区别说没有从封建法、庄园法、商法的角度划分管辖权界定的内容,而是将法则区别为程序法和实体法,接着又从实体法中分出物法和人法,再从人法中分出混合法。[④] 可见,法则区别说提出了一种关于管辖权界定内容的新的划分方式,这种方式更接近"法律关系"的划分标准,而且更简单直观,有利于管辖权的清晰界定。

与以往更不同的是,法则区别说正式提出了关于管辖权界定范围的划分标准:域外效力和域内效力。以往的封建法和庄园法不存在域外效力,而商法从产生阶段就是以调整城市间和海外贸易的普通法身份出现的,其域外效力几乎"与生俱来"。法则区别说则是从一个国家(城市)的完整的法律体系的角度出发,来直接面对各种规则的效力范围问题。这在丰富了

---

① [美]尼古拉斯·麦考罗、斯蒂文·G. 曼德姆:《经济学与法学——从波斯纳到后现代主义》,吴晓露、潘晓松译,朱慧、史晋川审校,182 ~ 183 页,北京,法律出版社,2005。

② [美]哈罗德·J. 伯尔曼:《法律与革命——西方法律统的形成》,贺卫方、高鸿钧、张志铭、夏勇译,416 页,北京,中国大百科全书出版社,1993。

③ Goldschmidt, *Universalgeschichte*, pp. 180 – 182,转引自[美]哈罗德·J. 伯尔曼:《法律与革命——西方法律统的形成》,贺卫方、高鸿钧、张志铭、夏勇译,418 页,北京,中国大百科全书出版社,1993。

④ 李双元:《国际私法(冲突法篇)》,102 ~ 104 页,武汉,武汉大学出版社,2001。

管辖权界定范围的同时,也为管辖权交易提供了更多的空间(不再局限于商法)。

2. 学说中的管辖权交易观点

显然,“承认”是使“域外效力”的概念具有现实意义的前提。否则,所谓域外效力只能是法律制定者的一厢情愿。所以“承认”也就是管辖权交易的前提,关于交易的模式可以用下面这个假设来说明。

假如世界上有 n 个国家,那么就存在 n 个域内管辖权;对于某个国家而言,存在一个域内管辖权和(n-1)个域外管辖权(因为该国家的法律可能在其他任何一个国家发生法律效力)交易的可能;从国际视角看,整体上就存在着 n(n-1)种管辖权交易的情形。笔者认为,国际私法的任务就是如何效率地配置这些管辖权。这同样也是法则区别说的任务。

法则区别说关于管辖权交易的思路是,首先将管辖权在内容上界定为程序法、人法、物法,之后将管辖权在范围上界定为:只有人法具有域外效力,也就是说只有人法可以进行管辖权交易。与以往相比,扩大了管辖权交易的范围。

总之,“承认”是管辖权配置的体现,管辖权界定和交易的过程就是“承认”的过程,“承认”同时也是管辖权交易中缓解交易费用的“治理结构”的体现,也就是“单方合同”和“长期合同”的主要组成部分。

第四节　小　　结

在这一章中,笔者运用制度经济学的制度变迁理论和产权理论对“承认”问题进行了分析。

在正式的分析之前,笔者在第一节中先介绍了制度经济学与“承认”问题的关系。首先,制度经济学在方法论上体现了对主流范式所作的修正,从而体现了综合分析范式的含义;其次,通过将“承认”问题与制度的概念进行比较,笔者得出了“承认”是一种制度、一种法律制度的结论,从而找到了制度变迁理论和“承认”问题的契合点;再次,笔者通过概念比较,得出了“产权”与“主权”、“产权”与“管辖权”具有可比性的结论,而“承认”正是管辖权配置的体现,从而找到了产权理论与“承认”问题的切合点;最后,笔者简单介绍了制度变迁理论和产权理论的大致内容和发展阶段,指明了笔者将要运用的理论内容及分析的目的和任务。

接下来,笔者运用制度变迁理论对“承认”问题进行了分析,分析的关键是解释“承认”的原因。笔者认为“承认”是法律制度变迁的结果,所以分析重心就转移到“什么是法律变迁的原因”。笔者从客观原因、主观原因和目的性原因三个方面进行了分析。首先,在客观原因部分着重介绍了经济决定论的内容,它认为经济变化是法律变迁的根本原因。通过历史检验,笔者发现这一理论虽有合理之处,但是过于绝对,所以接下来笔者介绍了凡勃伦的综合观点,即制度变迁既受客观环境制度变化(不限于经济)的影响,也受主观因素(人的思想习惯)的影响,笔者同意这个观点。其次,在主观原因部分,笔者从连贯性与变革性和成本收益的衡量两个方面分析了主观因素对制度变迁的作用。笔者认为,作为两种对立的力量,连贯性和变革性两者之间永久存在的紧张状态是制度变迁的力量之源,通过分析意大利法则区别说时期的行会和商人的对立以及神学与自然法哲学的对立对于“承认”问题的影响,笔者证实了这个理论。至于成本收益的衡量对于“承认”的影响,笔者在第三章中已经详细讨论,本章中强调的是其对法律制度变迁的作用,起码在意大利法则区别说时期的海商法律制度领域证实了这一理论:法律制度变迁体现了人们对“效率”的追求。再次,笔者提出了目的性原因:制度均衡,它包括制度间均衡和制度自身均衡,后者又包括人的行为之间的均衡、行为与规则之间的均衡和规则的进化。通过历史检验,笔者认为法律制度变迁(“承认”)就是制度均衡的结果。

然后,笔者运用产权理论对“承认”问题进行了分析。与制度变迁分析部分每步都将理论和“承认”问题结合论述不同,这一部分笔者采取了层层递进的论述方法。首先,笔者介绍了产权界定和交易理论,包括界定、交易的主体和界定、交易在资源配置中的关系、表现。笔者认为产权交易是效率资源配置的必经阶段,是产权界定的一个必然结果。其次,笔者重点剖析了交易成本理论,因为产权界定和交易过程中,交易成本必然存在,而交易成本的缓解也应该是制度安排的核心内容。经由对交易成本的概念、内容和产生(或增加)原因以及交易成本对资源配置的影响的分析,笔者提出了交易成本缓解的方案:在产权界定方面,应当清晰地、效率地界定产权,在产权交易方面,则应设计效率的“治理结构”,关系合同是一种不错的选择。再次,笔者运用产权界定、交易理论并且结合第二章中论述的国际私法经济功能的相关理论对国际私法管辖权配置(管辖权的界定和交易)的相关内容进行了分析,并且指出了“承认”在管辖权界定和交易中的具体表现。又次,笔者运用交易成本理论分析了管辖权的交易成本问题,进而也分析了与“承认”紧密相关的一些问题。在论述管辖权交易成本的内容时,指出了“承认”带来的交易成本、论述了交易成本产生(或增加)的原因与“承认”的关系和“承认”与管辖权交易成本的缓解之间的关系。重点论述了长期合同的作用,并指出“承认”是长期合同的体现。最后,笔者论述了意大利法则区别说时期的管辖权界定、交易和“承认”问题的关系。笔者通过将区别说背景阶段的管辖权初始界定和交易与法则区别说理论所体现出的管辖权界定和交易的若干内容进行比较,进一步从产权理论角度阐释了“承认”的原因和动态过程,同时还为重新解读法则区别说理论提供了产权理论的视角。通过上述对“承认”问题的分析,笔者具体演示了综合范式分析的模式:在特定的历史平台上运用经济学理论对具体问题展开分析。

总之,通过对“承认”问题进行制度经济学分析,笔者得出的结论是:从制度视角来看,“承认”是制度均衡要求引起的法律制度变迁的结果,“承认”的过程就是管辖权界定和交易的过程,“承认”是缓解交易成本的一种效率的“治理结构(长期合同)”的体现。其中,关于“规则进化”的理论是笔者的重要结论,相关内容将在下一章中具体说明。

第六章　承认外国法律效力问题综合范式分析之行为经济学分析

"承认"是一种制度,也是一种行为。在过去二十年间,社会科学对人们实际上如何作出行为决策的研究已经取得了许多进展。这些研究很多都依赖于理性选择模型,这个模型在社会科学,包括在法经济学,一直占支配地位。但是,由于预测的不准确,这些模型经常是被证伪的。[①] 人们并不是总是像经济学家假定的那样"理性",但这"并不意味着人们的行为不可预测、系统地不理性、随心所欲、无规则可循,让社会科学家们无法捉摸。相反,这些特点是能够被描述、运用,有时甚至是可以被模型化的" [②]。行为经济学就提供了关于行为模式研究的一般性理论,这有助于笔者对"承认"行为的发生和发展进行进一步的微观分析,这是笔者对国际私法领域的行为经济学分析所作的初步尝试,这个尝试同时也扩大了行为法律经济学分析的领域范围。[③]

第一节　行为经济学与"承认"问题

运用行为经济学分析法律问题已经形成了单独的学科:行为法律经济学,然而行为法律经济学还处在十分初级的阶段。它可以用来解释法律领

---

① 有关成本收益理论和传统博弈理论的证伪请参见本书第三章。

② [美] 凯斯·R. 桑斯坦主编:《行为法律经济学》,涂永前、成凡、康娜译,1 页,北京,北京大学出版社,2006。

③ 有学者认为行为法经济学在我国法律研究中的运用方向包括:(1)涉及行为人需要进行概率判断的程序法或实体法,如法庭审判、契约谈判等;(2)涉及对结果或事实进行评估的法律范畴,如合同中的强制性条款、法律法规实施等;(3)法律行为与法律后果存在时间差的法律领域,最典型的是对犯罪行为、刑法的研究等;(4)涉及伦理、社会道德等有限自利领域的法律范畴,如权利救济方面的法律如何考虑当事人的有限自利——追求公平、正义、责任等价值。周林彬、黄健梅:《行为法经济学与法律经济学:聚焦经济理性》,载《学术研究》,2004(12)。

域的合作的现象，[①]笔者认为“承认”是一种国家间的合作状态，也可以运用行为经济学进行分析。下面从行为经济学对主流范式的修正和其主要理论与“承认”的关系两个方面予以简要说明。

一、行为经济学对主流范式的修正

笔者曾在方法论层面阐述了制度经济学对主流范式的修正，下面将从理论前提层面探讨行为经济学对主流范式的修正。

（一）主流范式的经济理性假设

如前所述，主流分析范式，主要建立在新古典经济学“经济理性”的标准假设上。具体而言，经济理性包括三方面的基本含义。[②]

第一，自利性假设。从斯密的研究开始，自利性就与社会性并列为人的双重本性。根据贝克和阿尔钦的观点，人的社会性归根结底是自利性基础上的所谓“启蒙了的利己主义”，而人的自利性是生存竞争和社会进化的结果。第二，一致性假设。指每一个人的自利行为与群体内其他人的自利行为之间是可以保持一致的。这一假设为存在于群体中的每一个人的自利行为提供了合理的存在空间，回避了“自利”与“损人”可能的冲突，同时也说明了偏好的一致性。第三，极大化原则。极大化原则起源于马歇尔《经济学原理》的研究，也是奥地利学派发起的“边际革命”的结果。个体对最大幸福的追求，或者等价追求最小化痛苦，导致形成逻辑上的“极大化原则”。极大化的实现包含两个递进的隐含假设（即理性人假设）：其一，特定决策的所有可能性都明确可知。其二，特定决策主体具备在所有可能性中比较择优的完全认知能力。

（二）行为经济学对经济理性假设的修正

行为经济学认为，经济理性的假设有时是有用的，但经常是错误的。

---

① 大量的工作有待去做。其中有些重要问题是基础性的，而且与经济学本身的性质有关：行为经济学能产生关于行为的统一理论吗，抑或它仅仅是对诸多效应的凌乱集合？它是不是太个案化，太无章可循，以至于无法在法律语境中有预测力？与通常的基于理性假设的经济学进路相比，行为经济学是不是忽视了简约的价值？还有许多待回答的问题是经验性的，这些还需要在真实世界和实验环境中进行研究。有关递增合作行为与递减怨恨行为的概率是一个非常重要的研究方向。参见［美］凯斯·R. 桑斯坦主编：《行为法律经济学》，涂永前、成凡、康娜译，11页，北京，北京大学出版社，2006。

② 汪丁丁、叶航：《理性的追问：关于经济学理性主义的对话》，桂林，广西师范大学出版社，2003。转引自袁艺、茅宁：《从经济理性到有限理性：经济学研究理性假设的演变》，载《经济学家》，2007（2）。

行为经济学提出了三个“有限”的理论。首先,人们表现出有限理性。他们受到一些偏见的影响,例如过度乐观,自我服务的公平观念。他们跟随直观推断,例如易得,这样就会导致错误。其次,人们的意志力也是有限的。他们会被诱惑,有时候短视。人们采取一定的方法来克服这些局限。最后,人们是有限自利的。他们关心别人的福利,在一些场合甚至关心陌生人的福利。这种关心,以及他们的自我观念,可以把他们引向合作,甚至不惜牺牲自己的物质利益(有时也会引向恶意,也不惜牺牲自己的物质利益)。这些限度,可以而且已经成为正式模型的一部分了。标准模型的一些预测是完全错误的。例如,与传统分析的预测相比,人们同时既可能是更恶意的,也可能是更合作的。①

二、行为经济学理论与“承认”问题

(一)三个“有限”理论与“承认”问题

这些“有限”会在什么时候起作用呢?首先,只要法律体系中的行为人要去判断某个不确定事件的概率,与判断行为相联系的有限理性就会发挥作用。其次,只要行为者要去评价结果、作出决策,与决策行为相联系的有限理性也将发挥作用。当决策结果具有跨时期性质时,有限意志力就会与之有关。最后,有限自利主要与一方明显偏离了惯常或普遍的做法相关联,并且提出了与“效率”不同的价值取向。②

对于“承认”问题而言,首先,“承认”的主体需要判断法律冲突产生的概率,需要据此作出是否“承认”和如何“承认”的决策;其次,“承认”不是一次完成的行为,而是具有“跨时期性质”的;最后,“承认”主体的不同价值取向提供了解释“承认”问题的不同线索。

可见,“承认”问题与三个“有限”理论有密切的联系。

(二)认知理论与“承认”问题

认知理论是行为经济学的重要理论。行为经济学的奠基人卡尼曼本就是一名认知心理学家,与经济学的结缘始于对决策和判断的研究,这一

---

① [美]凯斯·R.桑斯坦主编:《行为法律经济学》,涂永前、成凡、康娜译,50页,北京,北京大学出版社,2006。

② [美]凯斯·R.桑斯坦主编:《行为法律经济学》,涂永前、成凡、康娜译,19页,北京,北京大学出版社,2006。

学术路径也与认知心理学本身的发展有关。[①] 行为经济学所要强调的就是于人的偏好的公理化假定必须符合心理事实，这是行为经济学范式和新古典范式（主流范式）最关键的区别。[②] 凯梅瑞（Camerer，2006）在最近的综述中反复强调，古典政治经济学在分析经济现象时所用的理论大多也是涉及人的复杂心理状态的。[③]

笔者认为，"承认"行为必定会反映主体的心理认知，换言之，主体的心理认知的变化会影响"承认"行为。所以研究的重点在于分析主体认知变化的客观状态，而不是从心理学角度分析它的具体成因。

（三）进化博弈理论与"承认"问题

进化博弈论是博弈理论和生物学进化思想结合的产物，早在 20 世纪六七十年代，生物学家就将博弈论应用到生物学中。梅纳德·史密斯（1973）在此基础上提出了"进化稳定策略"（evolutionarily stable strategy，ESS）概念，为进化博弈论的诞生奠定了基础。所谓进化稳定策略是指如果占群体绝大多数的个体选择该策略，那么小的突变者群体就不可能侵入这个群体。或者说，在自然选择压力下，突变者要么改变策略而选择进化稳定策略，要么退出系统而在进化过程中消失。"进化稳定策略"表征了进化博弈的稳定状态。[④] Taylor 和 Jonker（1978）继而又提出了描述生物进化中生物性状和行为特征动态变化过程的"复制动态"或"模仿者动态"（replicator dynamic，RD），在进化博弈分析中，复制动态正是模拟博弈方学习博弈和调整策略过程最主要的动态机制之一。进化稳定策略和复制动态（ESS & RD）一起构成了进化博弈理论最核心的一对基本概念，分别表征了博弈的稳定状态和趋向这种稳定状态的动态收敛过程。在此基础上，进化博弈的基本分析框架被建立起来。[⑤]

可见，进化博弈论的分析对象是主体的策略及行为，而本书第五章中笔者曾论证了人（主体）的行为对制度均衡的影响，那么"承认"作为一种国际私法上的惯例（convention）、制度（formal rules），从进化博弈论的角度

---

① Kahneman, D. Maps of Bounded Rationality: Psychology for Behavioral Economics. *The American Economic Review*, 2003, 93(5): pp. 1449 - 1475.

② 周业安、李新月：《历史视角的行为经济学》，载《教学与研究》，2007（8）。

③ Camerer, Colin F: Behavioral Economics, Caltech, 2006, Div HSS 228 - 277, This Paper was Prepared for the World Congress of the Econometric Society, 2005, London18 - 24, August.

④ 韦森：《制度经济分析的哲学基础——经济学与哲学》，68 页，上海，上海人民出版社，2005。一般认为，史密斯是进化博弈论的创始人。

⑤ 陈芮：《心理学与经济学的互涉》，浙江大学博士学位论文，2007。

看，它是“具有一定理性但是具备分散和分立知识的主体在不完全信息中博弈的随机历史结果”[①]，进化博弈理论可以为解释“承认”制度的形成过程提供丰富的理论支撑。

第二节 “三个有限”理论与“承认”问题

一、有限理性与“承认”问题

（一）有限理性

1. 奈特（1921）的观点

奈特指出，有限理性的根基是所谓“根本的不确定性（fundamental uncertainty）”，即一种不同于不完全信息的非线性系统固有的不可预知性。可以认为，奈特的观点对经济理性极大化原则的隐含假设之一“特定决策的所有可能性都明确可知”提出了质疑。凯恩斯学派的经济学家将这种“根本的不确定性”称为“认知力的不确定性（epistemic uncertainty）”。并且认为所谓的“根本的不确定性”不是外生给定的自然界的不确定性，而是人类决策交互作用产生的社会不确定性。[②] 换言之，哪怕自然界完全没有不确定性，人们决策互动的后果也可能产生根本的不确定性。

2. 西蒙斯（1975）的观点

西蒙的有限理性理论探讨了有限理性的心理机制。他认为人类理性在一定的限度之内起作用，但理性的适用范围是有限的，限制源于人类自身的心理资源稀缺。“一切管理决策都有一个内在约束，即可用资源的稀缺性”，这种约束“可能就是（生物学定义的）生物自身的生理、心理限度”[③]。在真实的决策环境里，有限理性的心理机制就体现为有限的计算能力、有限的信息加工和处理能力、对环境的有限的认知能力。

---

① See Young, H. P., *Individual Strategy and Social Structure: An Evolutionary Theory of Institutions*, Princeton, NJ: Princeton University Press. 1998, p. 35.

② 汪浩瀚、徐文明:《现代不确定性经济理论的比较研究:凯恩斯与奈特》,载《经济评论》,2005(5)。

③ ［美］赫伯特·西蒙:《现代决策理论的基石:有限理性说》,杨砾、徐立译,9 页,北京,北京经济学院出版社,1989。

3. 双构面的有限理性理论[①]

根据奈特基于不确定性和西蒙基于心理机制的有限理性研究，袁艺、茅宁（2007）认为有限理性包括两个构面，即系统的固有不确定性和行为人心理资源的稀缺（见图6－1）。

图6－1　不同理性观点的决策视角双维度解释矩阵

笔者认为，双构面的有限理论较为全面和准确地体现了有限理性的成因。所谓的“系统固有的不可预知性”就是构成有限理性的客观原因和外部原因；而行为人“心理资源的稀缺（有限认知）”则揭示了主观原因和内在原因。

总之，系统的固有不确定性和行为人心理资源的稀缺是有限理性的两个构面，二者实际上是分别针对经济理性极人化原则两个隐含假设“特定决策的所有可能性都明确可知”和“特定决策主体具备在所有可能性中比较择优的完全认知能力”的有力反驳。

（二）有限理性在“承认”问题中的体现

“承认”是一种行为，行为的主体是国家，那么国家在作出行为时是否也具有有限理性呢？

1. 个人理性与国家理性

笔者认为，国家理性也是有限的。首先，国家是由个人构成的；其次，国家的行为最终是通过某些个人或集团的行为体现出来的，例如某个案件中的法官、立法机关。国家的有限理性同样具有双构面的特征。一方面，“系统固有的不可预知性”既包括自然界的不确定性，又体现为国家间交互作用产生的国际社会的不确定性，这种不确定性更加复杂；另一方面，国家的信息获取、评估和处理能力也是有限的，毕竟这类能力的终端体现的

---

① 袁艺、茅宁：《从经济理性到有限理性：经济学研究理性假设的演变》，载《经济学家》，2007(2)。

是“人”的认知局限。

2. 有限理性在成本收益衡量中的体现

在第三章和第五章中，笔者试图论证“承认”是主体进行成本收益衡量的最终选择，其中发现，一方面，“承认”成本收益的界定是困难的，其根本原因就在于界定主体是有限理性的，具体体现为“承认”的成本和收益具有不可预知性。如前所述，不同的案件中的成本和收益是不同的，也就是未来案件的具体内容是不可预知的，这就体现了有限理性“系统固有的不可预知性”的特点。另一方面，“承认”成本收益的比较也是困难的，原因仍在于主体的有限理性，即使在特定时空下存在一个处于稳定状态的系统（成本收益是可以预知的），行为人在进行决策时仍然会因为“认知能力的限制”而无法作出“实质理性”的决策，也就是无法实现准确的量化。

有限理性，是成本收益理论的“效率”标准无法衡量的根本原因，也是该理论在“承认”问题上被证伪的根本原因。此外，需要注意的是，理性所表达的终端价值取向不一定就是“效率”。换言之，即使是“效率”，但是“承认”主体由于“系统的不可预知性”和“认知能力的限制”，对“效率”含义的理解也可能极为不同，这也是有限理性的表现。

3. 有限理性在博弈中的体现

第三章中，笔者也曾对“承认”问题进行博弈分析，传统的囚徒困境博弈和公共物品博弈都未能带来{承认，承认}的合作解。而传统博弈理论的前提是“理性人”假设。与其理性假设下决策的单一、静态最优标准相对，有限理性首先承认决策标准的多元化，也就是说“承认”主体对系统不确定性的有限认知能力，决定了其必定处于特定社会系统和文化传统的框架规范之中，而这种社会文化特征为“承认”主体的理性发挥划定了不同的边界。其次，由于理性假设下的所谓最优已经失去达成的可能性，并且在重复博弈的若干连续行动集合中对某一时点的行为追求最优也没有实际意义，决策的目标相应从理性假设下的“极大化”转向有限理性假设下不同“承认”的“内在一致性”。

可以说，随着经济学研究的理性假设由经济理性向有限理性演进，经济行为人的决策标准也逐渐从单一静态最优向多元动态平衡转变，有关这种转变在“承认”问题上的具体表现，将在后面“进化博弈分析”部分予以阐述。

4. 有限理性在制度变迁中的体现

1）主观因素的有限理性

如前文所述，“承认”是法律制度变迁的结果，其主观原因之一为主体对成本收益的衡量；另一个原因为连贯性和变革性力量的对立。两种力量的主体毕竟最终也体现为个人，所以有限理性也会影响两种力量的行为。主体对适当的行为模式的选择不可能不存在误差，最终与其力量性质相匹配的选择大多会经历一个重复和不断试验、纠正的过程。

2）制度自身的有限理性

不可否认，制度是一种客观的存在，而且具有“均衡”的特性。但是，不论是制度间的均衡还是制度自身的均衡深深刻着“人”的行为的烙印。所以，制度本身也会短视、也会在一定时期内朝着不利于自身的方向发展。可以说，所有的制度都会折射出主体的有限理性，从而或走向衰败或成为因“不尽完美”而不断遭人诟病的对象。

这说明，作为一种制度，“承认”不总会体现出“进步”的表象，它会受其主体（不同国家）有限理性的影响而体现出种种不合理的迹象，例如不当（过多或过少，虽然后者很少发生）地适用法院地法、不当地适用公共秩序制度、不当地扩张或限制当事人意思自治原则等，都可以看作“承认”制度本身有限理性的体现（同时也可能是有限意志力的体现，后文论述）。

5. 有限理性在管辖权配置中的体现

本书第五章中提及了管辖权配置主体（国家）的有限理性会导致或者增加管辖权的交易成本。下面以两种情形为例予以说明。第一，在“承认”制度出现之前，主体的有限理性会成为“承认”的阻碍，有时又会成为“承认”的原因，不同的案件会有不同的标准；①第二，在“承认”成为一种制度之后，有限理性会增加“承认”的成本，例如信息的查明成本。从国际视角来看，国家的有限理性要依靠“集体理性”——国际组织的理性来尽量降低其不利的影响，例如，统一法的制定当然地降低了“承认”的成本，一定程度上遏制了有限理性的负面作用。

二、有限意志力与“承认”问题

（一）有限意志力

除了有限理性，人们经常表现出有限的意志力。这个术语是指人们经常做那些他们明知的将与他们长远利益相冲突的事情，②如嗜好与习惯的

① 例如在“承认”有利于自己的场合却未予承认，而在“承认”不利于自己的场合却“承认”。这是因为“承认”成本收益的衡量要受到有限理性的影响。

② ［美］凯斯·R. 桑斯坦主编：《行为法律经济学》，涂永前、成凡、康娜译，18 页，北京，北京大学出版社，2006。

形成。[①] 因为有限意志力，人们往往不能坚持选择与最大化自身总体效用相一致的行为。有限意志力归结于以下因素：(1)习惯、传统、嗜好；(2)生理欲望(Cravings)；以及(3)多重自我(Multip1e Selves)。这三类因素导致行为人无法有效控制自己的整体效用、无法对多重效用目标进行排序，最终令决策偏离效用最大化轨迹。[②]

(二)有限意志力在“承认”问题中的体现

有限意志力在“承认”问题上有两点表现。

第一，“承认”主体的法律习惯和法律传统会影响其关于“承认”的决策。在美国冲突法革命之后，法律适用上“回家去”的趋势(homeward trend，法院地法倾向)就是一个有力的证明。在英美法系的法律传统里，外国法被看作一种事实而非“法律”，一旦确定了本国的管辖权，结果大多是适用自己的法律，即法院地法，同时法律选择的法院地法倾向也一直是国际私法的一个传统。[③] 其实，这时“承认”已经作为一种惯例(制度)而存在，并且无论从国际视角还是从国家视角(长远利益)来看，“承认”制度都是有利于国际民商事交往的，而且从“长远”来看，每个国家都是获利的，但是由于有限意志力的存在，“承认”主体会因为自己的法律习惯和法律传统而在该问题上存在“短视”，从而出现了“回家去”的趋向。这说明有着不同的法律传统的不同的主体对于“承认”的态度可能不同。

第二，“承认”主体也存在“多重自我”，不同“自我”的价值取向可能不尽相同，这就会导致主体偏好的随机性(稍后详细论述)。这说明，不但不同的主体可能有不同的“承认”的理由(效率或正义)，而且相同的主体在不同情况下也可能有不同的“承认”的理由，甚至是“承认”与否的不同态度。

三、有限自利与“承认”问题

(一)有限自利

斯密在《道德情操论》的开篇就写道：“无论人们会认为某人怎样自

---

① 例如，很多抽烟者说他们本来不喜欢抽烟，而且有很多抽烟者花钱参加学习班或者买药物以帮助他们戒烟。同有限理性一样，许多人意识到了自己的有限意志力，并采取了一些手段去减轻这方面的后果。

② Kahneman and Tverskey: “*Prospect Theory: An Analysis of Decision Under Risk*” Econometrics, 1979, 47, pp. 263 – 291.

③ 侯永珍、张新娟：《论国际私法中的法院地法倾向》，载赵相林主编：《国际私法论丛》，109～124页，北京，高等教育出版社，2005。

私,这个人的天赋中总是明显地存在着这样一些本性,这些本性使他关心别人的命运,把别人的幸福看成自己的事情,虽然他除了看到别人幸福而感到高兴以外,一无所得。这种本性就是怜悯或同情,就是当我们看到或逼真地想象到他人的不幸遭遇时所产生的感情。”[①]这实际上已经揭示了人具有有限自利的特征。

有限自利这个术语可以用来表示关于多数人效用函数的一个重要事实:在某些场合下,对于别人,甚至是陌生人,他们在乎,或者装作在乎。比起传统经济学的假设,有限自利存在于广泛得多的情境范围,而且这种有限性发挥的作用也与传统的理解很不一样。在许多市场和谈判中(与诸如遗赠这些非市场的环境相对),人们关心自己是否被公平对待而且也希望公平对待那些其他做事公平的人。这些关心的结果是,比起新古典理论假设的参与人,行为经济学模型的参与人既是更好的,同时也是更恶的(当他们没有被公平对待时)。[②]

(二)有限自利在“承认”问题中的体现

1. 提供了不再局限于“效率”的价值标准

有限自利的存在说明主体作出决策的标准有可能多元化。实验经济学中著名的“最后通牒博弈(ultimatum game)”实验的结果,[③]就是决策标准多元化的典型例证。[④] 最后通牒博弈说明“公平(正义)”也会成为决策的一个重要标准。“公平(正义)”作为“承认”的理由早在意大利法则区别说时期就已经存在。

例如,阿迪库斯(Aldricus,1170—1200)主张在法官应适用“更强大和

---

① [英]亚当·斯密:《道德情操论》,蒋自强译,5 页,北京,商务印书馆,1997。

② [美]凯斯·R. 桑斯坦主编:《行为法律经济学》,涂永前、成凡、康娜译,19 页,北京,北京大学出版社,2006。

③ 最后通牒博弈实验的内容是:让两个实验对象分 1000 元钱。随机决定由其中的参与者 A 分配。如果参与者 B 接受,就按照参与者 A 的方案分配;如果参与者 B 拒绝。则两个人的所得均为 0。根据标准(传统)博弈论。只要参与者 A 对参与者 B 的分配额大于 0,经济理性的参与者 B 都会接受。而事实上,这种不公平的标准博弈结果从未发生。无数实验的结果表明,出价低于总金额 20% 的要约有 40% ~60% 的概率被拒绝。并且具有不同文化背景的实验参与者的选择互有差异。对这一实验结果的解释是,参与者有要求被公平对待的偏好。宁愿牺牲自身的利益去惩罚那些未公平对待他们的出价者。不同的文化观使隶属于不同文化群体的实验参与者具有不同的公平标准,从而形成不同的公平交易点。

④ CAMERER, C. F. *Behavioral Game Theory: Experiment in Strategic Interaction.* Princeton: Princeton University Press, 2003, p. 11.

更有用的习惯法”，因为他必须按照“在他看来更好的法律”进行判决。[①]另外阿库秀斯(Accursius，1228 年或许更久远)认为：“一波伦那人在默地纳(Modena)被诉，不允许对其适用他不隶属的默地纳法则进行判决。”胡果利努斯(Hugolinus)也主张：“既然罗马皇帝都只能对隶属于他的臣民发号施令，那么北意大利城邦就更应该仅将其法则适用于其属民，而不应该强迫外邦人也遵守其法则。”[②]

此外，不同的价值取向将改变或者影响“承认”主体进行“承认”的成本收益分析时的界定标准、进行“承认”博弈时的策略选择标准和管辖权配置的标准。总之，主流范式中“效率”的主导地位将被彻底动摇。

2. 有限自利与“承认”问题上的互惠制度

最后通牒博弈在说明公平——也是重要的决策标准的同时也提出了一个明显的问题：什么是“公平”？在这个博弈里，大部分人认为，比如说，给受价者一分钱的方案是“不公平的”。这个感觉是一个更广泛模式的表现：在人们与“参照交易”——定义交易方互动基准的交易——发生严重偏离的情况下，人们会判断结果是“不公平的”。[③] 笔者认为，“参照交易”的内核就是互惠。笔者在第五章中曾提到“承认”类似于一种单方合同，有限自利说明“承认”有时是一种“单方的利他合同”。这种合同能长久存在的重要原因正是互惠制度的存在。经济学家有时假设人是自利的，因为他们关注自己而不是别人的福利，并且他们最关注的是物质福利。“但是人们同时也希望被公平地对待并公平地做事，而且，这甚至可能更重要，他们希望其他人认为他们做事公平，特别是(虽不仅仅)在陌生人之间。人们为了达到或显得公平，可能牺牲他们经济上的自我利益，这一点对理解法律的目的而言，尤为重要。人们可能是互惠人，而不是经济人。”[④]

总之，“承认”的主体也具有“互惠人”的特点，而互惠制度则是保证“承认”制度的空间广度和时间长度的关键。

---

① See Martin Wolf, *Private International Law*, Scientia Verlag Aalen, 1977, p. 22.

② Christian von Bar/Peter Mankowski: *Internationales Privatrecht*, Band I, 2. Aufl., München 2003, §478 Rn. 8; §478 ff. 转引自秦瑞亭：《冲突法的理论与实务》，6 页，北京，对外经济贸易大学出版社，2007。

③ [美]凯斯·R. 桑斯坦主编：《行为法律经济学》，涂永前、成凡、康娜译，32 页，北京，北京大学出版社，2006。

④ [美]凯斯·R. 桑斯坦主编：《行为法律经济学》，涂永前、成凡、康娜译，10 页，北京，北京大学出版社，2006。

四、偏好的随机性与“承认”问题

如前所述，新古典主义经济学的经济理性理论包含了“偏好稳定”的假设，这意味偏好是井然有序且始终一致的。实际上，“经济学中理性选择和非理性选择的分歧点，主要集中在人是否具有‘一致性偏好’及其动机和目的是否只受‘效用最大化’影响两方面。……换言之，‘偏好一致性+效用最大化’一旦嵌入选择模型，人的选择行为便被赋予了理性属性。”[①]

然而，通过对行为经济学的三个“有限”的理论分析，笔者发现偏好的特点与新古典主义经济学的假设并不相同。有限意志力理论中的多重自我分析，说明行为人在任何给定环境下都有可能不具有法律经济学所主张的单一、有序、稳定、内在一致的偏好集，反而同时具有排他性的偏好集。非单一自我问题在跨期决策问题上，凸现了新古典主义经济学对偏好的假设存在的问题。而有限自利理论中社会规范、对自身利益以外的公平等价值的追求等都给行为人的偏好形状和偏好集合带来了不稳定因素。[②] Crether and Plott（1979）认为同一个体对同一事物的偏好可能出现时间的不一致或环境的不一致的情形，这导致偏好不再如新古典经济学所假定的那样是稳定的。[③] 可见，主体的偏好是随机性的，既可能体现理性因素，也可能体现非理性因素。

笔者认为，人类行为正是体现了理性和非理性因素的融合，“承认”也不例外。而论证行为的理性和非理性的融合，离不开对偏好的描述，[④]而“承认”主体是具有“偏好随机性的”。从国家视角来看，经济利益、声誉、地位等都有可能作为最核心的利益，国家的历史和传统会影响它在对外政策中的偏好。[⑤] 以意大利法则区别说时期为例，在城市法兴起的时代里，我们可以认为“承认”是城邦的一致偏好，但这种一致不能掩盖有关“外国

---

① 何大安：《理性选择向非理性选择转化的行为分析》，载《经济研究》，2005(8)。

② 周林彬、黄健梅：《行为法经济学与法律经济学：聚焦经济理性》，载《学术研究》，2004(12)。

③ Grelher, D. M., Plott. C., “*Economic Theory of Choice and the Preference Reversal Phenomenon.*” *American Economic Review.* 69 (4), 1979, pp. 623 - 638.

④ 何大安：《经济学世界中理性选择与非理性选择之融合——从质疑效用最大化角度对若干理论观点的理解》，载《浙江学刊》，2007(12)。

⑤ 钟飞腾：《社会行为体与政策偏好：国际政治经济学研究的微观基础》，载《世界经济与政治》，2007(4)。该文作者论述的对象是“国家的基本偏好”。

法律的范围”界定上的分歧，[①]这种分歧又体现了偏好的随机性。[②] 城邦“承认”偏好的背后是更深层的、更基础的偏好，它可能是前面提到的“声誉、地位”，也可能是贝克尔等学者所说的“自我利益以外的东西”，如“公平”“国际认可” [③]或者“互让考虑” [④]，这种偏好还可能源于我们祖先遗传下来的“互惠互利”的基因。[⑤]

影响城邦的偏好的因素与主体的“历史、传统”密切相关，笔者在第四章中提到“历史、传统”对城邦认知变化的影响，它们竟是如此的一致！这说明，认知的变化与主体的“承认”行为也有密切的联系。在笔者的理论框架中，三个“有限”理论强调的是主体的主观因素；偏好理论是对主体主观因素与客观因素的结合的一种描述，起到桥梁的作用；而与之密切相关的认知理论则是注重客观环境作用于主观因素的表现。

第三节 “承认”问题的认知理论分析

“认知科学潜在地和经济学有极大的相关性，这不只是体现在它试图解释人如何学习，融合信念和偏好以作出决定，由此作出经济理论赖以为基础的选择，而且体现在面对纯粹的不确定性时人们如何和为何发展理论，什么使得这些理论在人们中广为传播或者逐渐消失，人们为什

---

① 一般情况下，一个城邦会否认另一个城邦刑事法律的域外效力，对民事法律也可能是有选择的承认，一般都会承认外国法有关民事主体行为能力的规定，但是对待关于侵权、婚姻、继承的规定的态度则可能不同，这就体现了偏好的随机性。

② 有的学者提出：“作为一种探讨，我们可否以‘偏好的随机性’来取代‘偏好的一致性’呢？能否以‘满意程度’来取代‘效用最大化’呢？倘若将‘偏好的随机性’与‘满意程度’相结合来论证人的选择行为，可能给经济学的选择理论带来生机。当然，这是一种纯粹的具有极强论证难度的理论探讨。”何大安：《经济学世界中理性选择与非理性选择之融合——从质疑效用最大化角度对若干理论观点的理解》，载《浙江学刊》，2007(2)。

③ 参见周林彬、黄健梅：《行为法经济学与法律经济学：聚焦经济理性》，载《学术研究》，2004(12)。该文作者使用的是“社会认可”一词，因为他们讨论的对象是个人，而我们用的是“国际认可”，因为我们讨论的对象是城邦。

④ “互让考虑”与国际礼让说不同。它指的是：促使城邦承认外国法律效力的原因不是法律冲突，而是合理交往与事务合作中的“互让考虑”。它不强调主权的前提，不隐设“承认与否完全是一国自己的事”的强硬态度。这个概念的提出得益于 Vinogradoff 关于“习惯的产生”的表述。Vinogradoff, Historical Jurisprudence (Oxford, 1920), I, 368. 转引自博登海默：《法理学：法律哲学与法律方法》，邓正来译，381 页，北京，中国政法大学出版社，1999。

⑤ 有观点认为，前农业社会的人类和古人类为了生存而采取的许多狩猎和集体活动中，团体协作是必需的。参见[美]罗杰·A. 麦凯恩：《博弈论战略分析入门》，原毅军、陈艳莹、张国峰等译，263 页，北京，机械工业出版社，2009。

么相信它们并据此行事。"[①]笔者认为主体认知的变化对"承认"行为(一种学习行为、一种信念、一种偏好)的作出有直接的影响,具体内容和观点将通过历史归纳的方法进行提炼和总结。下面还是以意大利法则区别说时期为例来分析其间发生的政治、经济和法律层面的认知变化。

一、政治层面的认知变化与"承认"问题

(一)对国家的认知变化

中世纪早期的观点是:国家的根基是不洁净的,源于人的罪。但到了中世纪中期这一观点遭到摒弃,获得广泛认同的观点是:国家是有着神圣的起源的制度。国家渐渐与宗教权威相分离,缓慢进化为国际法律秩序的主体。从而主权的观念被强化。[②] 而城市共和国能被各巨大的王国所承认,是它们的法律能够在国外被承认的前提。

(二)"依附心理"的变化

中世纪,"依附"的心理,源于"领主—臣属"关系的存在,"在后罗马时代的欧洲,获得、监督和执行一个人的生命和财产的权力需要高昂的费用,……一个弱者的生存策略是依附于一个强者,把自己土地不可转让的所有权交给他以换取保护和不可剥夺的租佃权。"[③]这种依附不但体现在人与人之间,同时也体现在领土和领土之间,但是城市的出现削弱了领主臣属关系,依附的心理发生了转变,接受其他领主的法律不再被认为是不忠的表现。这是一种信念上的转变。

二、经济层面的认知变化与"承认"问题

(一)对商业的认知变化

13 世纪后,经院学者对商业活动的态度发生了重要变化。虽然他们仍坚持认为其有"某种卑鄙的东西",不过可以根据很多理由来为商业利

---

① [美]诺思:《经济学和认知科学》,张立波、邢荣译,载《北京大学学报》(哲学社会科学版),2004(6)。

② [爱尔兰]J. M. 凯利:《西方法律思想简史》,王笑红译,116 页,北京,法律出版社,2002。

③ [前南]斯韦托扎尔·平乔维奇:《产权经济学——一种关于比较体制的理论》,蒋琳琦译,张军校,9 页,北京,经济科学出版社,2004。

益辩护。[①] 如更重要的是，教会对贸易经济态度的转变，虽然同时“警告人们这些经济活动会刺激贪婪的欲望，这对灵魂有害”，它还是开始“承认贸易的必要性”[②]。果一个主体不接受商业活动，那么承认外国商业法律就是更不可能的。

（二）对私人所有权的认知变化

基督教早期的观点认为私有财产是有罪的堕落导致的结果之一。到了中世纪中期，哲学家们开始善待私人所有权，就像弗拉基尔所说的：“不再认为所有权是有害的。”[③]显然，这使世俗的法律关于私人所有权的规定又可能为教会所承认。此外，它的深远影响体现在：私人产权的确立是国家层面管辖权交易的前提。

三、法律层面的认知变化与“承认”问题

除了上述的变化外，人们对法律的认知也发生了变化。

（一）对世俗法律重要性的认知变化

11 世纪以前，封建王国一般采取政教不分的管理模式，世俗法律不具有教会法律的完备形式，教会法属于占支配地位的法律。11 世纪末期，教会为了防止世俗干预教会事务，开始“宣告宗教权威和世俗权威的二元论，并且支持世俗权威的复合结构；通过法律逐步改革世界的观念，（使这两种权威）在教界和俗界均成为一种主导观念和支配行动力。人们头脑与心灵上的这些革命性的转变，是 11 世纪晚期和 12 世纪遍及欧洲的政治、经济和社会生活里的革命变革的一个必不可少的部分”[④]。人们开始逐渐重视世俗的法律，并且将其作为与教会法并行的法律体系。“承认”的对象既包括教会法也包括世俗法，并且以后者为主。

---

① ［美］约瑟夫·熊彼特：《经济分析史》（第一卷），朱泱、孙鸿敞、李宏、陈锡龄译，147 页，北京，商务印书馆，1994。

② ［前南］斯韦托扎尔·平乔维奇：《产权经济学——一种关于比较体制的理论》，蒋琳琦译，张军校，9 页，北京，经济科学出版社，2004。

③ ［爱尔兰］J. M. 凯利：《西方法律思想简史》，王笑红译，119 ~ 124 页，北京，法律出版社，2002。

④ ［美］哈罗德·J·伯尔曼：《法律与革命——西方法律传统的形成》，贺卫方、高鸿钧、张志铭、夏勇译，453 页，北京，中国大百科全书出版社，1993。

(二)对法律效力来源认知变化

人们曾认为法律效力的唯一来源是上帝(神),那么"神的旨意"自然不容背弃,所以放弃自己法律的效力而承认外国法律的效力,意味着对神的背叛。中世纪的教会掌握着神学——这个时期唯一的话语权,法学和哲学都是神学的奴婢,教会是道德、社会生活和经济活动的最高权威。一个法律有效与否,参照的是"教会的道德教导而非效用"①。而自然法的提出赋予了人们选择的自由,法律有效性取决于一个模糊但是灵活的"最高原则",这个原则具有理性的意味。人们可以根据自己的需要来判断法律的效力。这就为"承认"的发生提供了有利的条件。

可见,"承认"也是主体认知变化的结果,而且体现了理性和非理性因素的结合。对政治权威、经济内容以及法律的认知很难与"经济人的主动的理性选择"相联系,比之经济利益的需求,这种认知的形成实际上更受到了过去确定性事实、社会风俗或时尚、价值观念、社会规范甚至社会偏见或歧视的影响,所以是趋于非理性的、被动的,准确地说这种认知是理性与非理性因素的融合,之所以结论中又肯定了理性的因素,是因为"从行为人对信息和环境等复杂因素的认知来看,由于理性选择是个体选择的初始点,追求利益最大化在个体选择中始终存在" ②。并且主体基于有限理性或者说非理性而作出的行为有时会恰好符合理性的特点,即与理性相关但又非由理性指引(be consistent with, but not prescribed by the ration)③。这个结论印证了行为经济学对于理性与非理性融合问题的关注的重要性,"承认"是理性与非理性因素相结合的一种认知变化指引的结果。这也是主流范式难以准确地解释"承认"问题的原因之一。

目前为止,三个"有限"理论、偏好理论和认知理论只是从不同的角度诠释了"承认"问题与各自理论之间的联系,由此笔者获取的关于"承认"行为的印象只是片段的、不连续的,而将要进行的进化博弈分析则是致力于构造和描述出一个完整的、连续的"承认"的画面。

---

① [南]斯韦托扎尔·平乔维奇:《产权经济学——一种关于比较体制的理论》,蒋琳琦译,张军校,9页,北京,经济科学出版社。

② 何大安:《经济学世界中理性选择与非理性选择之融合——从质疑效用最大化角度对若干理论观点的理解》,载《浙江学刊》,2007(2)。

③ Selten, R., "Re - Examination of Perfectness Concept for Equilibrium Points in Extensive Games", *International Journal of Game Theory*, Vol. 4, 1975, pp. 25 - 35.

第四节　“承认”问题的进化博弈分析

一、进化博弈理论

(一)进化博弈理论的内容与特征

1. 内容

进化博弈也可称为演化博弈,它指的是:当参与人为有限理性时,他决定采取哪个策略就不是基于明确的最大化目标,而是基于试探和误认。这种途径与生物学家为解释动物行为的演变而进行的工作异曲同工,即同样强调认知的作用。而引入了这种认知动力的博弈被称为进化博弈。① 在这种博弈中,博弈者最初选择一个策略,然后借助后来的博弈经验判断该策略的优劣。如果一个策略起初是成功的,它在未来的回合中就有可能被接受。②

2. 特征

Friedman(1991)认为,一般的进化博弈理论具有如下特征:它的研究对象是随着时间变化的某一群体,理论探索的目的是理解群体进化的动态过程,并解释说明为何群体将达到目前的这一状态以及如何达到。影响群体变化的因素既具有一定的随机性和扰动现象(突变),又有通过进化过程中的选择机制而呈现出来的规律性。大部分进化博弈理论的预测或解释能力在于群体的选择过程,通常群体的选择过程具有一定的惯性,同时这个过程也潜伏着突变的动力,从而不断地产生新变种或新特征。几乎所有的进化博弈理论都具有上述特征。③

可见,进化博弈十分适合用来细致地描述和解释“承认”的动态过程。

(二)进化博弈与传统博弈的关系

传统博弈论在理性基础方面采用的是一种“完全理性”假设,这种假设比新古典经济分析以个体理性为基础的“理性经济人”假设要求的理性程度还要高,这就给用博弈论分析人类行为带来了很大障碍。而进化博弈

---

① Weibull, J. W. “The ‘as if’ approach to the game theory: three positive results and four obstacles”, *European Economic Review* 38, 1994, pp. 868 – 881.

② [美]格若赫姆·罗珀:《博弈论导引及其应用》,柯华庆、闫静怡译,214 页,北京,中国政法大学出版社,2005。

③ See Friedman, D. “Evolutionary games in economics”, *Econometrica* 59, 1991, pp. 637 – 666.

论则以“有限理性”为前提,在很大程度上消弭了这一限制,使得博弈论有可能成为一个适用于所有人类行为的理论平台。

例如,静态的囚徒困境博弈和公共物品博弈无法解释“互惠利他”的合作解的出现,此时进化博弈论就会发挥作用。虽然从群体角度看,利他比利己好,但当利他者与利己者相遇时,博弈结果总是对利己者更有利。但是,根据进化博弈理论,如果博弈是多次且局数不定的,有条件的利他行为会变得比利己行为更有利。从而形成“进化稳定性策略”,最终形成“合作解”。

可见,进化博弈是对传统博弈模式的发展和修正,增加了博弈论的解释能力,扩大了博弈理论的解释范围。

(三)进化博弈理论、行为经济学和制度经济学的关系

行为经济学与制度变迁理论联系紧密。制度变迁体现了行为(包括个体行为和群体行为)的倾向。诺思等人认为,分析制度变迁问题的关键在于制度实际上是人们认知活动交流的产物,从长期来看,制度使得人类可以学习发展,进而又形成新制度。① 施密德指出,制度经济学就是建立在行为科学的基础上的,制度研究必须引入心理学基础,从制度结构、当事人行为、绩效之间的关系中探求制度的起源和进化。② 认知视角的引入将开辟新制度经济学未来研究的方向,新制度济学不仅要讨论当事人理性行为及其局限的认知基础,而且还要在认知科学的基础上更一致地解释正式制度的选择和非正式制度的进化,这种基于个体心理的制度分析将形成一个前景看好的“行为制度理论”。③

而进化博弈论既是博弈理论的分支,又是行为经济学的一个组成部分。进化博弈论的主要研究对象就是人们的行为,包括行为之间的关系、行为的选择、行为的变化和行为的均衡。行为经济学的三个“有限”理论、偏好理论和认知理论属于对行为的静态的描述,而进化博弈论则属于动态描述。

动态描述,同时也是制度变迁理论的特点,进化博弈论是论证制度变迁途径的重要方法之一。Schotter(1981)曾用进化博弈模型规范地展示出了制度生成机制的演化过程,并且得出了哈耶克式的制度自发生成论的结

① [美]约翰·N. 德勒巴克、约翰·V. C. 奈:《新制度经济学前沿》,张宇燕等译,2 页,北京,经济科学出版社,2003。

② [美]施密德:《制度与行为经济学》,刘璨、吴水荣译,32 页,北京,中国人民大学出版社,2004。

③ 刘和旺:《行为经济学视角下的制度进化理论》,载《经济学动态》, 2005(11)。

论。[①] 前面提及的制度变迁理论与行为经济学的结合点——时间上的进化和主体认知变化正是进化博弈论一直强调的内容。

由此可见,三者的研究对象都与行为、认知有关,而且三者的理论前提都是“有限理性”。[②] 可以说,进化博弈论分析离不开具体的制度环境和行为经济学其他的理论基础,对“承认”问题的进化博弈分析是建立在相关的制度经济学分析和行为经济学其他理论分析的基础之上的。

二、“承认”问题进化博弈的四个阶段

“承认”是一个渐进的过程,历经“承认”行为的形成、“承认”规则的形成、规则导引下的行为和最终形成均衡的四个阶段。[③]

(一)第一阶段:“承认”行为的形成

“特定的目标”和“无意识”都能导致“承认”的行为。特定的目标往往是以“偏好”的形式体现出来的,通过“承认”的三个“有限”理论分析我们可知,“承认”主体的偏好是随机性的,经济利益、声誉、地位都可能成为主体的偏好。而“无意识”指的是主体认知所出现的客观变化,如前所述,同样可以导致“承认”行为。

最初阶段的“承认”行为并不是基于主体的经验而产生的,它需要主体“极具想象力的一跳(Sugden,1986)”,[④]即采取与原来的稳定策略不同的新策略。在笔者所讨论的“承认”行为发生的意大利法则区别说时期,“原来的稳定策略”就是极端属地主义,即不承认外国法律的效力,相对而言,“承认”是作为新策略出现的。下面以进化博弈的典型范例——鹰鸽博弈(见图6-2)来予以说明新策略对原来稳定策略的影响。[⑤]

---

① 参见韦森:《制度经济分析的哲学基础——经济学与哲学》,66页,上海,上海人民出版社,2005。

② See Friedman, J. W. , “Reviews and Comments”, Games and Economic Behavior 23, 1998, pp. 106-115.

③ 这部分的论述将参照哈耶克的“文化进化”理论,弗罗门认为其主要解释了规则的进化。参见[荷]杰克·J. 弗罗门:《经济演化——探究新制度经济学德理论基础》,李振明、刘社建、齐柳明译,223页,北京,经济科学出版社,2003。

④ [荷]杰克·J. 弗罗门:《经济演化——探究新制度经济学德理论基础》,李振明、刘社建、齐柳明译,238~242页,北京,经济科学出版社,2003。

⑤ 鹰鸽博弈研究的是同一物种、种群内部竞争和冲突中的策略和均衡问题,“鹰”和“鸽”分别指“攻击型”和“和平型”两种策略类型。这种博弈的特征是两个博弈方在策略和利益方面都是对称的,因此博弈方处于A还是B的位置并无区别。在进化博弈论中,这种博弈适合用相似个体组成的群体成员之间随机配对反复博弈的分析框架进行分析。

		局中人B 策略1	局中人B 策略2
局中人A	策略1	a, a	b, c
	策略2	c, b	d, d

图 6-2　鹰鸽博弈

笔者假设策略 1 为“不承认”,策略 2 为“承认”。那么{策略 1,策略 1}就是原有的极端属地主义的策略均衡,也就是每个主体“一直实施策略 1”。假如这时有一个主体 U,在“特定的目标”或者“无意识”的指引下,以概率 p 实施策略 2,这时便出现了策略 3。也就是 Sugden 所说的“极具想象力的一跳”。第一阶段到此结束。

(二)第二阶段:“承认”规则的形成

在上述的博弈群体中,最初没有实施新策略的“无声的”博弈者,被假定会通过经验了解到,他们最好也遵循同样的策略 3。“他们被认为迟早会在他们的经验中辨认出将引导他们实施策略 3 的模式。”①

但这并不意味着实施“承认”的策略总会带来收益,这时主体会在不断地对新策略的尝试中积累经验,这就是进化博弈的一个重要的选择机制:“试错”的方法。波普尔(1963)指出“试错”是参与人知识增长的重要途径,“试错的方法不仅可为爱因斯坦使用,而且用一种武断的说法,试错的方法也可为变形虫所用。”②主体通过“试错”逐渐增强了对行为环境的了解,从而也增强了自身的竞争能力。哈耶克(1968)指出,竞争基本上是一个体现为“试错”过程的发现程序,主体的策略会与环境(包括其他主体的行为、制度环境)变化“相互调整”。③

“试错”体现了单个主体的策略选择过程,进化博弈另一个重要的选择机制发生在主体之间:模仿。群体中的个人是怎样开始固守同样的规则的?对哈耶科来说,这主要应归功于模仿。模仿是“规则从群体中一个成员传递到另一个成员的复制机制”。模仿被视为个人获得其他群体

---

① [荷]杰克·J. 弗罗门:《经济演化——探究新制度经济学德理论基础》,李振明、刘社建、齐柳明译,242 页,北京,经济科学出版社,2003。

② [荷]杰克·J. 弗罗门:《经济演化——探究新制度经济学德理论基础》,李振明、刘社建、齐柳明译,208 页,北京,经济科学出版社,2003。

③ 参见[荷]杰克·J. 弗罗门:《经济演化——探究新制度经济学德理论基础》,李振明、刘社建、齐柳明译,215 页,北京,经济科学出版社,2003。

成员技巧的典型方法。模仿并不需要有目的或者是有意识的。[①] 通过模仿,不同的主体将会遵循同样的规则:“承认”。哈耶克认为行为规则既是选择的,也是被选择的。规则的形成与主体的共同遵循和持续遵循是分不开的。

“承认”规则就在主体的“试错”和主体间的“模仿”过程中逐渐形成了,标志着第二阶段的结束。

(三)第三阶段:“承认”规则导引下的行为

规则形成后,主体将乐于受其支配,在规则的导引下作出行为,这与主体的有限理性有极大关联。没有人确切地知道未来将会带来什么,也没有人确切地知道别人将采取什么样的行动。因此纳尔逊和温特(1982)认为,“由规则支配的行为是个体应对他们的无知的一个理性途径,个体相信,他们遵循某种规则去行动,比试图去找出什么是最好的行动来说将做得更好”。[②]

作为主体行为倾向的规则界定了主体所要考虑的选择的范围。这意味着“承认”主体的行为不能与“承认”原则相抵触,例如关于“承认”理由的不同主张就没有超越“选择的范围”,因为不论是普遍主义观点还是国家礼让的观点,最终还是要作出“承认”的选择。然而,正如哈耶克所强调的那样,“个人可以试验新的规则”,[③]新的规则最终将表现为“不承认”,例如反致规则、法律规避规则、公共秩序规则等都可以最终排除外国法的适用。这时,其他主体可以对“试验新规则”的“背叛群体”的主体采取“针锋相对(Axelrod,1990)”的策略,迫使其限制新规则的范围,以维护原有的策略稳定。“针锋相对”与“试错”和“模仿”一样,同为主体在进化博弈中进行选择的重要机制。

可见,所谓新的规则仍没有实力与“承认”规则彻底对立,因为不同主体并没有在这些规则上达成完全的一致,而“承认”历经进化已经成为博弈的最终均衡或者说进化稳定策略,进化博弈也到了尾声:第四阶段。

---

① Sforza 和 Feldman(1981),以及 Boyd 和 Richerson(1985)提出了相同的观点,参见[荷]杰克·J. 弗罗门:《经济演化——探究新制度经济学德理论基础》,李振明、刘社建、齐柳明译,219 页,北京,经济科学出版社,2003。

② [荷]杰克·J. 弗罗门:《经济演化——探究新制度经济学德理论基础》,李振明、刘社建、齐柳明译,217 页,北京,经济科学出版社,2003。

③ [荷]杰克·J. 弗罗门:《经济演化——探究新制度经济学德理论基础》,李振明、刘社建、齐柳明译,219 页,北京,经济科学出版社,2003。

（四）第四阶段："承认"均衡的形成

进化博弈的终端会形成进化稳定策略，或者说一种均衡[①]、一种秩序[②]和一种制度[③]。哈耶克（1976）指出，"行为系统的秩序性一般在以下事实中显现自己，即不同个体的行为将相互合作或者相互适应，以至于他们行动的结果将消除初始的动机，或者是作为行为原因的动机变得不起作用，"[④]不论它是"特定目的"还是"无意识"。

最后需要指出的是，"均衡"并不是永久存在的，"如果个人碰巧发现了有益的新规则，并且如果他们坚持这些新规则，那么结果可能是，该群体的制度设置将被改变。"[⑤]在经历了同样的进化博弈路径后，最终也许会产生一个新的秩序。

总之，"承认"制度的进化博弈就是：主体在"特定目的"或"无意识"的导引下作出"承认"行为，又经由"试错""模仿"和"针锋相对"的行为选择机制形成"承认"规则并在规则的指导下继续"承认"行为，最终形成"承认"的进化策略均衡（制度均衡）。

三、"承认"问题进化博弈分析中的方法论

方法论的个人主义和整体主义在进化博弈分析中都得到了体现。范伯格认为这体现了个人主义和整体主义的不一致性，是不可取的。哈耶克认为，选择机制在个体上发挥作用（个人主义）。然而，不能否认的是，在哈耶克的著作中，存在着暗示他从属于某种类型的群体选择的陈述（整体主义）。范伯格（1986）批评哈耶克既宣扬方法论的个人主义，又认可某种群体选择的争论性的整体概念。他指出，"在哈耶克的论证中存在着悄然的概念转换，即从由于它们使实践它们的人得益而使得行为的规律性出现并流行这种概念，转换到由于规则对群体有益而开始被观察到这种非常不

---

① 也可以看作是本书第五章所论述的制度的均衡。

② 也可以看作是跨国法律市场秩序的形成，具体内容将在下章论述。

③ 规则（convention）和制度（formal rules, regulations, law, constitution）可以看作是制序（institution）的两个不同发展阶段的体现。参见韦森：《制度经济分析的哲学基础——经济学与哲学》，63页，上海，上海世纪出版集团、上海人民出版社，2005。

④ Hayek: Law, *Legislation and Liberty*: *The Mirage of Social Justice*（Ⅱ），The University of Chicago Press，1976，p. 69.

⑤ ［荷］杰克·J. 弗罗门：《经济演化——探究新制度经济学德理论基础》，李振明、刘社建、齐柳明译，226页，北京，经济科学出版社，2003。

同的概念”。[①] 对范伯格来说,后一个概念暗示了一个用群体选择的术语给出的规则进化的整体主义解释。

笔者认为,两种方法论在进化博弈中并不冲突,只是体现的阶段各不相同而已。在“承认”行为和规则的形成的第一阶段和第二阶段,个人主义体现得更为明显,例如,“试错”体现了单个主体的策略选择过程,而“模仿”则与整体主义密切相关。实际上,“承认”行为的作出不论是基于“特定目的”还是“无意识”,都不能完全排除“整体环境”的影响,例如主体认知的变化就要明显受到环境制度变化的影响。在第三阶段,“承认”规则对主体行为的引导则突出体现了整体主义的思想,它强调整体对于个体的影响。

所以,笔者认为个人主义和整体主义的方法论在“承认”的进化博弈分析中是共存的,不矛盾的,这体现了综合范式分析的应有之意。

四、第一个重要结论:国际私法的理论内核是“进化”

笔者在第五章中论述制度均衡的内容时,提到了“规则”进化的概念,并提出了一些初步的观点,例如规则进化的原因、规则进化的动力、规则进化的路径和规则进化的方向,以此来证明“承认”是法律制度变迁的结果。笔者也曾指出“不仅仅是法律制度,各种制度都在不断地变化、进化和不断地相互影响,从而构成整个的社会秩序”。通过“承认”的进化博弈分析,笔者又得到了关于“承认”经由行为、规则到制度的生成、进化的一般性描述。

从而,笔者得出了一个重要的结论:国际私法作为一种法律制度,它的产生、发展、变化和消亡遵循的就是“进化”的原则,“进化”是国际私法的理论内核。因此,国际私法制度主要是通过自身进化形成的,而非外力建构形成的。[②] 国际私法制度均衡和非均衡的状态的交替就是“制度进化(Institution Evolving)”[③]的体现;国际私法主体之间的博弈(“试错”“模仿”和“针锋相对”)就是国际私法制度进化的动力;国际私法主体间的竞争与

---

① [荷]杰克·J. 弗罗门:《经济演化——探究新制度经济学德理论基础》,李振明、刘社建、齐柳明译,221页,北京,经济科学出版社,2003。

② 而制度自生自发理论认为制度完全是进化形成的,从而彻底否定了建构的作用。具体内容将在第八章中阐述。

③ 这里的“制度”是广义的,类似于李维森提出的“制序”的概念。它包括行为、规则和一般意义上的制度。“制序”与“秩序”不同,后者是指“制序”所涉及的各个阶段(行为、规则、制度)所达到的均衡状态(是静态的描述),最重要的是制度的均衡。而前者强调的是一个动态的、连续的过程。

合作是国际私法制度进化的路径,竞争与合作之间的紧张状态是制度进化的唯一载体,它们同时存在,缺一不可。虽然某个博弈的最终结果或许总是表现为合作,但是此时潜在的竞争因素才是制度的生命得以延续(开始新的博弈)的关键因素。因此,国际私法制度的趋同并不是国际私法进化发展的最终方向,制度的差异和趋同都是其发展进化的方向,只不过是不同时期的表现不同,而且不存在完全的趋同,失去差异性,失去竞争因素,整个制度(不仅限于国际私法或者法律)都将灭亡。

第五节　小　　结

在本章中,笔者尝试运用行为经济学的三个"有限"理论、偏好理论和进化博弈理论分析了"承认"问题。

与第五章相同,笔者首先讨论的是理论与"承认"问题的关联点。行为经济学分析作为综合范式分析的重要一环,同样体现了对主流范式的修正:经济理性假设的修正。三个"有限"理论在完成这个修正的同时,也构成了行为经济学的理论基础。"有限"理论及在其基础上发展出的偏好理论、认知理论和进化博弈理论构成了笔者用来分析"承认"问题的理论主体。在导言部分,笔者初步介绍了各个理论的内容及其与"承认"问题的联系:"承认"主体具有三个"有限"的特征、"承认"行为反映了心理认知的变化、"承认"制度的形成是主体作出行为、开展博弈的结果。

在第二节,笔者开始运用三个"有限"理论分析"承认"问题。首先,分别界定了三个"有限"的含义,接下来分析了其在"承认"问题中的不同体现。笔者认为,"承认"主体的有限理性在与"承认"有关的成本收益衡量、博弈、制度变迁和管辖权配置中都有体现;"承认"主体的有限意志力是法律适用"回家去"趋势形成的主观原因之一,并且说明了主体价值取向的多样性;有限自利也说明了主体作出"承认"决策的标准有可能多元化(不仅限于"效率"标准),同时还说明了主体的"互惠人"的特点与"承认"问题中的互惠制度紧密相关。最后,基于三个"有限"理论,笔者证明了"承认"主体的偏好是随机性的,这在丰富了"承认"的理由的同时,也体现了主体认知变化对于作出"承认"行为的重要影响。

所以第三节中,笔者运用认知理论,结合具体的历史细节对"承认"的产生进行了分析,结论是,"承认"是理性与非理性因素相结合的一种认知变化指引的结果。至此,笔者运用行为经济学理论对"承认"问题进行了片段的、静止的、非连续的分析,接下来的进化博弈分析则体现了整体的、动态的和连续的分析特点。

在进化博弈分析中，首先介绍和阐述了进化博弈的内容、特征、与传统博弈模式的联系，以及进化博弈、行为经济学和制度经济学的关系。进化博弈是行为经济学的一个分支，是分析制度变迁的一个重要理论，因此，对“承认”问题进行的行为经济学其他理论的分析和制度经济学分析，为进化博弈分析提供了必要的理论和结论支持。笔者认为进化博弈分析的前提是“承认”主体是有限理性的，在此基础上结合哈耶克关于制度生成及变迁的进化理论。笔者将“承认”的进化博弈分为四个阶段：“承认”行为的形成、“承认”规则的形成、“承认”规则导引下的行为和“承认”均衡的形成。结论是，“承认”本身也是一种制度均衡：主体在“特定目的”或“无意识”的导引下作出“承认”行为，又经由“试错”“模仿”和“针锋相对”的行为选择机制形成“承认”规则并在规则的指导下继续“承认”行为，最终形成“承认”的进化策略均衡（制度均衡）。笔者认为，这个分析过程结合了个人主义和整体主义的方法论。

最后，笔者得出了第一个重要的结论，即关于本书的研究目的之一：国际私法的理论内核的结论。笔者认为，国际私法作为一种法律制度，它的产生、发展、变化和消亡遵循的就是“进化”的原则，“进化”是国际私法的理论内核，因此，国际私法制度主要是通过自身进化形成的，而非外力建构形成的。同时，本书也提出了国际私法发展的一般路径，即进化的路径：竞争与合作。相关具体内容将在下一章中进行阐述。

总之，通过对“承认”问题进行行为经济学分析，笔者得出的结论是：从行为视角来看，“承认”是主体有限理性、有限意志力、有限自利和偏好随机性的体现，是主体认知变化的结果，“承认”体现了一种理性和非理性因素的结合；“承认”是主体之间进行进化博弈所形成的进化策略均衡。

第七章　承认外国法律效力问题综合范式分析之供求理论分析

笔者设定的“承认”问题包括“承认”的主体、对象和“承认”制度自身三个部分。之前笔者对“承认”问题进行的成本收益分析、博弈分析、制度经济学分析和行为经济学分析侧重的是对“承认”主体和“承认”制度本身的分析，而供给需求理论分析则是针对围绕着“承认”的对象——外国的法律产品所形成的供求关系及法律市场的分析，其中当然也包括了对“承认”主体（供给主体）的分析。该分析主要包括对“承认”所形成的法律供求关系的分析和形成“承认”时的法律供求关系的分析，前者是一个具体设定和阐述“承认”问题中的供求视角、供求理论的过程，后者既是从这个供求视角寻找“承认”原因的过程，同时也是结合具体的历史平台（意大利法则区别说时期）对这个供求理论进行实证检验的过程。

第一节　供求理论与“承认”问题

一、供求理论的内容及其与“承认”的联系

供求理论的分析对象是市场中供给方（生产者）和需求方（消费者）的关系，这种关系主要是通过两者的行为模式（行为特征、影响行为的因素）及其相互作用（供求平衡）体现出来的。供求理论的研究目的是说明供求关系如何影响市场中稀缺资源的配置。波斯纳认为从供求关系中可以推出三大定理：第一，所支付的价格和所需求的数量成反比例关系，即需求规律（the Law of Demand）；第二，消费者试图使其效用最大化（utility maximization），竞争有助于使价格最低化；第三，如果允许自愿交换（voluntary exchange），即市场交换，那么资源总会趋于其最有价值的使用。①

---

① ［美］波斯纳：《法律的经济分析》，蒋兆康译，林毅夫校，4～12页，北京，中国大百科全书出版社，1997。

可见,供求理论是关于资源如何在市场中进行配置的理论,所以供求理论与“市场”联系紧密。市场源于交易,交易的发生又源于存在有购买能力和购买欲望的需求方以及希望提供并能提供商品或服务的供给方。一般认为,法律市场与普通市场具有相似性。在法律市场中,同样存在着法律的供求关系,法律作为一种稀缺性资源,它的供求矛盾引发了供求双方的交易行为,所以法律市场同样可以用供求理论来分析。

法律制度是法律市场存在的前提,它构成了法律市场运作的基础甚至就是法律市场体系本身。① 所以,国际私法制度也可以看作是一个国际私法市场。与国内法律市场不同,它是一个跨国的法律市场,因为国际私法主体(包括供求双方)和国际私法规范(法律产品)都可能具有跨国因素。主体“跨国性”的产生是因为跨国(国际)民商事交往的存在,而规范产生“跨国性”的根本原因就是“承认”。

如本书开篇所述,“承认”是国际私法之发端。一方面,“承认”意味着允许外国法律产品进入内国市场,于是不同的外国法律产品之间、外国法和内国法之间将产生竞争,从而形成一个国际私法市场及其特有的供求关系,所以同样可以运用供求理论对其进行分析。另一方面,“承认”本身也是其所处时期的法律市场供求关系变化的产物,运用供求理论对这种“变化”进行分析的过程也就是解释“承认”成因的过程。

二、供求理论在主流范式中的地位及其在综合范式中的体现

供求理论是掌握和分析微观经济学的各个部分的重要工具,也是法律经济学主流分析范式的重要工具,正如萨缪尔森和诺德豪斯所言:“供给和需求分析是经济学所提供的最有用的工具之一。它和瑞士军刀一样几乎可以完成任何简单的任务。”②

之所以将“供求理论分析”纳入综合范式的范畴,原因有三:第一,国际私法市场供求关系具有特殊性。将“承认”问题纳入“市场—供求关系”分析,实际上是对供求理论的相关概念和思路的移植,而不是完全照搬其结论。例如,关于国际私法市场供求行为特征的描述(稍后论及),在结论上与普通市场存在很多差别。第二,笔者将结合具体的历史平台

① 韦森:《制度经济分析的哲学基础——经济学与哲学》,72 页,上海,世纪出版集团、上海人民出版社,2005。

② [美]保罗·A. 萨缪尔森、威廉·D. 诺德豪斯:《经济学》(下),高鸿业等译,635 页,北京,中国发展出版社,1992。

(意大利法则区别说时期)对供求理论进行实证检验,这就体现了综合范式的“历史与逻辑相一致”的方法。第三,“承认”问题的供求理论分析与前几章的综合范式分析有着不可分割的联系。在第五章中笔者证明,“承认”是制度均衡要求引起的法律制度变迁的结果,“承认”的过程就是管辖权界定和交易的过程,“承认”是缓解交易成本的一种效率的“治理结构(长期合同)”的体现。这个结论与本章内容的联系体现在以下几方面。首先,制度自身均衡包括人的行为之间的均衡、行为与规则的均衡和规则的进化,人的行为会体现出对相关法律的需求,那么,行为与规则的均衡就体现了法律需求与法律供给的关系,而规则的进化则意味着法律供给应随着需求的变化而变化。其次,管辖权交易的主体是“承认”的主体,也就是供求关系中的供给方。管辖权交易的目的是满足各自领域内的法律产品的需求,就是形成一个效率的法律供给市场。最后,“承认”的效率功用不仅体现在缓解管辖权配置的交易成本上,还体现在“承认”使效率的法律供给成为可能。在第六章中,笔者通过对“承认”问题进行行为经济学分析,证明了:“承认”是主体三个“有限”和偏好随机性的体现,是主体认知变化的结果;“承认”体现了一种理性和非理性因素的结合;“承认”是主体之间进行进化博弈所形成的进化策略均衡。这个结论与本章同样联系密切。首先,在供求关系中,主体(不限于“承认”主体)的三个“有限”和偏好同样会影响供给或需求的行为。其次,进化博弈所达致的策略均衡,或者说制度均衡,也就是市场的均衡和供求关系的均衡。

总之,通过将“承认”的供求理论分析纳入综合范式,笔者形成了一个对“承认”问题进行分析的相对完整的框架:“制度分析—行为分析—市场分析”。笔者在“市场分析”部分所要证明的就是:“承认”是法律市场供求均衡的需要,是法律市场竞争与合作的结果;“承认”的过程就是一个新的跨国法律市场(国际私法市场)形成的过程。

第二节　“承认”所形成的法律供求关系分析

一、“承认”所形成的法律供求关系和国际私法市场

讨论供求关系必须先分析供求主体(交易主体)。此外,法律市场作用的发挥取决于法律产品(交易客体)的类型。同时,不同的市场(交易场所)结构条件对价格和产量的决定是不同的,市场如何运作良好,很大程度

取决于市场结构。所以对法律产品和市场类型的分析也很重要。

（一）国际私法市场中的供求双方

在国内法律市场中，由“政治国家和市民社会分别构成法律产品的供求双方”①。当然，这个“市场”应限于私法市场，因为在公法市场中，国家、国家机关也可以成为需求方，公法满足了相应国家主体对具体权利义务安排的需要。② 而国际私法市场的供求双方却不能如此简单地一言蔽之。

因为国际私法是兼具私法和公法性质的独特法律部门（Kahn）。③ 在一般情况下，国家（立法机关）是供给方，④私人是需求方，而法律适用者却具有双重身份。在适用程序法的时候，法律适用者是需求方，而在适用实体法的时候就是供给方。最为复杂的是当适用冲突法的时候，因为冲突法兼具实体法和程序法的性质，所以法律适用者此时既是供给方也是需求方。具体而言，法律适用者以需求方的身份根据冲突规范的指引找到准据法，再以供给方的身份将准据法提供给具体案件中的私人（当事人）。可见，国际私法存在着复杂的而非单一的供求关系。

然而，笔者在本书中将法律适用者的身份界定为供给方，原因有二：第一，笔者认为国际私法的中心任务应该是解决私人主体间的国际民商事问题和纠纷，所以更应将需求方认定为私人，而非法律适用者。第二，在笔者所研究的“承认”问题所处的阶段，也就是国际私法的产生阶段，法律适用者正是冲突规范的最初提供者。

总之，国际私法市场中的供给双方的范围也就是国际私法主体的范围，包括私人、法律适用者、国家和国际组织，其中私人为需求方，其余皆为供给方。

（二）国际私法市场中的法律产品类型

国内法法律产品由公共（政府）生产，是典型的公共物品。一方面，法律产品无排他性——不能阻止人们使用法律产品；另一方面，法律产品无

---

① 陈宗波、阳芳、蒋团标：《法律的经济解释》，161 页，桂林，广西师范大学出版社，2004。

② 例如宪法市场、程序法市场。

③ 陆东亚：《国际私法》，13 页，台北，1979。转引自蒋新苗：《国际私法本体论》，232 页，北京，法律出版社，2005。

④ 不包括国家以普通民事主体身份参与国际民商事活动的情形。

竞争性—— 一人使用不会减少其他人再使用它的能力。[①] 国际私法市场法律产品是由国际私法的范围表现出来的，其中最主要的是规范。[②]

国际私法规范包括国内规范（实体规范、程序规范、冲突规范）和统一规范。统一规范是由国际组织或者通过国际条约制定的，也具有公共生产的特征，所以国际私法规范是公共产品。但是，准据法是个例外。

我们说冲突规范是国内法，属于公共产品，因为适用它不影响它以后再被适用，增加一个案件适用的成本是微乎其微。而准据法本身也属于公共产品，因为“适用准据法”也是由该国的法律（冲突规范）规定的，也可视为该国的国内法。[③] 这里需要注意的是，当法院具有自由选择的权利时（冲突规范的类型为“选择适用”或者连结点为“最密切联系地”），就会出现“自然垄断”的产品。例如，待选择的为 A 国法和 B 国法，在法院作出选择之前，A 国法和 B 国法对于需求方（当事人）来说就是“自然垄断”的产品，法院可以排除其中任何一个法律的适用，即体现了排他性。而在其他情况下，法院必须严格根据冲突规范的指引，适用连结点指向的准据法，而不能任意地排除它的适用。

总之，笔者认为国际私法市场的法律产品主要类型为公共产品，但某些产品（作为准据法的实体法）有时会体现出“自然垄断”产品的特点。

（三）国际私法市场的类型

根据供求双方的数量和成交价格的决定机制不同，可以把市场分为完全竞争市场、完全垄断市场、垄断竞争市场和寡头垄断市场。有学者认为，法律市场符合寡头垄断的基本特征。[④] 也有学者认为，法律市场是近似的完全垄断市场。[⑤] 笔者认为国际私法市场既包括近似完全垄断市场，又包括近似寡头垄断的市场和近似垄断竞争的市场，其中第一种为主要类型。类型区分关键在于供给方及供给方式的不同。

---

① ［美］曼昆：《经济学原理》（第三版），梁小民译，188 ~ 189 页，北京，机械工业出版社，2003。根据物品的排他性（excludable）和竞争性（rival），可以将物品分为四类：第一类，私人物品（private goods），既有排他性又有竞争性；第二类，公共物品（public goods），即无排他性又无竞争性；第三类，公有资源（public resource），无排他性但有竞争性；第四类，自然垄断（natural monopoly）的物品，无竞争性但是有排他性。

② 法律产品的表现形式还应该包括国际私法的基本概念，关于国际私法范围的详细内容请参见本书第二章。

③ 其中道理类似于库克提出的本地法说。

④ 冯玉军：《法律的成本收益分析》，57 页，兰州，兰州大学出版社，2000。

⑤ 陈宗波、阳芳、蒋团标：《法律的经济解释》，167 页，桂林，广西师范大学出版社，2004。

1. 近似完全垄断的市场

当供给方为国家(立法机关)时,相关的实体规范产品、程序规范产品和冲突规范产品的立法供给都具有垄断性,国家是相关的法律产品的唯一供给者。但是该产品不是完全不可替代的,政策、道德、惯例和宗教在解决国际民商事纠纷和问题时也会发挥作用,例如在当事人采取私力救济的场合或法律没有相关规定的时候。所以说,其是“近似”完全垄断的市场。

当供给方为国际组织时,则分为两种情况:一是其产品对成员国具有约束力,此时这种供给也是具有垄断性的。二是其产品只有示范作用,而没有约束力。此类示范性规定只有经过成员国同意援用后方能适用,①实际上它和法学家的意见在立法参考层面没有实质性的差别。

供给方为法律适用者的市场情形较为复杂。冲突规范的连结点有时是单一性的、硬性的,②也就是准据法具有可预见性,这时法律适用者相当于冲突规范的供给方——国家的代理人,它只需严格地按照连结点的指引即可,而没有自由选择的余地,这时的市场仍是近似完全垄断的。但当冲突规范的连结点具有“软化”特征时,③则形成了近似寡头垄断的市场。

2. 近似寡头垄断的市场

“软化”的冲突规范意味着法律适用者有独立于立法者的自由选择权,它可以在不同国家提供的法律产品之间进行选择,但是选择是有范围的,例如“最密切联系”的要求或者是可供选择的连结点数量的限制,而且往往这个范围是很小的。④ 此时法律适用者相当于间接的供给方,而最终的供给方却是某个准据法的所属国,从后一个意义上来讲,可供选择的不同国家的法律产品之间出现了竞争,完全垄断被打破,出现了近似寡头垄断的市场。需要注意的是,“寡头”的法律产品需要与法律适用者所在国的冲突法产品和法律适用者自身的“自由选择”相结合,才能最终为需求者所消费。这种供给的间接性是这类国际私法市场的特点,也是将这个市场冠以“近似”之称的原因。

3. 近似垄断竞争的市场

需求方(当事人)在某种意义上也可以成为供给方。当国家供给的冲突规范认可了“当事人意思自治”原则时,法律适用者最终提供的法律产

① 例如1990年国际海事委员会电子提单规则。

② 例如国籍、住所、行为地、法院地。这些连结点所指向的准据法是可以预见的。

③ 连结点为最密切联系地或者同时规定了多个可选择的连结点,即选择性冲突规范。

④ 例如,“最密切联系”本身就意味着对数量的限制。参见朱莉:《国际私法的经济分析》,吉林大学博士学位论文,2007。

品就是当事人合意选择的准据法,这个选择也是有范围的,但是范围很广,可供选择的“厂商”数量很多,并且产品之间存在差别,呈现多样化的特点,这就符合了垄断竞争市场的特点。需要注意的是,法律需求者消费垄断行业中“厂商们”的产品,不是必须先通过消费冲突规范产品间接获得,还可以直接获得,也就是表现为私人间直接交易的私力救济途径。

二、国际私法市场中的法律供给

(一)含义

国际私法市场中的法律供给是指国际私法不同的供给方(法律适用者、国家、国际组织)提供关于解决国际民商事纠纷和处理国际民商事问题的法律产品,也就是为需求方提供具体的权利义务安排。

(二)特征

1. 产品的可替代性

国际私法市场中的法律产品可以根据国际私法渊源分为两类:正式渊源的产品和非正式渊源的产品。前者是指以“权威性法律文件的明确文本形式”表现出来的法律产品,[①]即通过立法或判例体现出来的笔者所说的近似垄断市场中的法律产品。一般情况下,正式渊源的法律产品是不可替代的,这是法律供给强制性的表现,但是如果其不能完全满足法律需求,例如存在法律规定的空白时,就会出现替代产品。它的替代品就是指非正式渊源的产品,即那些“尚未在正式的法律文件中得到权威性的或至少是明文的阐述和体现,但是具有法律意义的资料和值得考虑的事项”,[②]例如公平正义的观念、道德规范、宗教规范、习惯等。需要注意的是,这种替代是补充性的,但也不是完全非竞争性的。非正式渊源的产品也会影响未来的正式渊源产品的内容,即表现为一种“潜在的竞争”。[③]

2. 法律供给的间接性和直接性并存

有学者认为法律供给的间接性表现在:人们对法律的需求根源于法律

---

① 见[美]博登海默:《法理学:法律哲学与法律方法》,邓正来译,414 ~ 415 页,北京,中国政法大学出版社,1999。

② [美]博登海默:《法理学:法律哲学与法律方法》,邓正来译,414 ~ 415 页,北京,中国政法大学出版社,1999。

③ 这部分非正式渊源的产品在国际私法产生阶段起到了至关重要的作用,特别是“习惯”,后文具体阐述。

的价值，即法律所象征和保障的秩序、自由、正义、效率等目标，而法律的供给仅仅是确定并实现法律价值的一个过程。法律的这种工具属性，说明了法律供给者仅能提供中间产品——法律，而不能提供最终产品——秩序、自由、正义、效率等社会目标。[①] 笔者所界定的"间接性"是指法律适用者需要通过"中间产品"——冲突规范的指引，才能提供"最终产品"——准据法。[②] "直接性"有两种体现：一是体现在法律适用者适用"直接适用的法"；[③]二是需求方（私人主体）之间通过合意选择而"直接适用"某国法律产品完成私人间的权利、利益交易。

3. 诱致性供给和强制性供给并存

"法律的诱致性供给，是指法律规范虽有国家制定，但依赖于市场主体利益驱动下的自愿选择行为而得以实施的法律供给模式。而法律的强制供给，是指法律由国家制定，并借助于国家专门机关的积极执法活动，强制推行，而得以实施的供给模式。"[④]这两种供给形式在国际私法市场同样存在。诱致性供给有两种体现：第一，"需求方（私人主体）之间通过合意选择而'直接适用'某国法律产品完成私人间的权利、利益交易"直接供给的情形，即"直接供给"的第二种情形；第二，规定当事人意思自治原则，即"以个人理性可以预期的盈利为立法基础，以权利为本位"[⑤]。在其他不存在"当事人意思自治"的场合，体现的便是国家或者法律适用者的"意思"，也就是体现为强制性供给。强制性的供给具有突变性和灵活性，[⑥]所以有利于及时在立法中反映新出现的"人的行为之间的均衡"从而实现"行为与规则之间的均衡"。同时，诱致性的供给也不可或缺，毕竟"意思自治原则"反映了"私法自治"的基本精神，并且诱致性供给的"渐进式"和"由局部到整体"的特点也是制度变迁和进化博弈模式的重要特征。

4. 供给的滞后性

供给的诱致性特征同时也说明了其"滞后性"的特点。法律的供给存在滞后性，也就是制度变迁中的"时滞"问题，它减慢了制度变迁的速度，

---

① 钱弘道：《经济分析法学》，210页，北京，法律出版社，2003。

② 需要明确的是，此时法律适用者对程序规范的运用不应视为"间接性"的体现。因为在国内法市场中，立法供给和司法供给被视为是一个整体，是一个完整的供给过程。而"冲突规范"解决法律冲突的间接性正是国际私法的一大特点。

③ 往往是国内的强制法。

④ 钱弘道：《经济分析法学》，218页、219页，北京，法律出版社，2003。

⑤ 钱弘道：《经济分析法学》，218页，北京，法律出版社，2003。

⑥ 陈宗波、阳芳、蒋团标：《法律的经济解释》，152页，桂林，广西师范大学出版社，2004。

同时也影响了制度的有效供给。[1] 国际私法市场的法律供给也存在滞后性，无论是“是否应当承认外国法律效力”还是“在多大程度上、多大范围内承认外国的法律效力”，与这些问题相关的法律供给都取决于供给方对市场需求把握的程度，并且“需求”要通过市场等途径才能在“供给”上反映出来，这需要一个过程。笔者认为“承认”就是对当时法律市场需求的反映。

5. 供给方和需求方的效用函数基本一致

普通物品在自由市场交易能使双方获利，但交易利益的分配则存在此消彼长的关系（见图 7-1）。而在国际私法市场中，法律作为一种公共物品，应当体现供给方服务于全社会利益的宗旨，所以国家供给法律产品时，供给费用不能从需求者的购买中得到补偿，而只能由政府的预算通过税收、规费等非价格性方式来筹集。[2] 国家在供给法律产品时，一切行为应以增强私人的效用为目的，从而体现法律供求双方效用函数的基本一致性（见图 7-2）。笔者认为，法律供求双方的效用函数一致性的假定是评价法律实际运行成效的标准，在现实中，法律供给方存在“自利性”。

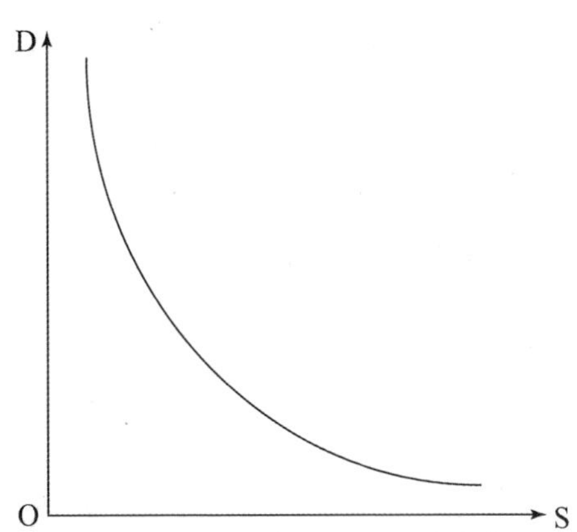

图 7-1 普通市场中需求者与供给者的效用函数

1. 法律供给方的“自利性”

法律供给方的“自利性”也可称为法律供给方效用函数的“内在性”。所谓“内在性”是指国家机关组织内确立用以指导、规制、评估机构运行和

① [美]科斯、阿尔钦、诺斯等：《财产权利与制度变迁》，胡庄君等译，197 页，上海，上海三联书店，1994。

② 沃尔夫：《市场或政府》，45～46 页，北京，发展出版社，1994。转引自陈宗波、阳芳、蒋团标：《法律的经济解释》，132 页，桂林，广西师范大学出版社，2004。

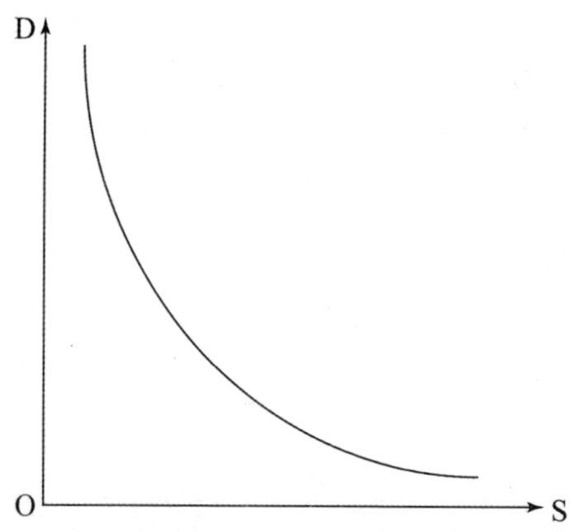

图7－2　法律市场需求者与供给者的效用函数

组织成员行为的准则目标，所以该组织的法定职能、社会公共目标不一致。[①] “内在性”决定了法律供给者在提供法律的活动中，不可避免地要顾及自身的特殊利益，从而可能扭曲法律的供给。[②] 国际私法市场上的供给方不是完全“利他”的，换言之，供给方也有收益。直接的收益表现为：管辖权收益、本国人受到保护（政策利益）或得到赔偿（经济利益）、被确认的法律关系产生的社会收益。间接收益表现为其法律得到进化和有机的发展以及其国际政治地位的确立与提升（即声誉）。供给方效用函数“内在性”的假定，实质上是对效用函数“一致性”假定的矫正。

（三）影响国际私法市场中法律供给的因素

市场视角下，国际私法发展的方向应该是不断提高法律供给能力，以满足相应的法律需求。这就需要先了解影响供给的因素：生产成本、法律价格和立法技术。

1. 生产成本

法律供给是耗费成本的，成本的高低取决于法律生产要素的价格。法律的生产要素一般包括法律劳动、法律技术和物质财富，生产要素的不同配置形成了各具特色的法律制度。[③] 国际私法生产要素配置的关键在于冲突规范的设计，而“承认”的成本是其首要考虑的问题。“承认”（包括适

---

① 王曙光、胡译程、冯海燕：《法律市场均衡的经济分析》，载《哈尔滨商业大学学报》（社会科学版），2005（4）。

② 周林彬：《法律经济学论纲》，212页，北京，北京大学出版社，1998。

③ ［英］安东尼·B. 阿特金森、［美］约瑟夫·E. 斯蒂格利茨：《公共经济学》，蔡江南等译，416页，上海，上海三联书店，1994。

用外国法）的成本也是国际私法法律产品最具特色的成本，[1]例如查明外国法的成本、放弃适用内国法或其他外国法的机会成本等。“承认”的范围也直接影响“承认”的成本。“外国法的范围”含义有二：一是“国家”的数量；[2]二是同一国家的法律种类的数量。[3] 所承认的外国法的范围越大，生产成本越高。生产成本越高，供给方的净收益越低。

2. 法律价格

法律的价格与法律的供给呈正比例关系，这是供给定理在法律市场中的体现。法律的价格由需求方所让渡的权利的内容来体现。包括财产权（税收）[4]和非财产性的权利（如自由）。让渡的权力内容体现的是整体的法律产品的总价格，各种不同的法律产品的价格会有所差别，有的高于平均价格，有的低于平均价格。价格的高低取决于生产成本的高低。

3. 立法技术

生产要素的状况为既定的情况下，法律供给能力的提高（法律产品质量的提高）完全取决于生产要素的合理配置，在国际私法市场中也就是管辖权的合理配置。配置决策的合理性决定着需求能再多大程度上被满足。这就取决于供给决策的合理性。合理的供给决策必须以合理的计算为基础，也就是对成本进行分析、统计和预测。[5]

需要注意的是，“合理”的决策不一定是“效率”的决策，它可能是体现“正义”价值取向的决策，这取决于需求的价值取向。例如，对冲突规范的“软化”增加了供给的法律产品的数量，这就增加了“公平（正义）”审判结果的概率，但同时无疑也增加了法律适用的成本，例如外国法的查明成本，这就降低了效率。反之，“回家去”的趋向只单一地适用法院地法，提高效率的同时，却降低了供给的质量。所以笔者认为，立法技术的改善应以满足需求方的价值取向为标准，提高的重点是供给的质量而不是供给的数量，虽然有时两者并不矛盾。

---

① 本书第二章系统阐述了“承认”成本的范围。

② 取决于连结点的数量和内容。

③ 取决于对具有域外效力的法律性质的划分。

④ 政府向个人提供公共安全和公共服务，个人向政府缴纳税款。因此纳税既是政府提供服务的报酬，又是个人购买服务的价格。参见周林彬：《法律经济学论纲——中国经济法律构成和运行的经济分析》，228 页，北京，北京大学出版社，1998。

⑤ 参见钱弘道：《经济分析法学》，208 页，北京，法律出版社，2003。法律供给计算的目的在于对不同的配置方案进行比较和权衡，发现其中能以最小的资源消耗使需要得以最大限度的满足的方案。为了完成这种计算，法律供给者必须掌握生产函数的相关信息。它需要知道，在某种生产技术条件下，生产某一数量的某种法律活动需要消耗哪些资源，各种资源需要消耗多少。

总之,国际私法市场中法律的供给随着法律产品价格的增高而增长,虽然同时生产成本也在增加,并且净收益越来越小,这是由公共产品的特性决定的。同时,法律供给能力的提高关键在于提高立法技术,提供高质量的能准确反映需求的法律产品。

三、国际私法市场中的法律需求

(一)国际私法市场中法律需求的含义

国际私法领域法律需求就是指主体(主要指私人)的关于解决国际民商事法律纠纷或处理国际民商事法律问题的愿望。法律需求的具体内容因人而异,有的人更偏好公平、有的人更偏好效率。①

(二)国际私法市场法律需求的特征

1. 法律需求具有不确定性

法律需求与一般商品的需求一样,是主观需要与客观能力的统一,这就增加了实现法律需求的难度和不确定性。法律需求的不确定性,是指人们对于法律的需求内容和需求量难以准确地把握。② 这种需求的不确定性除了法律"中间产品""非物质产品"的属性带来的度量困难外,还在于法律需求显示的是公共选择的过程。③ 国际私法市场的法律需求的不确定性还表现在,不同的需求者的价值取向(偏好)有可能不同,有的倾向于"效率",有的则倾向于"实体正义"。法律需求的不确定性对于有针对性地提高法律供给的能力是一个不利的因素。我们可以通过增加诱致性供给——例如设定范围更广泛的"当事人意思自治原则"——来使法律需求的内容明确化。

2. 法律需求方具有效益最大化倾向

传统经济理论认为,构成最主要的市场主体的私人在本性上都是"使自我满足最大化的理性主体",即追求自身利益最大化(maximizing self - interests),或者说是追求货币收入最大化或效用最大化的经济人。④ 法律需求方期望通过法律手段获得最大的既在或潜在利益(或利润),包括有

---

① [美]布莱克:《法律的运作行为》,唐越、苏力译,20页,北京,中国政法大学出版社,1994。

② 冯玉军:《法律的成本收益分析》,54页,兰州,兰州大学出版社,2000。

③ [美]丹尼斯·缪勒:《公共选择》,张军译,149~159页,上海,上海三联书店,1993。

④ 陈宗波、阳芳、蒋团标:《法律的经济解释》,106页,桂林,广西师范大学出版社,2004。

形的物质财富和无形的主观精神满足。就像对物质商品的需求能给人带来效用和满足一样,人们对法律的需求同样是为了能给自己带来利益的实现和追求。需要注意的是,因为有限理性、有限意志力和有限自利的存在,需求方的现实倾向必然与“效益最大化”有所差别,但这不能否认更多情况下理性地追求效益最大化是需求方的行为起点。

3. 法律需求的非市场性与市场性并存

法律需求具备市场性与否与法律产品的类型密切相关。

在私人物品市场上,人追求利润最大化的本性使其敏锐的嗅觉无孔不入地抓住人们需求的空缺,无论从需求方还是供给方的角度来看,都会出现激烈的竞争。而在公共物品的特殊市场里,公共物品的供给具有天然的垄断性、非市场性以及非营利性特征,而公共物品的需求方也不能任意选择生产者。公共产品的非市场性供给决定了法律需求的非市场性。[①]

笔者认为,国际私法市场的法律需求同时也具有市场性的特点,表现有二:第一,诱致性的供给提供了法律需求方进行市场交易的空间;第二,当事人意思自治原则在体现了直接性供给的同时,也形成了垄断竞争的市场。

(三)影响国际私法市场法律需求的因素

法律需求是法律消费者愿意并且能够购买的法律制度的数量,是购买愿望和购买能力两方面的统一,因此法律需求将随着影响法律购买愿望和购买能力的因素的变化而变化,影响法律购买愿望和购买能力的因素也就是影响法律需求的因素。可以从以下几个方面分析。

1. 偏好

在收入和价格一定的条件下,需求方对产品的需求最终取决于他们的偏好。偏好表明了需求方的购买愿望。偏好是有次序(顺序)的,偏好的次序具有完备性、可传递性和反身性。偏好是主观的、给定的、外生的。[②] 如前所述,在国际私法市场中,因为三个“有限”的存在,致使偏好次序的上述特性不具有普遍性,但是偏好次序本身是现实存在的,因为

---

① 陈宗波、阳芳、蒋团标:《法律的经济解释》,104~105页,桂林,广西师范大学出版社,2004。

② [美]罗伯特·D. 考特、托马斯·S. 尤伦:《法和经济学》(第三版),施少华、姜建强等译,16~17页,上海,上海财经大学出版社,2002。

偏好是主观的,它具有政治、文化和历史的渊源。例如从价值取向的层面,需求方的偏好可以分为正义、自由、秩序和效率;从争议解决途径的层面,可以分为诉讼、仲裁和调解;从产品的种类上看,大致可以分为本国法和外国法;从法律适用层面上看,[①]可以分为法律适用的可预见性、统一性、明确性、简易性和便利性。需要注意的是,需求方的偏好不必然体现为某种价值取向、某种争议解决方式或某种产品,有时候体现出的是一种"耦合"的状态,或者说体现为产品的组合。需求方从不同 x 和 y 产品组合中所得到的效用水平可以用消费者无差异图来体现(消费者的口味具有以下特征:它对位于一条给定的曲线上的所有 x 和 y 产品的组合式无差异的,见图 7-3)。

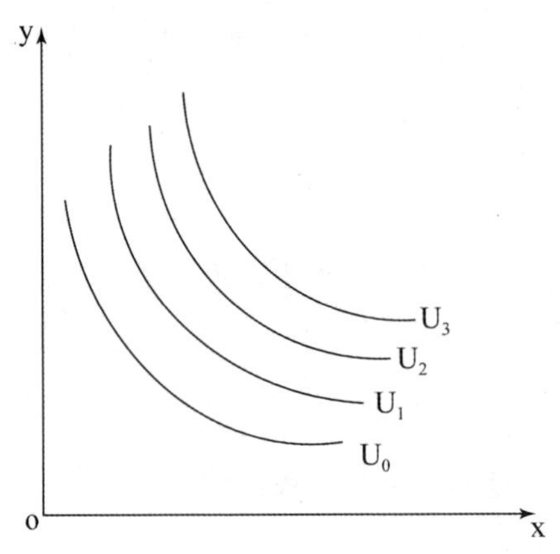

图 7-3 消费者无差异图

偏好的多样性使需求具有不确定性。如前所述,供给方可以通过诱致性的供给使需求方的内在偏好外化。例如,当事人意思自治原则就体现了不同需求方在不同国家法律产品之间所作出的偏好一致的选择。

2. 收入

价格不变的条件下,需求方的收入与其购买能力呈正比例关系。"消费者选择问题是由消费者的多种偏好与他的满足所面临的障碍之间的冲突引起的。这种障碍就是让决策者在可选组合中进行选择的各种约束。约束是多种多样的,包括时间、精力、知识和一个人的文化,但是最主要的是有限的收入(见图 7-4)。"[②]

① 也就是对法律适用中个人收益的不同分类,请参见本书第三章。

② [美]罗伯特·D. 考特、托马斯·S. 尤伦:《法和经济学》(第三版),施少华、姜建强等译,18 页,上海,上海财经大学出版社,2002。

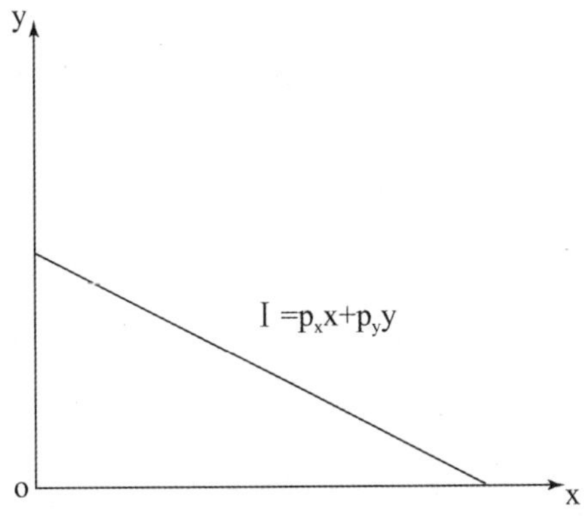

图 7-4　消费者的收入约束或预算线

3. 需求成本

需求方的购买能力与需求成本呈反比。但是从整体的法律需求来看，法律需求的数量与需求成本是呈同方向变化的：成本比较低的水平下，人们对法律的需求数量较多，但随着法律需求成本的不断增加，法律需求数量增长速度有下降趋势（见图 7-5）。

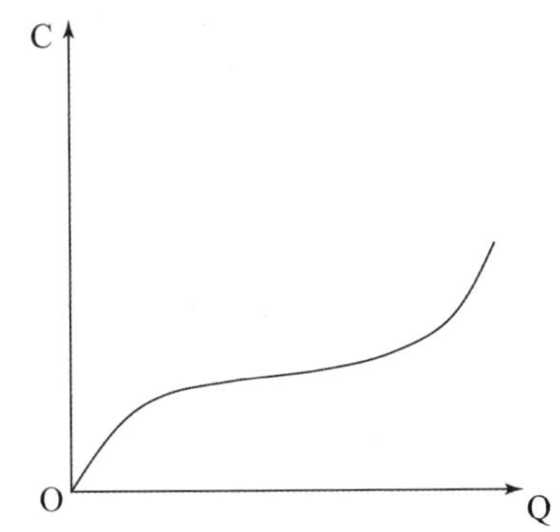

图 7-5　整体上看法律需求与成本的关系

这是因为从整体上看，需求方对法律的需求具有被动性，也就是体现了供给的强制性，所以成本的增加无法杜绝法律的需求。但是，就具体案件而言，需求则可能与成本呈反比例的关系（见图 7-6）。

笔者认为，在国际私法市场中，需求成本可以分为固定成本和不固定成本，前者指通过纳税和让渡非财产性权益所形成的成本。后者则是在具体的法律消费过程中不断产生的成本，主要表现为机会成本和交易成本。机会成本是指需求方对产品作出选择的同时所放弃的收益，例如选择法律产品，意味着对非正式渊源产品的放弃；选择诉讼手段，意味着对仲裁或调

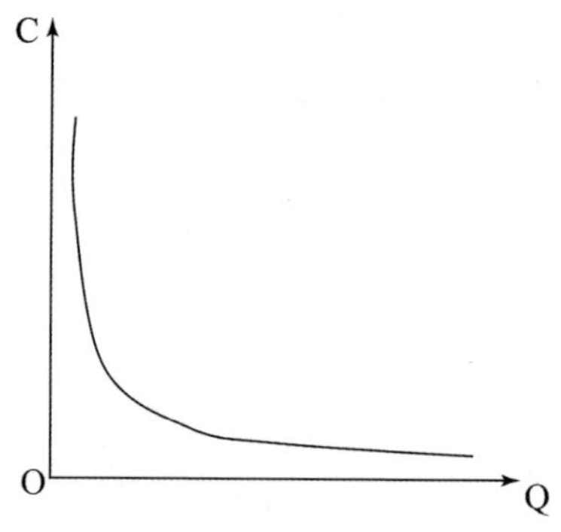

图7-6 具体案件中法律需求与成本的关系

解手段的放弃；合意选择某国法院或者某国法律是对其他机会的放弃。交易成本则主要体现为需求方在协商、谈判、查明法律、证明事实、预测结果等过程中所花费的时间、精力和金钱成本。

降低需求方在具体法律消费中的成本，增加需求方的效用，应该是提高法律供给能力的应有之意。

4. 法律价格及相关物品价格

法律需求也与其他商品需求一样，需求数量与其自身价格具有反方向变化的规律，即当法律价格较高时，人们对其需求量较小，当法律价格较低时，人们对其需求量就较大。经济学中的需求规律在法律需求中同样起作用（见图7-7）。

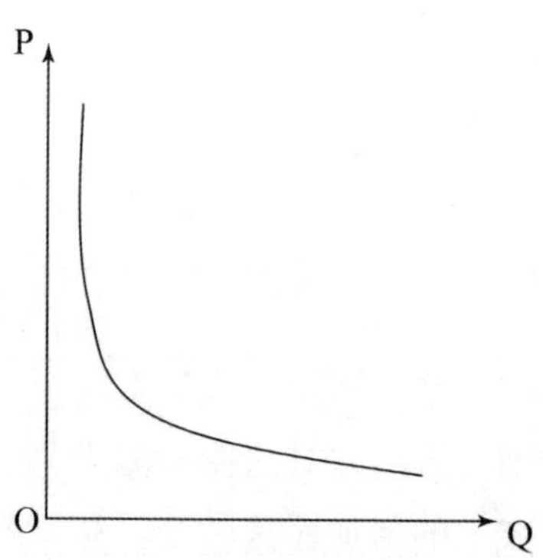

图7-7 法律价格与需求的关系

法律作为一种特殊的产品或者说是一种不完全意义上的商品，其供给是处于垄断状态的，需求弹性较小，但它在具体的法律实践中仍然会遵循价格规律，在法律的需求原理上仍然符合商品的替代性和互补性原理，即替代品的价格会引起法律需求量同方向变化，而互补品价格变化会引起法律需求量反方向变动（见图7-8，图7-9）。

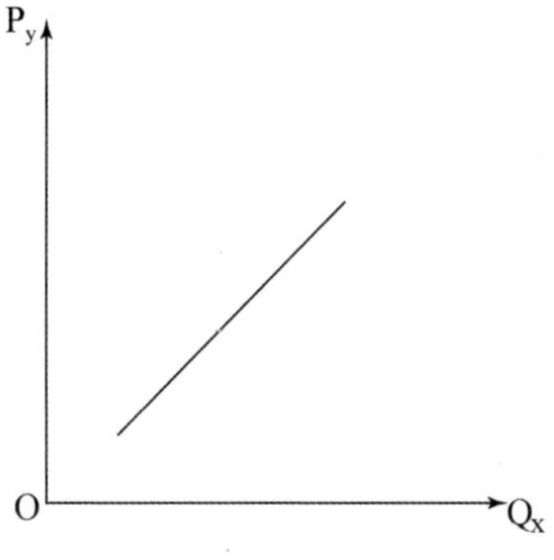

图 7-8 法律产品的替代品

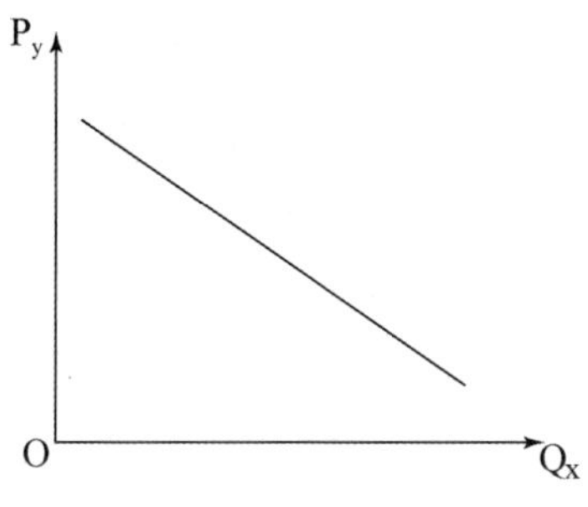

图 7-9 法律产品的互补品

5. 需求方的效用

笔者认为法律需求方的效用是主体在消费法律产品过程中对消费满足程度的主观评价,它反映的是法律作为客体满足主体需要的属性。需求方的效用体现了需求的收益性,同时也构成了“法律的效用”的主要内容,法律的效用就是指法律所能满足的人们在日常经济生活中对法律规范的需求的属性,以实现自身利益的最大化目标。需求方的效用是由多种偏好与所面临的障碍之间的冲突所决定的。[①] 如图 7-10 所示,需求者的最优的产品束如点 M 所示,它有 x * 和 y * 。在所有可行的 x 和 y 组合中,这一组合给消费者带来了最大的效用水平。

“一个约束最大化问题,或者任何其他经济优化问题,都可以被描述成一个点,在该点处,边际成本等于边际收益。”[②]所以这种需求方在约束条件下的效用最大化也就是符合了边际成本与边际收益相等的条件。因

① [美]罗伯特·D. 考特、托马斯·S. 尤伦:《法和经济学》(第三版),施少华、姜建强等译,18 页,上海,上海财经大学出版社,2002。

② [美]罗伯特·D. 考特、托马斯·S. 尤伦:《法和经济学》(第三版),施少华、姜建强等译,19 页,上海,上海财经大学出版社,2002。

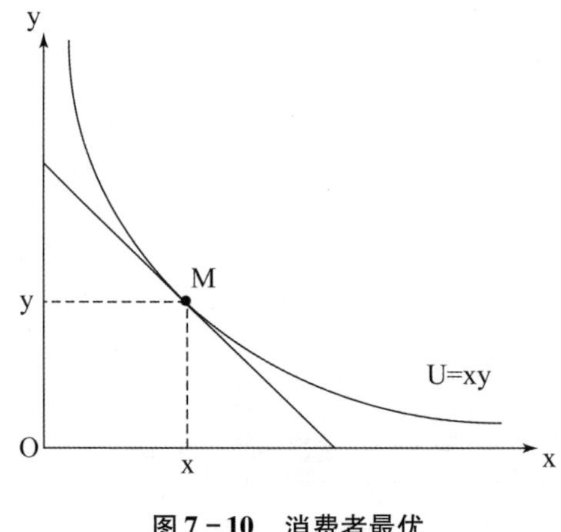

图 7－10　消费者最优

为边际收益(边际效用)是递减的,所以需求方从法律获取的效用满足是有一定限度的。

总之,国际私法市场中的法律需求与需求方的购买愿望、偏好密切相关,同时也受购买能力的影响,即需求与成本呈正比(个案中呈反比)、与法律价格呈反比,法律需求要受到收入的限制,[①]存在需求者效用最大化的状态。

四、国际私法市场的供求均衡

(一)供求均衡的含义

法律供求均衡的基本含义是,“法律的价值都能够通过立法和实施过程顺利地实现,法律需求都能得以满足,法律供给适应法律需求,既不存在法律过剩,也不存在法律短缺。人们对既定的法律内容和结构安排十分满意,因而无意也无力改变现行制度”。[②] 国际私法市场中的供求均衡指的是,通过国际视角下的管辖权有效配置所提供的法律产品,能够准确地反映需求方的偏好,并且以符合该偏好的方式解决国际民商事纠纷和处理国际民商事问题,从而恰好满足需求方的需要。

需要指出的是,在现实中,供求的不均衡是绝对的,而均衡是相对的。这是因为法律需求所依赖的法律制度是随着环境制度的变化而变化的,而

---

① 实际上,国际私法市场中的法律产品本身具有限制特定需求的内容,主要体现在对当事人意思自治原则的限制,例如规定直接适用的法和公共秩序、法律规避等辅助机制。

② 钱弘道:《经济分析法学》,238 页,北京,法律出版社,2003。

且法律制度自身也处于不断的变化当中，所以法律需求也是在不断变化的，[①]所以国际私法一直处在供求“不均衡—均衡—不均衡”的循环、进化的过程中。

（二）均衡的变动

均衡的变动可以由供给变化或需求变化单方或者共同引起。国际私法市场重点研究的是需求变化引起的均衡变动。法律需求的增加会引起供求的非均衡，同时也导致了制度的非均衡。

法律需求的增加意味着原有法律供给的不足，这时需求方会对现存法律表现出不满意或者不满足，而谋求新的行为模式，试图通过私人交易满足需求，而“人的行为”的变化则导致了制度的不均衡：行为与规则之间的均衡被打破，现行规则的净收益小于另一种可供选择方案的净收益，从而出现了“潜在的制度利润”，这就指引了“规则”进化的方向。

（三）价格机制

在市场经济中，价格是配置稀缺资源的机制。供求定理反映了价格机制的作用：任何一种物品价格的调整都会使该物品的供给与需求达到平衡。国际私法市场虽然不是完全竞争市场，但也不是完全垄断的市场，所以价格机制在这里仍发挥作用。需求的增加使均衡价格上升，均衡价格的上升又会导致供给的增加，从而形成新的均衡。达到新均衡的快慢取决于价格调整的快慢，然而在法律市场中，通过需求方的权力让渡所表现出的价格难以对供求关系的变化作出快速反应，这就需要其他机制来促进新均衡的形成。在国际私法市场中，竞争与合作机制是提高供给能力和实现供求平衡的主要路径。

（四）竞争与合作机制

如前所述，国际私法市场也存在近似垄断竞争和寡头的情形，它们凸现了竞争与合作的重要性。

1. 竞争

“竞争乃是一种形成意见的过程：通过传播信息，竞争是经济体系达致了统一性和一贯性，而这正是笔者在把它视作一个市场的时候所预设的前提条件。竞争使人们对什么是最好的和什么是最便宜的这两个问题形成

---

① 这些变化都应体现出“进化”的内核。相关内容请参见本书第六章。

自己的看法；而且也正是因为竞争，人们有可能知道的各种可能性和机会才至少会与他们事实上所知道的一样多。据此，我们可以说，竞争乃是一种关涉到基据不断发生变化的过程，因此任何使这些基据为恒定不变之事实的理论都肯定无法洞见到这种过程所具有的任何重要意义。”①笔者认为，法律适用者所进行的法律选择，在表面上是适用冲突规范的结果，实质上却是不同供给方所提供的法律产品之间竞争的结果，这个结果反映了竞争所形成的“意见”：准据法是最好的。这个竞争的过程在具体的法律选择开始之前就已经进行，从“承认”行为出现的那一刻起就一直在进行。产品质量优劣与否并不取决于某个私人主体的偏好或者某个法律适用者的“自由意志”，它取决于自身的法律内容、传统和精神是否与自身制度进化的方向保持一致。换言之，法律产品的竞争力不在于取悦某个人、某个团体、某个国家、某个法系甚至是某类称之为“进步”的法律体系，一个国家（供给方）的法律竞争力来自于自身法律传统和这种法律传统的充分发展，这就是笔者所理解的法律产品竞争的含义，至于法律借鉴、法律移植直至区域法、世界法（统一法）的制定，所体现的则是“合作”的内容。

总之，法律制度自身的发展需要竞争来推动，参与竞争的最好方式就是自身法律传统充分的发展和充分的竞争，这是高质量合作的前提。哈耶克（1968）认为，竞争将导引某种“市场秩序”的形成，②笔者认为，“供求均衡”就是这种秩序的体现之一。

2. 合作

从文献综述中可知，绝大多数学者都认为“合作”是国际私法的重要发展路径。合作是对竞争成果的一种最好的保存形式。“世界上种种法律体系能够提供更多的、在它们的发展中形成的丰富多彩的解决办法，不是那种局处本国法律体系的界限之内的、即使是最富想象力的法学家在他们短促的一生能够想到的。”③如果说“竞争”提供了不同国家（法律产品）彼此了解的平台，那么“合作”则体现为对其中“优秀”的产品进行保留并推广的过程。合作的形式多种多样，包括“承认”、法律借鉴、法律移植和区域法、统一法的制定。显然，合作会增加法律产品的供给，从而与增加的法律需求形成新的均衡。

---

① ［英］弗里德利希·冯·哈耶克：《个人主义和经济秩序》，邓正来译，155～156 页，北京，生活·读书·新知三联书店，1999。

② ［荷］杰克·J. 弗罗门：《经济演化——探究新制度经济学德理论基础》，李振明、刘社建、齐柳明译，213 页，北京，经济科学出版社，2003。

③ ［德］K. 茨威格特、H. 克茨：《比较法总论》，潘汉典等译，22 页，北京，法律出版社，2003。

3. 第二个重要结论:国际私法进化的路径是"竞争与合作"

笔者曾提出规则进化的路径是竞争与合作,法律制度变迁的最终特征也是竞争与合作,这也是解决冲突的方式。"进化"是国际私法的理论内核,国际私法主体间的竞争与合作是国际私法制度进化的路径,竞争与合作之间的紧张状态是制度进化的唯一载体,它们同时存在,缺一不可。

总之,竞争与合作是实现制度均衡的重要机制,也是实现市场均衡的重要机制。

第三节　意大利法则区别说时期的法律供求关系分析

在第四章中,笔者较为详细地介绍了这一时期法律的共同因素与差异因素,并且初步介绍了法律供求关系的相关内容。下面笔者以此为基础,为关于"承认"形成的供求关系的相关理论提供历史证据。

一、法律产品与法律市场

(一)法律产品及替代品

这一时期的法律产品种类繁多,但是大致可以分为两类:教会法与世俗法,后者包括封建法、庄园法、罗马法、商法和城市法(城市条例)。其中封建法和庄园法具有明显的地域性特点,即法律效力以地域为界,而教会法、罗马法和商法已经具备了普遍法的特点,属于"跨地域"的法律产品,城市法作为"新产品",其能否作为"跨地域"的产品被普遍接受尚有待检验。与此同时,"习惯"作为正式渊源法律产品的替代品,在各个地域(王国、领地、城市)内广泛的存在,在有的地域(例如 Langobarden)它甚至取代了正式渊源法律产品,成为当地法律市场的主要"消费品"。

(二)法律市场

1. 近似完全垄断的市场

从法律产品的种类来看,教会法市场、罗马法市场和商法市场接近完全垄断的市场的特征——"厂商完全控制了该产业的生产",[①]教会、罗马法学家和商业行会几乎完全控制了相关法律的生产,这三个产品在当时都

① 陈宗波、阳芳、蒋团标:《法律的经济解释》,165 页,桂林,广西师范大学出版社,2004。

是“不可替代的”，形成了自然垄断而具有规模经济和成本弱增性的特点。[①]

2. 近似寡头垄断的市场

当三者所包含的同种类法律产品相互竞争时，又形成了近似寡头垄断的市场。即“少数几家厂商供给某种产品并控制该产品的产量、销售量和价格”。[②] 例如教会法和罗马法都有关于婚姻关系的法律规定，罗马法和商法都有关于商事交易（合同）的法律规定。

3. 近似垄断竞争的市场

从地域的角度看，包含各种法律产品的“跨地域”的市场则类似于可竞争性市场。法律产品都存在多样化的特点，曾经的垄断产品（教会法、罗马法、商法）面临着城市法和地方习惯的竞争以及与潜在竞争者（尚未制定城市条例的城市）的潜在竞争。而潜在的引入者，例如城邦，不存在技术上的劣势，也不必承担额外的进入成本。潜在的竞争有利于约束市场上法律供给者的不良行为，实现经济效率。同时，城市法之间的冲突也是在这个“跨地域”的市场中展开的。承认外国的法律效力，接受外国的法律产品，有助于打破法律市场的垄断，“只要任何其他人在满足消费者需求方面的效率超过了该垄断者的效率，这种垄断就必须即刻消失。”[③]法律产品的多样化及其相互的竞争，有利于提高法律市场的效率。[④]

二、法律供给与需求的特征

（一）法律供给的特征

这一时期的法律供给同样具有诱致性供给与强制性供给并存、供求方的效用函数相一致、供给方的自利性和供给滞后性等特点，同时也存在独特的表现，主要包括以下几方面。

1. 供给方的多样性

供给方包括教会、地区统治者（如封建领主、城市管理者）、罗马法学家和商业行会。供给者的多样性直接决定了产品的多样性，产品之间的关系最终反映的是供给者之间的关系。例如，产品之间的竞争是供给者之间

---

① 谢地主编：《政府规制经济学》，34 页，北京，高等教育出版社，2003。

② 陈宗波、阳芳、蒋团标：《法律的经济解释》，165 页，桂林，广西师范大学出版社，2004。

③ ［英］弗里德利希·冯·哈耶克：《个人主义和经济秩序》，邓正来译，155 页，北京，生活·读书·新知三联书店，1999。

④ 陈宗波、阳芳、蒋团标：《法律的经济解释》，178 页，桂林，广西师范大学出版社，2004。

竞争的表现。

2. 产品的可替代性与不可替代性并存

一方面，从法律供给的性质上看，强制性供给的产品具有不可替代性，例如关于封建土地关系、人身依附关系的规定。诱致性供给的产品则是可以替代的，例如关于商事、婚姻家庭和继承的规定。另一方面，从法律供给的地域特征上看，具有地域性的产品，例如封建法、庄园法，它们是不可替代的，而具有"跨地域"特征的产品，例如教会法、商法、罗马法，则是可以替代的。但需要注意的是，可以替代的产品同时也可能是"不宜替代"或"不易替代"的。相对发达和完善的法律产品，例如罗马法和商法，就是"不宜替代"的，因为替代可能导致低效率。与人们的生活习惯、信仰密切相关的产品，例如教会法，是"不易替代"的，因为替代意味着较高的成本。其实，这一时期的教会法同时具有"不宜替代"和"不易替代"的特点。

3. 产品的地域性与跨地域性并存

如前所述，封建法和庄园法具有地域性，而教会法、罗马法和商法具有"跨地域"性。一个主体很难承认另一个主体具有地域性的法律的效力，相反，"跨地域"的特征使得"承认"成为此类产品的本身应有之意。

4. 供给的不足具有领域性和地域性的双重特点

供给的滞后性决定了供给不足状态的存在。一方面，这一时期法律供给的不足在商事领域表现明显，在民事领域（婚姻家庭、继承）表现得则不明显，这就是供给不足的领域性；另一方面，供给不足还具有地域性的特征，例如在封建领地，商法的供给明显不足，在新兴的城市中，更是存在法律供给不足的现象。供给不足是"承认"的原因之一，供给不足的领域性和地域性影响着首先发生"承认"现象的领域和地域的特征。

5. 存在供给方与需求方为同一主体的情形

在普通商品的供求关系中，供求双方应为不同的主体，而在这一时期的法律市场中存在例外：商法市场的供给方和需求方都是商人。如前所述，商法最初是以商人之间的交易习惯的形式出现并逐渐发展起来的，所以习惯的"制定者"就是商人，后来作为正式渊源的商法产品也是由商业协会——商人的团体制定的。这说明在商法供给上突出地体现了"供求双方效用函数的一致性"和"供给方的自利性"的特点，同时也说明在这一时期的法律产品中，商法最能准确体现需求方的偏好及"效用最大化"的倾向。

(二)法律需求的特征

这一时期的法律需求具有一般法律需求的不确定性、效益最大化倾向、市场性和非市场性并存等特点,同时还具有地域性、领域性和主观能动性的特征。

1. 需求的地域性

这一时期的法律需求因地域而异。一方面,需求的内容具有地域性特征。例如在封建领地,对封建关系的需求就大于对商事关系的需求,而在新兴的城市中,后者要远远大于前者;另一方面,需求量具有地域性特征。以商事法律需求为例,在封建领地中的需求量就要小于新兴城市中的需求量。新兴城市中存在的巨大的法律需求不仅体现在商事领域,还包括城市的管理制度等。不同的法律需求内容及需求量会直接影响供给的决策。“承认”就是作为一种供给决策出现的。

2. 需求的领域性

这一时期的法律需求还因领域而异。在民事领域,因为教会法比较完善,需求增长的较为平稳。而在商事领域,因为不存在类似教会法那样成熟的体系,法律需求相对而言增长迅速。需求的快速增长,意味着需要新的制度安排来应对供求不均衡的状态。“承认”就是一种新的制度安排。

3. 需求的主观能动性

前面提到,在一般的法律市场中,法律需求具有一定的被动性。而在这一时期的法律市场中,需求具有主观能动性的特点,这一点突出地表现在商事领域。当商法需求快速增长而供给却无法快速作出相应反应的时候,需求方会主动地运用交易习惯来弥补供给的不足,甚至可以通过选择生产者(供给方)来满足需求。商人们建立新的城市,脱离原先隶属的封建领地,就可理解为对供给方的主动选择。所以,需求的主观能动性同时也体现了需求的市场性和非市场性的结合,需求的主观能动性是实现供求均衡的关键。

三、“承认”是实现供求均衡的必然要求

随着这一时期经济的发展,法律需求不断增长,最为快速的增长体现在商事领域。如前所述,法律供给应当适应法律需求,致力于“既不存在法律过剩,也不存在法律短缺”的目标。这一时期商事领域的法律供求变化可以分为三个阶段:短期均衡、中期均衡和长期均衡。

（一）短期均衡

我们说过，封建领地的法律具有地域性，因而几乎不提供调整“跨地域”商事关系的相关规定，然而经济的发展增长了人们对商事法律产品的需求。这时，如图 7－11 所示，当需求突然增加，而供给不变时，法律的价格就会明显上涨。这时，有的需求方就会放弃相关的需求，例如停止商事交易，从而被阻止进入这个市场。而有的需求方则会发挥主观能动性，逐渐地总结和运用交易习惯，或者重新选择生产者，脱离与封建领地的依附关系，成为城市的自由民。从而，法律供求会实现一个短期的均衡。

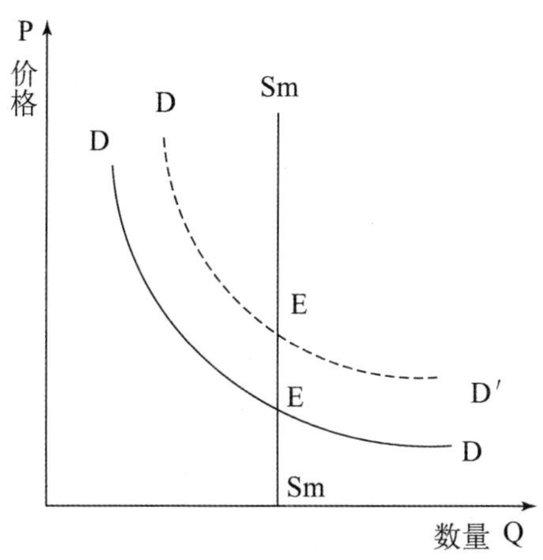

图 7－11　法则区别说时期商法市场的暂时均衡

（二）中期均衡

在第二个阶段，供给方开始对需求的增长作出增加供给的决策。有的主体，例如封建领地，开始制定相关的商事规则或者赋予现存的商事习惯以正式渊源产品的地位。① 有的主体，例如新兴城市，还将商法的制定作为法律供给的主要任务，“承认”在这一阶段主要表现为法律借鉴。与此同时，法律价格的增长仍然相对明显。这是因为，一方面，封建领地在肯定商事活动、增加商事法律供给的同时，也要征收相应的商事交往税费；另一方面，商人与城市之间新的依附关系的建立，意味着放弃原来由让渡权利所获得的“政治庇护”而开始新的“让渡”，这也是价格增长的一种表现。

① 这样做更可能是出于政治利益的考虑，而不仅仅是对商人利益的考虑，即体现供给的自利性。

所以这时的供给仍然是缺乏弹性的,供给的增长没有法律价格的增长速度快,但法律供给毕竟整体上有所增加,这是实现中期均衡的重要原因(见图7-12)。

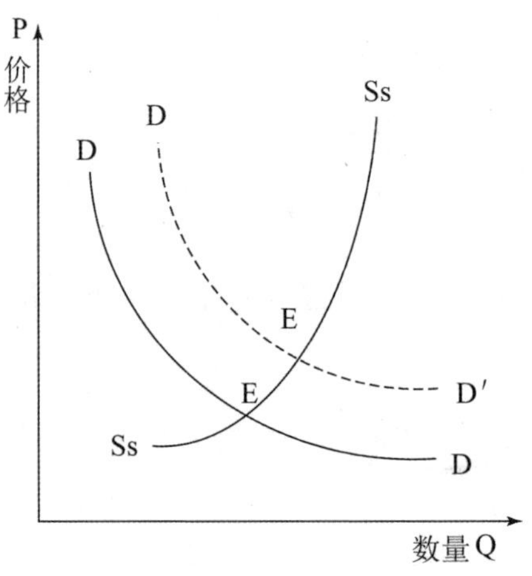

图7-12 法则区别说时期商法市场的短期均衡

(三)长期均衡

在第三个阶段,当每个供给方单独的供给已经饱和的时候(分别制定了商法),就需要出现新的供给对策来应对仍然快速增长的商法需求,“承认”应运而生。“承认”意味着把所有用来解决国际民商事问题的法律规则(实体规范、程序规范)看作激励体系(或隐含价格),那么就像所有物品都有替代物(即使有时是次品)一样,这些法律规则也有可供选择的替代品。这就形成了一个法律产品竞争的市场。[①] 竞争的出现使得长期均衡成为可能,因为竞争“从本质上讲,乃是一种动态的过程”[②]。这意味着并不是竞争刚一出现,供求就实现了均衡,稳定的均衡必定是在长期的、动态的过程中形成的。需要注意的是,“承认”作为一种制度,不仅仅涉及“承认”与否,而且还具有丰富的内容,例如“承认”的范围。供给方对相关内容的把握需要一个调试的过程。“当替代品种类繁多而且变化迅速的时候,如果人们需要用很长的时间才能够发现各种可获得的可供选择物的相

① [美]乌戈·马太:《比较法律经济学》,沈宗灵译,张建伟审校,100页,北京,北京大学出版社,2005。

② [英]弗里德利希·冯·哈耶克:《个人主义和经济秩序》,邓正来译,140页,北京,生活·读书·新知三联书店,1999。

对长处,……那么即使竞争非常激烈且极为活跃,调试也必定是相当缓慢的。”①

总之,极端属地主义必然导致法律供给的短缺,或者说出现了超额需求,“承认”则可以最大限度地增加可供选择的产品的范围,从而形成一个竞争的市场,这就有利于长期均衡的实现(见图7-13)。但是如果“承认”外国所有的法律,又会出现超额供给,即出现另一种非均衡的市场,所以“承认”的范围界定也很重要。“承认”的过程是供求双方自发地将市场价格推向均衡价格的过程。法则区别说不仅回答了“承认”与否的问题,而且也提出了关于“承认”范围的一般性规则。

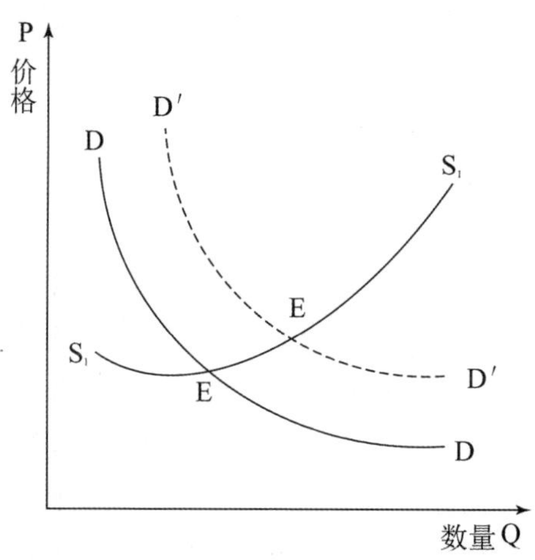

图7-13　法则区别说时期商法市场的长期均衡

四、法律市场视角下的意大利法则区别说

法律市场视角下的法律冲突就是法律产品之间的竞争。法则区别说则提供了关于竞争与合作的一般性原则。下面具体予以分析。

巴托鲁斯认识到了法律产品存在多样性和差异性,注意到了法律产品之间存在的竞争,而他接下来的思路则与笔者不同。笔者会接着把法律产品划分为罗马法、教会法、商法、海商法、地方习惯和城市条例,而巴托鲁斯进行了两种划分:内国法和外国法;人法、物法、混合法。第一种划分引发了“承认”与否的问题,而“承认”既是竞争的结果也是其前提。第二种划分解决了“承认”的范围问题,也就是竞争的范围。在面对第一个问题时,

① [英]弗里德利希·冯·哈耶克:《个人主义和经济秩序》,邓正来译,152页,北京,生活·读书·新知三联书店,1999。

通说认为他受到了自然法思想的影响从而承认外国法律的效力，但从相关记载中只能从巴托鲁斯有关自然法的言论中找到些许线索，例如他认为“但凡国王基于某种认识而为某一行为，他不应受到任何法律的阻碍。”[①]这虽然没有直接表明“不受任何法律的阻碍”就意味着可以摈弃内国法而适用外国法，但多少都蕴含了“本国法律并非任何时候都不能减损其效力”的思路。其实我们不如从实证的角度分析巴托鲁斯的思路，因为毕竟疏证法学派（后注释法学派）以“重视法律实务”而区别于注释法学派。因此巴氏考虑“承认”问题必着眼于实际问题之解决。从笔者前面的论述可知，法律冲突或者说法律产品的竞争早在巴氏之前业已出现，并且也有了一定的法律选择方法或者竞争规则。“承认”问题及至巴氏，已非新问题，其不过是作为巴氏法则区别说理论完整逻辑的起始，这也正是笔者放大“承认”问题的考察历史的原因。

巴氏的重要贡献在于将法律产品按其“功能”而非“产地”进行了划分，这样做的直接原因是他受到了罗马法关于法律划分的启发，而深层次的原因则是他选择了个人的视角，即法律需求方的视角来思考法律的选择问题。而我们将法律分为罗马法、教会法、商法、海商法、地方习惯和城市条例则是以国家视角或者国际视角，即法律供给方的视角进行的划分。即根据法律消费者在不同案件中的不同需要：对人法的需要、对物法的需要和对混合法的需要对法律进行了划分。学说之适用假想如下：某城邦法律适用者在面对涉外法律纠纷或者涉外法律问题时，首先判断当事人的法律需要，考察需要哪种而不是哪国的法律，对“哪种”的判断实际就是识别的过程，法律适用者当然选择用本城邦的法律来识别——不是指具体的法律规定，而是指对法律的一般认识，比如他认为行为能力问题属于人法的规定，那么当事人欲对是否有行为能力作出判断，就是对人法的需求，而人法是可替代的产品，即具有域外效力，则可适用法律需求者之属人法；再比如法律适用者认为关于土地的问题应属于物法规定之列，那么当事人诉求土地之情形，就是其对物法有所需要，但物法乃是强制性规则，属于不可替代的产品，那么消费者则只能“消费”物之所在地法。

这种针对不同需要而对法律的不同功能或性质的划分实际上是源于法律关系的划分：关于人的法律关系、关于物的法律关系、关于行为的法律关系，只不过这种划分没有五百年后萨维尼的划分细致。如果认为这种划分只是“求助于法则的词语结构的不同”，则对巴氏似有不公。

---

① ［爱尔兰］J. M. 凯利：《西方法律思想简史》，王笑红译，124 页，北京，法律出版社，2002。

法则区别说也有弊端。法则区别说没有考虑法律共同因素之间冲突或竞争的情形,是其弊之一;在考虑共同因素和地方习惯、城市条例的冲突时,只提及了罗马法,而未提教会法和商法,是其弊之二;在解决罗马法与地方习惯或城市条例时,单一地适用“特殊法”,是其弊之三。

第四节　小　　结

在本章中,笔者运用微观经济学的供给需求理论对“承认”问题进行了进一步的分析,力求与前两章相结合,构造一个“制度—行为—市场”的分析框架。

供求理论是法律经济学主流范式的核心理论,已有学者对法律市场进行了较为详细的分析(周林彬,1998),因此运用供求理论分析国际私法市场也应具有可行性。我们已知“承认”是国际私法制度的发端,因此对由“承认”形成的国际私法市场进行供求分析的过程,一方面是得出关于国际私法市场供求关系一般性结论的过程,另一方面,也是对“承认”形成时的法律市场进行供求分析的理论准备的过程。由此,笔者的论述分为两部分展开。

第二节中,笔者对“承认”所形成的供求关系进行了分析,也就是对国际私法市场的供求关系进行了初步分析。首先,笔者认为国际私法中的供给方为法律适用者、国家和国际组织,需求方为私人。法律产品包括国内规范(实体规范、程序规范、冲突规范)和统一规范,从产品类型上看,主要为公共产品,但某些产品(作为准据法的实体法)有时会体现出“自然垄断”产品的特点。从市场类型上看,国际私法市场既包括近似完全垄断的市场,又包括近似寡头垄断的市场和近似垄断竞争的市场。其次,笔者认为国际私法市场的法律供给具有以下特点:产品具有可替代性、供给的间接性和直接性并存、诱致性供给和强制性供给并存、滞后性、供求双方的效用函数相一致、供给方的自利性等。影响供给的因素包括生产成本、法律价格和立法技术。再次,笔者认为国际私法市场的法律需求具有不确定性、需求方效益最大化倾向、市场性和非市场性并存等特点。影响需求的因素包括需求方的偏好、收入、需求成本、法律及相关物品的价格、需求方的效用等。最后,笔者认为国际私法市场的供求平衡的含义是,通过国际视角下的管辖权有效配置所提供的法律产品,能够准确地反映需求方的偏好,并且以符合该偏好的方式解决国际民商事纠纷和处理国际民商事问题,从而恰好满足需求方的需要。价格机制与竞争合作机制是实现供求均衡的重要途径，在国际私法的市场中，后者的作用更加明显。从中，笔者进一步得出了本书的第二个重要结论：国际私法进化（发展）的路径是竞争与合作。

在第三节中，笔者运用刚得出的关于供求理论的一般性结论分析了意大利法则区别说时期的法律市场，在“市场”框架中进一步探讨“承认”的理由。首先，这一时期的供给方为教会、封建领主、罗马法学家、商业行会和城市管理者等，需求方为私人。法律产品包括教会法、封建法、庄园法、罗马法、商法和城市法等。法律市场类型可以分为近似垄断的市场、近似寡头垄断的市场和近似垄断竞争的市场。其次，笔者认为这一时期的供求关系具有与一般供求相同的特征，同时也有独特的表现。其中供给的表现有：供给方的多样性、产品的替代性与不可替代性并存、产品的地域性与领域性并存、供给不足具有地域性与领域性的双重特点、存在供求双方同体的情形。需求则具有地域性、领域性和主观能动性的特点。再次，笔者认为“承认”是实现供求均衡的必然要求。笔者分析了与“承认”问题紧密相关的商法市场三个阶段的均衡状态：短期均衡、中期均衡和长期均衡，结论是，法律供给短缺——或者说出现了超额需求的时候，“承认”可以最大限度地增加可供选择的产品的范围，从而形成一个竞争的市场，这就有利于长期均衡的实现。最后，笔者从法律市场视角对法则区别说进行了重新解读。法则区别说对法则的区分，也就是从需求方视角对法律产品进行的区分；法则区别说关于域外效力的结论就是对能否“承认”作出了肯定的回答，也就是提出了竞争与合作的一般性原则；它提出的具体的法律适用规则，也就是对“承认”范围的界定，也就是对“竞争”范围的界定。

总之，对“承认”问题进行供给需求理论分析的最终结论是：从市场视角看，“承认”是实现法律市场供求均衡的必然要求，“承认”提出了竞争与合作的一般性原则，“承认”形成了国际私法市场，在这个市场中，竞争与合作机制起着至关重要的作用。

第八章　基于我国国际私法立法理论与实践的启示和建议

对“承认”问题进行经济分析的过程，也是对国际私法一般性理论进行解读和重构的过程。而“国际私法立法的形式与内容都与国际私法理论休戚相关。具体而言，一般是国际私法理论的发展先于立法本身，甚至是理论的创设奠定了国际私法立法的基本框架和体系内容”[①]。因此，笔者将通过以下的分析，探寻“承认”问题经济分析的一般性结论对我国国际私法立法理论的启示，并尝试提出具体的立法建议，这也是本书的实践价值所在。

第一节　立法理论层面的启示

如果说国际私法产生的关键就是“承认”与否的问题，那么，国际私法的发展则更多是围绕着“承认”的范围展开的。这个“范围”包括法律关系的范围和外国法的范围。换言之，国际私法的发展就是围绕着“在哪些法律关系上承认外国法律的效力”“承认哪些外国法的效力”“承认外国法的哪些效力”等问题展开的。关于我国国际私法立法的理论之争，都可以从“承认”范围的角度予以解读。

例如，界定“承认”范围的规则源于国际法（自然法）还是国内法构成了普遍主义与特殊主义的分野；趋同论与特色论的共存体现的不过是两者对不同的“承认”范围（法律关系的范围）进行分割之后，不同的“承认”范围之间的共存；实质正义与冲突正义之别在于以不同的价值标准确定“承认”范围（外国法范围）；[②]任意性与强制性矛盾的消解就在于对“承认”范

---

① 赵相林、邢钢：《中国国际私法立法的基本定位》，载《河南省政法管理干部学院学报》，2004(3)。

② 实质正义认为能否“承认”以及承认哪个外国的法应视最终的裁决结果能否公平合理而定，而冲突正义认为“明确性”“可预见性”和“适用法律的一致性”是确定“承认”范围的标准。

围的界定。[①] 从辩证法角度讲,笔者认为上述看似不可通约的对立概念实际上互为条件、互相促进,双方在相互依存的统一体(国际私法)中得以存在和发展。这一过程是由对立面的相互排斥、相互斗争所推动的。在对立面的斗争中,双方竞长争高,此消彼长,造成双方力量的不平衡,为对立面的变化进行量的准备和创造条件。这实际上就是笔者所说的制度均衡中的连贯性和变革性所处的矛盾状态。两者的结合才能带动制度的发展,关键是如何结合,结合的标准是什么。

笔者认为,回答这个问题的关键在于准确地把握国际私法的理论内核和发展路径,这是最根本的问题。经过对"承认"问题进行综合范式的分析,笔者得出国际私法理论的内核是进化,国际私法进化的途径是竞争与合作。这个结论为解析我国立法理论上的争议、回答"结合的标准"等问题提供了重要的知识基设。下面笔者就从该结论引申出的第一个分结论——国际私法的发展体现了建构论与进化论的结合[②]——开始解析并回答相关问题。这个分结论是其他分结论的基础。

一、建构论与进化论的结合

(一)两者的内容

笛卡尔式的唯理主义及其设计理论是建构论的理论基础。他强调人类理智的力量,相信人类的万能全智和完全理性,认为一切都要在理性面前得到重新审判。[③] 罗尔斯也认为,政治、法律、经济与社会制度是人的理性依据正义原则可以进行设计、选择、修正的,制度是理性设计的结果。[④] 这些结论恰恰是哈耶克所坚决批判和一贯反对的,即建构论理性主义。他反对那种认为秩序、各种制度是人之理性审慎思考和设计的产物的观点。他坚持认为,秩序、文明是人之行为的产物,而非人之设计的产物。他坚持的是一种进化论的理性主义与进化论的自生自发的社会秩序观。[⑤]

---

① 强制性规范是对"承认"的否定,所以"承认"的范围就是任意性规范的适用范围。

② 通常的称谓是"建构论理性主义"和"进化论理性主义",我们认为理性是有限的,所以称之为"建构论"和"进化论"。

③ [英]弗里德利希·冯·哈耶克:《法律、立法与自由》,邓正来、张守东、李静冰译,4~9页,北京,中国大百科全书出版社,2000。

④ [美]约翰·罗尔斯:《正义论》,何怀宏、何包钢、廖申白译,53~73页,北京,中国社会科学出版社,1988。

⑤ [英]弗里德利希·冯·哈耶克:《法律、立法与自由》,邓正来、张守东、李静冰译,19~25页,北京,中国大百科全书出版社,2000。

(二)两者的结合

笔者也认为国际私法的理论核心是“进化”,但这不意味着对“建构”的完全排斥。一方面,进化论本身也有缺陷。例如,普通法系的规则进化是践行进化论的主要阵地,然而前提是普通法的法官必须具有一种发现一般原则的能力。“这里,哈耶克面临的是一种惊险的交接:从潜在的原则到法官准确发现这些原则。因为这涉及法律自发性的维护问题。”[①]这说明,“进化”的成果需要由“理性”[②]来予以发现和巩固。另一方面,“理性”本身的作用不可忽视。哈耶克也承认,如果有必要对理性的用途寻求恰当限度,那么,发现这些限度本身就是一项极为重要的且极为棘手的运用理性的工作。他认为理性不仅承担着认知自身限度的使命,而且还有更多的建设性使命。[③] 此外,理性还可以引导人们对传统进行批判和改进。因此哈耶克理论中其实也存在着大量的建构理性的主张。[④] 哈耶克的进化论本身就体现了与建构论的结合。

笔者前面提到的非市场性供给和市场性供给,就分别是建构论和进化论在国际私法市场中的体现。同时合作与竞争的关系也体现了建构论与进化论的结合。进化的过程主要体现为竞争的过程,而合作是对竞争的不同阶段的记载,这种记载往往是通过“建构”表达出来的。[⑤]

(三)如何结合

笔者认为,二者的矛盾是在实践中分化出来的,也只能在实践中解决。实践是制度的主体——人的生存方式和存在方式,实践是主客观辩证统一的物质活动,也是制度的建构性与进化性的统一。在实践中,进化性所形成的经验成果、建构性的设计与规划一同指导人们的实践活动。实践能克服理性的主观性和抽象性、片面性,又能丰富、肯定或否定经验。实践既是理性的、自觉的、有目的的,又是经验的、感性的、自发的。建构性与进化性一同发挥作用,既尊重已有经验,也能实现创新。[⑥]

---

① 陈湘文:《进化法学与建构法学:哈耶克的法律观评析》,载《湖南社会科学》,2002(4)。

② 即有限理性。

③ 例如许多组织也是理性设计的结果。

④ 娄和标:“哈耶克进化理性主义中的建构理性成分”,载《广西社会科学》,2005(6)。

⑤ 例如立法、签订国际条约等。

⑥ 贾中海:《哈耶克进化论理性主义对罗尔斯理性建构主义的批判》,载《学习与探索》,2006(4)。

（四）对立法的启示

立法应该本着建构论和进化论相结合的原则。一方面，进行国际私法的超前立法是不足取的，我国现有的“成熟一个制定一个”“宁缺毋滥”[①]的思路具有一定的合理性，不应全盘否定；另一方面，对实践的成果要及时总结并进行相关立法，巩固“进化”的成果，例如对国际普遍承认的原则和规则予以接受。

下面，笔者将比照“建构论与进化论相结合”的观点来解析其他几对概念，从而探寻对我国立法的启示。

二、普遍主义与特殊主义的结合

（一）现有的理论

普遍主义也叫国际主义，该学派认为，国际私法的一些原则可以从超越于国家之上的国际法或自然法推演而得，并且根据这些原则就能构成一个普遍的冲突规范体系，用以界限各国的立法管辖权，并对各国具有一般的约束力。这种认为“原本有一个统一适用于世界各国的国际私法体系”的观点是“不切合实际的”[②]。特殊主义则主张国内法是民族精神的体现，是否承认外国法的效力完全由一国的国际私法决定。可见，在现实中两者的共存是必然的。有学者认为，从特殊主义向普遍主义回归“已不是个别领域中的现象，而是发展势态上的总趋势”，[③]这与“法律文化的交流速度与规模随着国际社会的客观需要和信息资料的传播手段迅速发展而日益扩大有着直接的关系”。[④] 为了方便表述，笔者称这种观点为“回归论”。

（二）笔者的观点

笔者认为，回归论具有一定的合理性，它肯定了普遍主义与特殊主义相结合的状态，并且正确地反映了国际视角下国际私法立法的整体趋势。但如果就此得出我国应当迅速地、大范围地参与统一法的制定的结论则是不明智的。两者的关系在某种程度上就是合作与竞争的关系。

---

① 翁国民、曹慧敏：《论示范法在中国的应用》，载《浙江大学学报》（人文社会科学版），2006（7）。

② 李双元：《中国国际私法研究的方向问题》，载《法制与社会发展》，1996（1）。

③ 徐冬根：《国际私法趋势论》，286 页，北京，北京大学出版社，2005。

④ 李双元主编：《中国与国际私法统一化进程》，152 页，武汉，武汉大学出版社，1993。

因为一国的立法应当从国家视角出发，以国家利益和本国人利益为本位，而不合时宜地参与统一法的制定，等于放弃了制度由不均衡向均衡渐进地、良性地发展所积累的成果，这会偏离本国法律进化的路径，割断与历史传统的有机联系，丧失通过充分竞争而达到有效率的合作的机会。合作是对竞争成果的肯定，是国际私法发展的重要途径之一，这固然说明加强与各国的国际私法合作的重要性。但是合作不能是无条件的和盲目的，因为合作是通过竞争完成的，为了获得竞争中的相对有利的位置，我们必须先充分地争取自己的效益，包括自己的当事人、法院、国家的利益，这样才会在博弈中先行获得一个有利的战略地位。所以合作的前提是充分的竞争。充分的竞争意味着要注重本国法律制度（即包括实体法、程序法也包括冲突法）的完善和发展，有选择的合作才能不割断法律发展的历史、民族特征的纽带，才能使本国的法律文化、法律制度有机地发展。通过“建构”所表达的“合作”应该是，也只能是对通过充分竞争所达致的进化结果的记载。

这说明特殊主义对于我国，起码在现阶段，具有比普遍主义更重要的意义。我们的首要任务应当是致力于发现我国国际私法发展所依赖的路径，[①]从而对“潜在的规则”作出准确的表述，接着从国家利益、国民利益出发，对这个规则以及所谓的“国际民商事活动中行之有效、带有普遍性的原则、规则和制度”进行利弊权衡，进而作出取舍。这就是建构论和进化论结合的正确方式。因此，笔者主张普遍主义与特殊主义相结合，并应侧重于后者。

这种建构论和进化论相结合的观点以及合作与竞争关系的理论，同样可以用来分析与“普遍主义和特殊主义”之争类似的问题，例如“统一化与本土化”之争、[②]“趋同论与特色论”之争。[③]

（三）对立法的启示

首先，笔者虽然不反对普遍主义的全部内涵，但认为应当对参与制定

① 这里的“路径”不是指竞争与合作，而是“路径依赖”。诺思认为，制度变迁过程与技术变迁过程一样存在着报酬递增和自我强化的机制。这种机制使制度变迁一旦走上了某一条路径，它的既定方向会在以后的发展中得到自我强化。所以，人们过去作出的选择决定了他们现在可能的选择。沿着既定的路径，经济和政治制度的变迁可能进入良性循环轨道迅速优化；也可能顺着原来的错误路径往下滑，甚至被“锁定”在某种效率的状态下而导致停滞。参见高德步：《经济发展与制度变迁：历史的视角》，324 页，北京，经济科学出版社，2006。

② 于飞：《简论国际私法的统一化与本土化》，载《新疆社会科学》，2004(3)。

③ 吕岩峰：《吕岩峰论国际法》，127 ~ 138 页，长春，吉林人民出版社，2005。

统一法、加入公约采取谨慎的态度,尽力避免建构主义带来的风险。

由于公约是体系严密的法律,对于接受国而言,通常只能全面接受该公约的约束力,不能只接受其中一部分而不顾其他。有的学者指出,“国际公约立法方法是对法律灵活开放性的忽视,说明了作为其理论基础的建构理性的立法观自身还存在重大理论缺陷”。[①] 从这一点上我们可以进一步认识到,人的理性在制度化过程中的作用是有限的。所以,对公约立法而言,“源于建构理性的自身缺陷,法律统一的规划只能限定在有可能实现的范围内”。[②] 与此同时,公约的普遍适用性也很难得以实现,因为在国际社会中,不存在也不可能存在超越各国主权的立法机构,只能是由相关的国际组织、国际会议编纂形成法律文本,而后再通过特定的生效机制,经各国的主权认许过程,才能真正产生现实的效力。订立公约体现的就是笔者在第五章中提到的管辖权配置的外在机制。笔者认为,由双边或选择冲突规范所表达的“承认”,是缓解交易成本的一种效率的“治理结构(长期合同)”,即内在机制的体现。

其次,在审慎参与“统一化”的同时,也要发挥“建构”的作用,对于尚处于立法空白的领域,应当积极地总结“进化”的实践成果,以国内立法或者示范法的形式予以固定,这就是特殊主义的体现。

三、实质正义与冲突正义的结合

(一)现有的理论

一如前述,[③]在现代国际私法法律选择方法诸学说中,大多都倾向于以“追求法院承认的实质正义”为根本的价值取向。[④]有学者认为,追求实质正义是现代法律选择方法的最根本的价值取向。[⑤]

(二)笔者的观点

笔者认为,实质正义体现了进化论的特点,而冲突正义体现的是建构论的特点,所以正如建构论与进化论应当紧密结合一样,实质正义与冲突

---

① 曾涛:《论示范法的理论基础及其在中国的运用》,载《法商研究》,2002(3)。

② [日]大本雅夫:《比较法》,范愉译,78页,北京,法律出版社,1999。

③ 关于实质正义与冲突正义,本书在第二章中已有详细地介绍。

④ 李金泽:《关于美国现代国际私法中法律选择方法的法哲学思考》,载《江苏社会科学》,1996(3)。

⑤ 徐冬根:《国际私法趋势论》,186页,北京,北京大学出版社,2005。

正义也应相结合。

实质正义固然重要，如果国际私法的法律适用规范具有很大的灵活性，法官就可以充分发挥主观能动性，根据其正义观，选择能够体现和贯彻实质正义的法律。但是存疑有二：第一，从“行为”角度看，法官的理性是有限的，法官的选择要受到其主观偏好的影响，所以实质正义之实现尚存在技术性、可操作性的疑问。第二，从“市场”角度来看，法律供给的最终目的是满足需求方的需求，而不是实现某种正义，正义之实现应该是对消费者偏好的反映，然而一如前述，消费者的偏好具有随机性。所以，实质正义的实现在何种程度上能得到需求方肯定性的评价，尚存疑问。

总之，不同视角、不同主体、同一主体的不同时期很可能对应着不同的价值取向，因此立法应体现实质正义和冲突正义相结合的观点，这样才能在最大限度上满足法律市场上的需要。至于结合的方式，完全可以遵循建构论与进化论结合的原则：及时地用“建构”来总结“进化”，也就是及时地运用冲突正义来体现已经明朗化的人们对实质正义的追求。

（三）对立法的启示

实质正义与冲突正义相结合的观点对立法的要求主要体现在对最密切联系原则和“有利”原则的运用上。最密切联系原则体现了实质正义的要求，对“最密切联系地”的指定又体现了冲突正义的要求。“有利”原则有时体现的是冲突正义，例如“适用有利于使合同生效的法律”；有时则是实质正义和冲突正义相结合的表现，例如“适用有利于弱势一方的法律”。

四、柔性化与刚性化的结合

（一）现有的理论

国际私法立法的柔性化就是指冲突规范的“软化”，即通过增加连结点的数量（选择适用的冲突规范）或者是规定灵活的连结点（最密切联系原则为集大成者①），通过多层次、开放、软性连接因素，改变单一、固定、刚性的连结点。国际私法立法的刚性化指的是传统的以任意性为主的国际私法规范，近年来增加了越来越多的强制法因素。表现为“以特别法、强行法、禁止性规范、标准合同或其他方式规定某些涉外民商事关系必须适用

① 徐冬根：《国际私法趋势论》，341 页，北京，北京大学出版社，2005。

本国法的倾向，从而排斥外国法的适用”[①]。有学者认为，这类强制性规范的日益增多就是刚性化的表现，认为这是国家加强对社会经济生活干预在国际私法法律适用领域中的一个突出表现，是“国家化”的倾向。[②]

（二）笔者的观点

首先，关于柔性化和刚性化的具体内容（图 8－1），笔者认为，柔性化一方面可以通过非市场途径来实现，即通过立法的方式实现，[③]这就是对建构论的体现，最典型内容的就是最密切联系原则，所以柔性化表达了实质正义的诉求；另一方面，柔性化可以通过市场途径来实现，即通过当事人的合意实现，这就是对进化论的体现，[④]当事人的合意本身就表达了双方对准据法的需要。可见，柔性化不仅仅包括最密切联系原则，还应包括当事人意思自治原则。至于刚性化，可以肯定的是，强制性规范体现了刚性化的特点，但是笔者认为强制性规范不应仅限于“特别法、强行法、禁止性规范”等规定，还应包括传统的单边规范、双边规范和重叠适用的冲突规范。[⑤] 因为对于私人和法律适用者而言，这些规定都具有强制性，所以说刚性的立法具有机械化的特点，同时也体现了建构论的理念：以明确的立法指引人们的行为。刚性规定可以体现为双边主义和单边主义两大类，其中双边主义也具有单一、固定、可预见性、明确性的特点，也体现了冲突正义的诉求，而“有利”原则是一个例外，它在形式上表现为双边的特点，但本质上导向的是实质正义。单边主义主要体现为单一的适用法院地法和“直接适用的法”，前者通过“法院地”这个连结点指向了国内某个领域的实体法，所以属于冲突规范的范畴，而后者本身就规定了具体的权利义务，属于实体法范畴。显然，单边主义就是为了维护法院地的政策利益而生的，即体现了“国家化”，也就是体现了国家视角下的利益诉求。同时，单边主义，特别是其中的“直接适用的法”，具有明确性、可预见性的特点，体现了冲突正义的诉求。

其次，在扩大了刚性的范围之后，笔者得出一个明显结论：柔性化与刚

① 徐冬根：《论国际私法规范的柔性化与刚性化》，载《法制与社会发展》，2003(3)。

② 徐冬根：《论国际私法规范的柔性化与刚性化》，载《法制与社会发展》，2003(3)。

③ 关于管辖权配置的非市场途径请参见第二章。

④ 制度均衡是进化的方向之一。制度均衡包括人行为之间的均衡，而“合意”无疑是行为均衡的重要内容，同时，“合意选择适用的法律”又体现了行为与规则之间的均衡。

⑤ 我们将单边规范称之为单边主义，而将双边规范和重叠规范统称为双边主义。

性化在国际私法的立法史中一直是并存的,①只不过是体现的法律关系的领域不同。这就是柔性化与刚性化的第一处结合的体现。

最后,笔者要强调的是柔性化与刚性化的第二处结合:同领域内的结合。也就是两者共同调整同一法律关系。这种结合就是意思自治与法院地法的结合,即规定某种法律关系可以由当事人合意选择的法院地法调整。这种规定在满足了当事人的法律需求的同时(柔性要求),也在更大程度上体现了法院地法的政策利益(刚性要求)。需要指出的是,“直接适用的法”也可以理解为最密切联系原则的体现,它与案件的最密切联系是通过国家利益——而非当事人利益——与案件的最密切联系体现出来的。这也可以理解为一个并不十分明显的柔性化与刚性化相结合的例证。

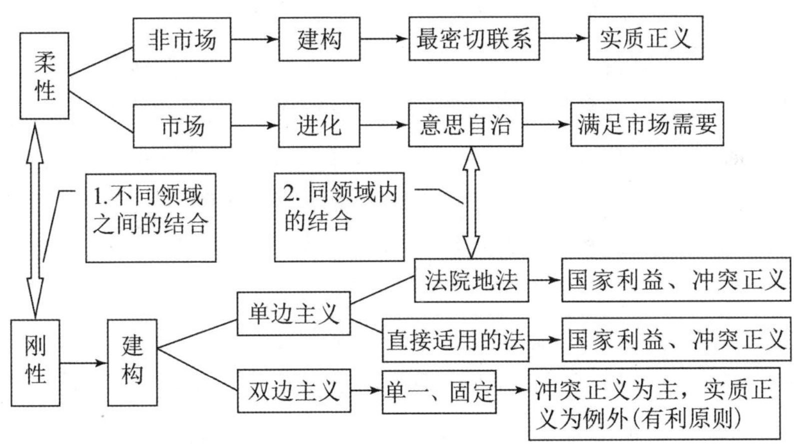

图8-1　柔性化与刚性化的内容及结合

(三)对立法的启示

柔性化和刚性化相结合的观点要求我们在立法中应当体现其结合的方式。首先,体现不同领域之间的结合的关键是把握法定主义与意定主义的界限、强制性规范和任意性规范的界限和单边冲突规范与双边冲突规范的界限。② 笔者认为关键在于直接适用的法的范围确定,它多少也体现了柔性化与刚性化相结合的原则。其次,应当扩大“同领域内结合”的适用范围,这实际上就是在扩大意思自治的适用领域的同时,限制意思自治的范围,即指定合意选择的范围:法院地法。

---

① 因为国际私法从诞生那天起就是用双边的观点来解决问题的,单边与双边一直并存。

② 赵相林、邢钢:《中国国际私法立法的基本定位》,载《河南省政法管理干部学院学报》,2004(3)。

第二节 立法实践层面的建议

在上述理论的指导下,笔者尝试对我国立法提出相对具体的几点建议。涉及解决“立法缺位”的措施、最密切联系原则、当事人意思自治原则、有利原则和直接适用的法等几个方面。①

一、关于解决“立法缺位”的相关建议

(一)现状

“立法缺位”是我国国际私法立法的现状。可以从“立法空白”和“立法模糊”两方面来说明。一方面,许多内容立法没有规定,例如代理、法人的民事能力、不当得利和无因管理、夫妻人身及财产关系、监护、产品责任、公司、保险、信托、破产、技术转让、知识产权等,此外关于一些新型商事、海事,特别是与网络有关的民商事问题的更是付之阙如。另一方面,对涉外物权、债权、婚姻、继承等关系的法律适用的规定存在立法模糊、立法不周严的现象。例如我国《民法通则》第一百四十三条规定了定居国外的中国公民的民事行为能力的法律适用,而没有关于定居我国的外国人的民事行为能力的法律适用的规定;第一百四十四条规定了不动产所有权适用不动产所在地法,但没有关于动产所有权的法律适用规定;第一百四十七条规定了中国公民和外国人结婚、离婚所适用的法律,但没有规定同样属于涉外婚姻关系范畴的中国公民双方在国外结婚、离婚以及国籍相同或不同的外国人在中国结婚、离婚的情形;第一百四十九条规定了遗产法定继承的法律适用原则,对于遗嘱继承则没有任何规定等。

针对这种“立法缺位”的现状,国内学者大多主张应迅速制定新法,弥补立法不足,其中也不乏关于制定法典的建议。有学者认为,中国国际私法立法的理想模式就是采取法典形式。② 而且立法应具有普遍主义和超

---

① 《中华人民共和国涉外民事关系法律适用法》已于 2011 年 4 月 1 日施行,2007 年本书写作时,尚处在讨论由国际私法学会组织起草的《中华人民共和国涉外民事关系法律适用法》(示范法)阶段。笔者在本书中持进化论观点,对建构论(即制定成文法)持保留态度。一方面,考虑到当时国内冲突法实践尚处在初级阶段,过早立法难以保证其科学性和前瞻性;另一方面,灵活性和适当性是冲突法的灵魂所在,即便有充分的实践,也应当慎重立法,避免条文中的系属公式过于单一或僵化。如此看来,2011 年的立法也存在诸多问题,尚待在实践中不断修订和完善。

② 徐伟功:《中国国际私法立法的理想与现实》,载《河南省政法管理干部学院学报》,2004(2)。

前性的特点。[①] 已出台的民法典草案第九编的主要特点之一就是普遍主义优势地位的确立。[②]

(二)建议

笔者认为,迅速立法以及制定国际私法法典时机尚不成熟,目前的"立法缺位"应该通过司法解释和制定示范法的手段来补充。

一方面,针对国际民商事交往中频繁发生或涉及的、存在相关立法模糊的法律问题,应出台相关的司法解释。[③]

另一方面,针对国际民商事交往中频繁发生或涉及的、存在立法空白的法律问题,应组织制定相关的示范法。[④] 同时应该在《立法法》中对某些示范法的非正式法律渊源地位予以确认,以便发挥它的司法参考的作用。

(三)理论标签及解释

这个建议的理论来源是:建构论与进化论相结合以及普遍主义与特殊主义相结合的理论。一如前述,这两个理论决定了我们的立法应当是对"进化""充分竞争""潜在规则"的记载,而超前立法和普遍主义立场并不适合我国的现状。原因有以下两点。

第一,存在立法模糊的某些领域经过反复实践(例如婚姻、继承等)已经逐渐形成了"人的行为之间"的均衡,其"潜在规则"已日益凸现,在这些领域可以发挥建构论的作用,即通过司法解释对这些成果予以固定。这些领域就不适合超前立法或是盲目地照搬所谓的"普遍性规则"。

第二,有些立法空白的领域,即使"建构"的时机也已成熟(例如代理、法人的民事能力、不当得利和无因管理、夫妻人身及财产关系、监护、产品

---

① 丁伟:《世纪之交中国国际私法立法回顾与展望》,载《政法论坛》,2001(3)。

② 于飞、丁添:《民法典"涉外民事关系的法律适用法"篇评析》,2003年国际私法年会论文。

③ 有学者认为,过多地依赖司法解释将导致一系列的弊端。其一,司法解释超常规的发展使得现行国际私法的法律体系严重失衡,并且在一定程度上助长了立法的惰性。其二,过多依赖司法解释会造成法律适用上的不稳定状态。参见丁伟:《世纪之交中国国际私法立法回顾与展望》,载《政法论坛》,2001(3)。但是笔者认为由司法解释向立法过渡的过程,就是进化的过程。不稳定、不均衡的状态是暂时的、必要的。

④ 目前已存在中国国际私法学会起草的《示范法》,并已定稿(第六稿)。具体内容可参见中国国际私法学会:《中华人民共和国国际私法示范法》,北京,法律出版社,2002。此外韩德培教授与黄进教授早在1991年就拟作了《大陆地区与台湾、香港、澳门地区民事法律适用示范条例》;1999年初,司法部法律援助中心起草了《中华人民共和国法律援助法》(示范法草案);2002年,武汉大学网络经济与法律研究中心联合中国人民大学民商法律研究中心、北京邮电大学信息法制研究中心和暨南大学法律系起草的《中华人民共和国电子商务法》(示范法)初稿。

责任、公司、保险、信托、破产、技术转让、知识产权等),但制定相关的司法解释却无可行性,因为“无法可依”。这些领域就应有组织地制定示范法,示范法是立法和司法解释的重要补充。示范法具有实践效益和社会效益。① 最关键的是,因为示范法不具有强制性,所以它不会强行阻断法律进化的有机进程,不会破坏法律市场的自我调适能力;而仓促立法就会起到相反的作用。

二、关于最密切联系原则的立法建议

(一)现状

最密切联系原则有三种不同的立法模式,即以概念主义国际私法观为主导的欧洲大陆模式、以最密切联系作为冲突规则的补充原则、将最密切联系原则作为一个具体的冲突规范,我们国家采取的是最后一种模式。② 我国《民法通则》第一百四十五、一百四十八条以及《涉外经济合同法》第五条、《合同法》第一百二十六条、《海商法》第二百六十九条地采用了此原则。所涉及的领域包括合同领域、解决国籍及住所积极冲突、营业所的确定、多法域国家准据法的确定及扶养关系的法律适用等。最密切联系原则是“冲突法软化”的表现,它首先体现了冲突正义的诉求,而且它与特征履行说的结合又体现了对实质正义的诉求。③

(二)建议

笔者认为我国应采取第一种立法模式:将最密切联系原则规定为普遍性的原则,同时在积累了足够实践经验的领域采取特征履行的辅助规定,即表现为最密切联系原则的具体化。④ 需要强调的是,应当首先在示范法中作出相应的规定,而不是作出立法修改。

---

① 翁国民、曹慧敏:《论示范法在中国的应用》,载《浙江大学学报》(人文社会科学版),2006(7)。

② 徐冬根:《国际私法趋势论》,357 页,北京,北京大学出版社,2005。

③ 例如我国在实践中总结出的 13 种最密切联系的法律。具体内容请参见肖永平:《国际私法原理》(第二版),189 页,北京,法律出版社,2007。

④ 目前我国国际私法立法中只有两处体现这种“具体化”,一个是合同领域,另一个是扶养领域。后者只是具体到一个选择适用的冲突规范,而不像前者那样具体到了一个双边规范,所以后者体现的明确性、可预见性不如前者,但毕竟比之单纯地规定为“最密切联系”要更具有冲突正义的理念。

（三）理论标签及解释

这个建议体现了建构论与进化论的结合以及冲突正义与实质正义的结合。

首先，最密切联系原则的普遍化既是对立法空缺的有效补充，又不属于“超前性”的规定。因为法律适用者在“有法可依”的同时也没有丧失对“潜在规则”进行及时总结的权利和机会，这就在“建构”的同时体现了“进化”的内核。

其次，最密切联系原则的具体化则体现了实质正义与冲突正义的结合，在赋予实质正义以冲突正义的形式的同时，也赋予了冲突正义以实质正义的内容。这也体现了“建构”对“进化结果”“潜在规则”的一种有效的固定和总结。

三、关于意思自治原则的立法建议

（一）现状

目前，我国仅在合同领域规定了这一原则。《民法通则》第一百四十五条将意思自治作为涉外合同准据法确定的首选原则，最高人民法院的有关司法解释具体规定了适用此原则的一些限制，如意思表示的方式、合意选择的时间和准据法的适用范围等。实际上，法律规避制度、公共秩序、最密切联系原则、保护弱方当事人原则和强制性规则都对意思自治进行了不同层面的限制。[①]

（二）建议

笔者认为，应制定一种“宽中带紧”的立法模式，即原则上全方位地承认当事人意思自治的效力（包括管辖权的选择、准据法的选择），同时规定，在合同之外的领域，合意的范围只限于法院地法。

（三）理论标签及解释

这个建议体现了柔性化和刚性化结合的重要内容。一如前述，这个建议在扩大了意思自治的适用领域的同时，又限制了意思自治的范围，即指定合意选择的范围：法院地法。

---

① 吕岩峰：《吕岩峰论国际法》，116～125页、165页，长春，吉林人民出版社，2005。

当事人意思自治的扩张已成为一种趋势。“在现代国际私法立法中，当事人意思自治原则的作用已不再限于合同领域，而是开始向婚姻、继承、物权、侵权行为及司法管辖等诸多领域渗透。”[①]笔者早已论及，“意思自治”是管辖权资源配置的市场途径的体现，它可以充分地、准确地体现“消费者”的需求，同时它也是导引人们实现行为之间的均衡，从而达致制度均衡的重要方式。

但是我国目前将资源配置完全交给市场的条件还不成熟，从个人视角看，“完全的”全方位的意思自治就等于放弃已经由“建构”所固定下来的成果，这就会增加当事人达成“合意”的成本。从国家视角看，这也不利于国家政策、利益的实现。所以，将“合意选择”的范围界定为法院地法，就等于为国家利益设置了一个意思自治的“安全阀”。

总之，这种“宽中有紧”的立法方式将最大限度地实现私人效用和国家效用的最大化。

四、关于“有利”原则的立法建议

（一）现状

“有利”原则有两个含义：一是，准据法应该有利于行为的成立或生效，在这个含义上它类似于“尽量使其有效原则”（“促成”原则）；二是，准据法应当有利于当事人中的弱势一方，也就是“保护弱方当事人原则”。我国仅在《民通意见》的第一百八十条体现了第一个含义，[②]而关于第二个含义，国际私法立法部分没有直接的体现，只是在《民法通则》第四条的“公平原则”的规定中间接有所体现。

（二）建议

一方面，在有关法律行为形式或实体的效力（遗嘱、结婚或普通合同）、某种身份地位（婚生或亲子关系的身份地位，夫妻的身份地位或甚至身份地位的解除，如离婚）的确定问题上，应当慎用“有利”原则，维持现在

---

① 吕岩峰：《吕岩峰论国际法》，169 页，长春，吉林人民出版社，2005。

② 《民通意见》第一百八十条的规定可以概括为：外国人在我国领域内进行民事活动，如依其本国法律为无民事行为能力，而依我国法律为有民事行为能力，应当认定为有民事行为能力。这实际上也可以理解为是一种单边主义的体现，即最终表现为适用法院地法。这体现了保护与此类外国人交易的我国当事人的利益和鼓励此类外国人在我国领域内进行民商事活动的政策倾向。

的规定即可；[①]另一方面，应当通过示范法规定有利于特定当事人的规则，如消费者、雇员、抚养权利人或法律秩序认为他是弱者或他的利益被认为是值得侧重保护的任何其他一方当事人。

（三）理论标签及解释

这个建议体现了建构论与进化论相结合以及冲突正义和实质正义相结合的理论。

如前所述，“有利”原则体现了保护弱者的实质正义，同时它的载体为双边规范，这就又具备了冲突正义所要求的明确性、可预见性的特点。另外，“弱者”的是一个相对性的概念，没有具体的、明确的内涵，需要在具体的实践中进行区分。这说明“有利于弱者”是一个处于不断变化、不断进化过程中的“潜在规则”，我们应该对已经相对明确的“潜在规则”，例如保护消费者、雇员、抚养权利人、儿童等，以“建构”的方式予以确定，但是在其他领域不宜超前立法。

五、关于“直接适用的法”的立法建议

（一）现状

如前所述，“直接适用的法”是单边主义的表现，属于典型的强制性规范，当事人的合意以及法律适用者的自由选择都不得减损它的效力。“直接适用的法”通常是于一国社会、经济利益有重大关系的实体法律。它反映了当今社会对公共利益的关注已渗透到法律选择中来。[②] 我国立法没有明确的“直接适用的法”的规定。[③]

（二）建议

一方面，将国际私法相关立法进行修改，原则上确立“直接适用的法”的强制法地位（类似于公共秩序的效力）。另一方面，完善相关领域的实

① 有一个例外，关于非婚生子女的准正问题上，应当规定“有利”原则。例如，1978 年颁布的《奥地利联邦冲突法规》第二十二条便将促成非婚生子准正的政策趋向作为了法律选择的连结点，该条规定：“非婚生子女因事后婚姻而准正的要件依父母的属人法；父母的属人法不同时，依其中更有利于准正的法律。”其实，这同时体现了“有利”原则的第二个含义。

② 徐冬根：《国际私法趋势论》，433 页，北京，北京大学出版社，2005。

③ 在我国，相关问题往往由单边冲突规范来规定，例如《合同法》第一百二十六条第二款规定：“在中华人民共和国境内履行的中外合资经营企业合同、中外合作经营企业合同、中外合作勘探开发自然资源合同，适用中华人民共和国法律。”

体法,例如在人民币汇率、反垄断、外资登记等方面的规定中加入“直接适用的法”的标记:“本法的适用对外国法有排他的效力”。

(三)理论标签及解释

这个建议体现了普遍主义与特殊主义相结合,并且侧重于后者的理论,同时也体现了柔性化与刚性化相结合的理论。“直接适用的法”有利于维护我国国家利益和社会整体利益。它是特殊主义的体现,是刚性化的体现,是对一国法律先充分发展自身,再参与市场竞争的策略的体现。对“承认”的否定并不意味着对“合作”的排斥。如前所述,合作是通过竞争完成的,为了获得竞争中的相对有利的位置,我们必须先充分地争取自己的效益。合作的前提是充分的竞争。

第三节　小　　结

本章力求体现的是本书的应用价值,所采取的技术路线为:本书结论—立法理论—立法实践。

立法实践离不开立法理论的指导,立法理论的分歧会影响到立法的完整性。立法理论的分歧体现为概念的对立,例如普遍主义与特殊主义、实质正义与冲突正义、柔性化和刚性化、双边主义与单边主义、任意性与强制性等。立法理论的统一不仅意味着对立概念之间的统一,还有更高的要求:不同组的对立概念之间的统一应该有一个统一的思路,即需要一个能统领全局的根本性理论。笔者认为这个理论就是国际私法的理论内核与发展路径。寻找这个根本性的理论正是笔者对“承认”问题进行经济分析的终极目的。笔者认为,国际私法的理论内核是“进化”,而发展的路径是竞争与合作。

从这个结论中可以直接推导出建构论和进化论的统一,即两者相结合的结论。这个分结论(结合论)在一定程度上可以诠释上述概念的对立与统一。进而笔者分别论述了三组不同概念之间的结合,包括是否应结合、如何结合、对立法理论层面的启示以及对立法实践的影响。

第一,普遍主义应与特殊主义相结合,并应侧重于后者。这个理论体现在笔者关于解决“立法缺位”和关于“直接适用的法”的制定的建议之中。

第二,实质正义应与冲突正义相结合。笔者提出的最密切联系原则的普遍化与具体化,以及“有利”原则的具体规定,就是对这个理论的体现。

第三,柔性化与刚性化相结合,在这个理论的指导下,笔者提出了关于意思自治"宽中带紧"的立法模式。关于"直接适用的法"的制定建议也体现了这个理论。

总之,关于国际私法理论内核与发展路径的理论是指导我国立法的根本性理论,建构论与进化论相结合的理论是指导立法的基本理论,普遍主义与特殊主义相结合、实质正义与冲突正义相结合以及柔性化与刚性化相结合的理论是立法的具体理论。在立法实践方面,笔者提出的关于解决"立法缺位"问题、最密切联系原则、当事人意思自治原则、"有利"原则和"直接适用的法"的相关建议,还可以更加细致化和具体化,但这就不是本书框架所能涵盖的内容了。

结　论

本书结论可以分为四部分:一是关于方法论的结论;二是对“承认”问题进行综合范式经济分析的结论;三是关于国际私法理论内核与发展路径的结论;四是关于我国立法实践的启示和建议。

第一,通过对辅助性理论——国际私法经济分析的基本问题——的递进式分析,以及对“承认”问题主流范式的检验和批判,笔者阐发并最终确立了国际私法经济分析综合范式的内涵与地位。综合范式在方法论上体现了抽象演绎与历史归纳的综合、个人主义与整体主义的综合、实证分析和规范分析的综合;在经济学理论工具上体现了对主流范式和非主流范式的综合;同时体现了对国际私法经济分析的基本理论——分析视角与价值取向——的运用。这部分结论体现了本书的方法论。

第二,围绕“意大利法则区别说时期”,笔者设定了一个“制度—行为—市场”三个视角为一体的综合范式经济分析框架。因为“承认”是一种制度,也是一种行为,“承认”形成了国际私法市场,同时“承认”也是法律市场的产物。相应的,笔者对“承认”制度先后进行了制度经济学分析、行为经济学分析和供给需求理论分析。结论是:从制度视角来看,“承认”是制度均衡要求引起的法律制度变迁的结果,“承认”的过程就是管辖权界定和交易的过程,“承认”是缓解交易成本的一种效率的“治理结构(长期合同)”的体现;从行为视角来看,“承认”是主体有限理性、有限意志力、有限自利和偏好随机性的体现,是主体认知变化的结果,“承认”体现了一种理性和非理性因素的结合,“承认”是主体之间进行进化博弈所形成的进化策略均衡;从市场视角看,“承认”是实现法律市场供求均衡的必然要求,“承认”提出了竞争与合作的一般性原则,“承认”形成了国际私法市场,在这个市场中,竞争与合作机制起着至关重要的作用;从整体来看,“承认”体现了“均衡”的需要,这种均衡既是制度均衡,又是进化博弈所达致的策略均衡,也是市场的均衡和供求关系的均衡。这部分结论是本书的核心内容,体现了本书的基本目的。

第三,笔者提出了关于国际私法理论内核与发展路径的结论。笔者认为国际私法作为一种法律制度，它的产生、发展、变化和消亡遵循的就是“进化”的原则，“进化”是国际私法的理论内核，因此，国际私法制度主要是通过自身进化形成的，而非外力建构形成的；国际私法进化（发展）的路径是国际私法主体间的竞争与合作，竞争与合作之间的紧张状态是制度进化的唯一载体，它们同时存在，缺一不可。竞争与合作是实现制度均衡的重要机制，也是实现进化博弈均衡和市场均衡的重要机制。这部分结论是本书的重要内容，体现了本书的终极目的。

第四，笔者沿循着“结论—立法理论—立法实践”的路线，结合我国立法现状，提出了建构论与进化论相结合的基本立法理论和普遍主义与特殊主义相结合、实质正义与冲突正义相结合、柔性化与刚性化相结合的具体立法理论，以及关于解决“立法缺位”、最密切联系原则、当事人意思自治原则、“有利”原则和“直接适用的法”的相关立法建议，力求体现对“承认”问题进行经济分析的“致用”价值。

总之，经由对国际私法经济分析基本问题的论述和对“承认”问题主流范式分析的批判，笔者试图统一与“承认”经济分析相关的基本概念（国际私法经济分析的范围、视角、价值取向和国际私法的经济功能），界定一个明确的方法论（国际私法经济分析的综合范式）；通过在“意大利法则区别说时期”这个历史维度下构建的“制度—行为—市场”的分析框架，笔者努力从一个更广阔的经济学视角解释“承认”现象、重新解读意大利法则区别说，并力求阐释“承认”问题的经济分析对国际私法的理论和实践的有益启示。

与此同时，笔者发现“承认”问题的经济分析还有广阔的空间，例如对一个更完整的历史时期下的“承认”问题的考察必定会带来更多的结论和更多的启示；“承认”只是法律选择的原因，它和法律选择的方法（原则）、法律选择的辅助制度、法律选择的具体体现一同构成了国际私法制度，这都给我们指明了继续努力的方向。

参 考 文 献

中文参考文献:

国内著作:

1. 陈国富. 法经济学. 北京:经济科学出版社,2006
2. 陈宗波、阳芳、蒋团标. 法律的经济解释. 桂林:广西师范大学出版社,2004
3. 戴东雄. 中世纪意大利法学与德国的继受罗马法. 北京:中国政法大学出版社,2003
4. 丁冰主编. 现代西方经济学说. 北京:中国经济出版社,1995
5. 杜涛. 德国国际私法:理论、方法和立法的变迁. 北京:法律出版社,2006
6. 冯玉军. 法律的成本收益分析. 兰州:兰州大学出版社,2000
7. 高德步. 经济发展与制度变迁:历史的视角. 北京:经济科学出版社,2006
8. 韩德培主编. 国际私法新论. 武汉:武汉大学出版社,1997
9. 韩德培主编. 国际私法问题专论. 武汉:武汉大学出版社,2004
10. 何勤华、魏琼主编. 西方民法史. 北京:北京大学出版社,2006
11. 洪银兴等编著.《资本论》的现代解释. 北京:经济科学出版社,2005
12. 黄少安. 产权经济学导论,济南:山东人民出版社,1995
13. 黄有光. 福利经济学. 周建明等译. 北京:中国友谊出版公司,1991
14. 蒋新苗. 国际私法本体论. 北京:法律出版社,2005
15. 李晓明. 私法的制度价值. 北京:法律出版社,2007
16. 李浩培. 李浩培文选. 北京:法律出版社,2000
17. 李浩培. 条约法概论. 北京:法律出版社,2003
18. 李双元. 国际私法(冲突法篇). 武汉:武汉大学出版社,2001
19. 李双元主编. 中国与国际私法统一化进程. 武汉:武汉大学出版社,1993
20. 李双元、欧福永、熊之才主编. 国际私法教学参考资料选编. 北京:北京大学出版社,2002
21. 刘铁铮、陈荣传. 国际私法论. 台北:三民书局,2003
22. 卢峻. 国际私法之理论与实际. 北京:中国政法大学出版社,1998
23. 吕岩峰. 吕岩峰论国际法. 长春:吉林人民出版社,2005
24. 倪正茂. 比较法学探析. 北京:中国法制出版社,2006
25. 秦瑞亭. 冲突法的理论与实务. 北京:对外经济贸易大学出版社,2007
26. 钱弘道. 经济分析法学. 北京:法律出版社,2003

27. 沈涓．冲突法及其价值导向．北京:中国政法大学出版社,2002

28. 宋晓．当代国际私法的实体取向．武汉:武汉大学出版社,2004

29. 苏力．送法下乡——中国基层司法制度研究．北京:中国政法大学出版社,2000

30. 韦森．制度经济分析的哲学基础——经济学与哲学,上海:世纪出版集团,上海人民出版社,2005

31. 王铁崖．国际法．北京:法律出版社,1995

32. 谢地主编．政府规制经济学．北京:高等教育出版社,2003

33. 肖永平．肖永平论冲突法．武汉:武汉大学出版社,2002

34. 肖永平．国际私法原理(第二版).北京:法律出版社,2007

35. 萧国亮、隋福民编著．世界经济史．北京:北京大学出版社,2007

36. 徐冬根．国际私法趋势论．北京:北京大学出版社,2005

37. 曾陈明汝．国际私法原理(续集).台北:学林文化事业有限公司,2003

38. 张军．现代产权经济学,上海:上海三联书店、上海人民出版社,1994

39. 张乃根．法经济学——经济学视野里的法律现象．北京:中国政法大学出版社,2003

40. 张维迎．博弈论与信息经济学．上海:上海三联出版社,上海人民出版社,2004

41. 张文显．二十世纪法哲学思潮研究．北京:法律出版社,1996

42. 张文显．法哲学范畴研究．北京:中国政法大学出版社,2001

43. 赵相林主编．国际私法论丛．北京:高等教育出版社,2005

44. 周林彬．法律经济学论纲．北京:北京大学出版社,1998

45. 周一良、吴于廑．世界通史．北京:人民出版社,1972

46. 朱天飚．比较政治经济学．北京:北京大学出版社,2006

译著:

1. [爱尔兰]J. M. 凯利．西方法律思想简史．王笑红译．北京:法律出版社,2002

2. [奥]阿·菲德罗斯．国际法．李浩培译．北京:商务印书馆,1981

3. [奥]凯尔森．法与国家的一般理论．沈宗灵译．北京:中国大百科全书出版社,1996

4. [比]亨利·皮朗．中世纪欧洲经济社会史．乐文译．上海:上海人民出版社,2001

5. [比]亨利·皮雷纳．中世纪的城市(经济和社会史评论),陈国梁译．北京:商务印书馆,1985

6. [德]弗里德里希·卡尔·冯·萨维尼．论立法与法学的当代使命．许章润译．北京:中国法制出版社,2001

7. [德]弗里德里希·卡尔·冯·萨维尼．法律冲突与法律规则的地域和时间范围．李双元等译．北京:法律出版社,1999

8. [德]弗朗茨维亚克尔．近代私法史．陈爱娥、黄建辉译．上海:上海三联书店,2005

9. [德]柯武刚、史漫飞著．制度经济学．韩昭华译．北京:商务印书馆 2000

10. [德]K. 茨威格特、H. 克茨．比较法总论．潘汉典等译．北京:法律出版社,2003

11. [德]考夫曼．法律哲学．刘幸义等译．北京:法律出版社,2004

12. [德]马克思．资本论(第 3 卷).北京:人民出版社,2004

13. [德]马克思、恩格斯．马克思恩格斯选集(第 1 卷).北京:人民出版社,1995

14. [德]马科斯·韦伯．经济与社会．林荣远译．北京:商务印书馆,1998

15. [德]马科斯·韦伯．论经济与社会中的法律．张乃根译．北京:中国大百科全书出版社,1998

16. [法]亨利·巴蒂福尔、保罗·拉加德．国际私法总论．陈洪武等译．北京:中国对外翻译出版公司,1989

17. [法]克劳德·梅纳尔编．制度、契约与组织——从制度经济学角度的透视．刘刚、冯健、杨其静、胡琴等译．北京:经济科学出版社,2003

18. [法]卢梭著．社会契约论．何兆武译．北京:商务印书馆,1980

19. [荷]杰克·J. 弗罗门．经济演化——探究新制度经济学德理论基础,李振明、刘社建、齐柳明译．北京:经济科学出版社,2003

20. [加拿大]奥斯本、[美]鲁宾斯坦．博弈论教程,魏玉根译,高峰校．北京:中国社会科学出版社,2000

21. [美]埃瑞克·G. 菲吕博顿、[德]鲁道夫·瑞切特编．新制度经济学,孙经纬译,上海财经大学出版社,1998

22. [美]布莱克．法律的运作行为．唐越、苏力译．北京:中国政法大学出版社,1994

23. [美]波斯纳．法律的经济分析,蒋兆康译,林毅夫校．北京:中国大百科全书出版社,1997

24. [美]波斯纳．法理学问题．苏力译．北京:中国政法大学出版社,1994

25. [美]博登海默．法理学:法律哲学与法律方法．邓正来译．北京:中国政法大学出版社,1999

26. [美]本杰明·N. 卡多佐．法律的成长——法律科学的悖论,董炯、彭冰译．北京:中国法制出版社,2002

27. [美]大卫·D. 弗里德曼．经济学语境下的法律规则．杨欣欣译,龙华编校．北京:法律出版社,2004

28. [美]丹尼斯·缪勒．公共选择．张军译．上海:上海三联书店,1993

29. [美]道格拉斯·C. 诺斯．经济史中的结构与变迁．陈郁、罗华平译．上海:上海三联书店、上海人民书店,1994

30. [美]道格拉斯·C. 诺斯．制度、制度变迁和经济绩效．刘守英译．上海:上海

三联书店,1994

31. [美]道格拉斯·G. 拜尔、罗伯特·H. 格特纳、兰德尔·C. 皮克. 法律的博弈分析. 严旭阳译. 北京:法律出版社,1999

32. [美]凡勃伦·T. B.. 有闲阶级论:关于制度的经济研究. 蔡受百译. 北京:商务印书馆 1964

33. [美]弗登博格等著. 博弈论. 姚洋等译,北京:中国人民大学出版社,2002

34. [美]格若赫姆·罗珀. 博弈论导引及其应用. 柯华庆、闫静怡译. 北京:中国政法大学出版社,2005

35. [美]赫伯特·西蒙. 现代决策理论的基石:有限理性说. 杨砾、徐立译,北京:北京经济学院出版社,1989

36. [美]哈罗德·J. 伯尔曼. 法律与革命——西方法律统的形成. 贺卫方、高鸿钧、张志铭、夏勇译. 北京:中国大百科全书出版社,1993

37. [美]亨德里克·威廉·房龙. 人类的故事. 北京:北京出版社,1999

38. [美]黄仁宇. 资本主义与二十一世纪. 北京:生活·读书·新知三联书店,1997

39. [美]加里·贝克尔. 人类行为的经济分析. 王业宇、陈琪译. 上海:上海人民出版社,1995

40. [美]凯斯·R. 桑斯坦主编. 行为法律经济学. 涂永前、成凡、康娜译. 北京:北京大学出版社,2006

41. [美]康芒斯. 制度经济学. 于树生译. 北京:商务印书馆,1962

42. [美]劳伦斯·A. 博兰. 批判的经济学方法论. 王铁生、尹俊骅、陈越译,马寅卯校,汪丁丁审订. 北京:经济科学出版社,2000

43. [美]路易斯·卡普洛、斯蒂文·沙维尔. 公平与福利. 冯玉军、涂永前译. 北京:法律出版社,2007

44. [美]罗宾·保罗·马洛伊. 法律和市场经济——法律经济学价值的重新诠释. 钱宏道、朱素梅译. 北京:法律出版社,2006

45. [美]罗伯特·D. 考特、托马斯·S. 尤伦. 法和经济学(第三版). 施少华、姜建强等译. 上海:上海财经大学出版社,2002

46. [美]罗伯特·所罗门. 大问题,张卜天译. 桂林:广西师范大学出版社,2004

47. [美]罗杰·A. 麦凯恩. 博弈论战略分析入门. 原毅军、陈艳莹、张国峰译. 北京:机械工业出版社,2006

48. [美]罗宾·保罗·麦乐怡. 法与经济学. 孙潮译. 杭州:浙江人民出版社,1999

49. [美]曼昆. 经济学原理(第三版). 梁小民译. 北京:机械工业出版社,2003

50. [美]尼古拉斯·麦考罗、斯蒂文·G. 曼德姆. 经济学与法学——从波斯纳到后现代主义. 吴晓露、潘晓松译,朱慧、史晋川审校. 北京:法律出版社,2005

51. [美]庞德. 法律史解释,邓正来译. 北京:中国法制出版社,2002

52. [美]施密德．制度与行为经济学．刘璨、吴水荣译．北京：中国人民大学出版社，2004

53. [美]萨谬尔森．微观经济学．肖琛等译．北京：人民邮电出版社，2004

54. [美]斯塔夫里阿诺斯．全球通史．董书慧、王昶、徐正源译．北京：北京大学出版社，2006

55. [美]汤普逊．中世纪经济社会史 300—1300 年．耿淡如译．北京：商务印书馆，1997

56. [美]乌戈·马太．比较法律经济学．沈宗灵译，张建伟审校．北京：北京大学出版社，2005

57. [美]约瑟夫·熊彼特．经济分析史，朱泱、孙鸿敞、李宏、陈锡龄译．北京：商务印书馆，1994

58. [以]Y. 巴泽尔．产权的经济分析．费方城、段毅才译．上海：上海人民出版社，1997

59. [美]约翰·N. 德勒巴克、约翰·V. C. 奈．新制度经济学前沿．张宇燕等译．北京：经济科学出版社，2003

60. [美]约翰·罗尔斯．正义论，何怀宏、何包钢、廖申白译．北京：中国社会科学出版社，1988

61. [美]约翰·H. 威格摩尔．世界法系概览．何勤华、李秀清、郭光东等译．上海：上海人民出版社，2004

62. [南]斯韦托扎尔·平乔维奇．产权经济学——一种关于比较体制的理论．蒋琳琦译，张军校．北京：经济科学出版社，2004

63. [日]大本雅夫．比较法．范愉译．北京：法律出版社，1999

64. [日]青木昌彦．比较制度分析．周黎安译．上海：上海远东出版社，2001

65. [意]路易吉·萨尔瓦托雷利．意大利简史．沈珩、祝本雄译．北京：商务印书馆，1998

66. [意]密拉格利亚．比较法律哲学．朱敏章、徐白齐、吴泽炎、吴鹏飞译．北京：中国政法大学出版社，2005

67. [英]埃里克·罗尔．经济思想史．陆元诚译．北京：商务印书馆，1979

68. [英]安东尼·B. 阿特金森、[美]约瑟夫·E. 斯蒂格利茨．公共经济学．蔡江南等译．上海：上海三联书店，1994

69. [英]宾默尔．博弈论与社会契约(第一卷)·公平博弈．王小卫、钱勇译，韦森校．上海：上海财经大学出版社，2003

70. [英]弗里德利希·冯·哈耶克．个人主义和经济秩序．邓正来译．北京：生活·读书·新知三联书店，1999

71. [英]弗里德利希·冯·哈耶克．自由秩序原理．邓正来译．北京．生活·读书·新知三联书店，1997

72. [英]弗里德利希·冯·哈耶克．法律、立法与自由．邓正来、张守东、李静冰

译．北京:中国大百科全书出版社,2000

73.［英］J. H. C. 莫里斯主编．戴西和莫里斯论冲突法．李双元等译．北京:中国大百科全书出版社,1998

74.［英］K. R. 波普尔．开放社会及其敌人．郑一明译．北京:中国社会科学出版社,1999

75.［英］马尔科姆・卢瑟福．经济学中的制度——老制度主义和新制度主义．陈建波、郁仲莉译．北京:中国社会科学出版社,1999

76.［英］施米托夫．国际贸易法文选．赵秀文选译．北京:中国大百科全书出版,1993

77.［英］亚当・斯密．国民财富的性质和原因的研究．郭大力、王亚南译．北京:商务印书馆 1974

78.［英］亚当・斯密．道德情操论．蒋自强译．北京:商务印书馆 1997

79.［英］约翰・希克斯．经济史理论,厉以宁译．北京:商务印书馆 1987

80.［英］约翰・霍夫曼．主权．陆彬译．长春:吉林人民出版社,2005

81.［英］詹宁斯、瓦茨修订．奥本海国际法．王铁崖、李适时、唐宗舜、周仁译,王铁崖校订．北京:中国大百科全书出版社,1998

中文期刊:

1. 毕秀水、高金微．政府行为的法经济学分析.《法制论丛》,2005 年第 2 期

2. 蔡宝刚．私有产权保护的意义追问——以“李约瑟难题”的法律解答为例.《法学评论》,2005(3)

3. 陈大伟．行为决策中的博弈论问题.《辽宁行政学院学报》,2007(8)

4. 陈湘文．进化法学与建构法学:哈耶克的法律观评析.《湖南社会科学》,2002(4)

5. 陈小洪．公司法的经济学分析:理论和若干讨论.《经济社会体制比较》,2005(3)

6. 程恩富、管文杰．法律追诉时效制度的经济分析——挑战中外法学界主流观点.《云南大学学报》(社会科学版),2005(5)

7.［美］道格拉斯・G、贝尔德．法经济学的展望与未来,吴晓露译.《经济社会体制比较》,2003(4)

8. 丁胜全．国际私法的方法与性质图表分析.《河南省政法管理干部学院学报》,2003(3)

9. 丁伟．世纪之交中国国际私法立法回顾与展望.《政法论坛》,2001(3)

10. 豆景俊、张建涛．我国法经济学研究的现状及展望.《广东商学院学报》,2007(3)

11. 杜敏．权利基本范畴研究——一种法哲学视角.《淮北煤炭师范学院学报》(哲学社会科学版),2007(1)

12. 杜涛．后现代主义与国际私法研究的新视角《国际私法研究方法论》,2003(3)

13. 杜新丽．国际私法中法律选择方法的价值探究．《政法论坛》,2005(6)

14. 冯玉军．法经济学范式的知识基础研究．《中国人民大学学报》,2005(4)

15. 冯玉军．权力、权利和利益的博弈——我国当前城市房屋拆迁问题的法律与经济分析．《中国法学》,2004(4)

16. 郜庆．论完善我国归入权制度的必要性——从法律经济学的视野观察．《长春工业大学学报》(社会科学版),2005(2)

17. 高洁、刘耕、何燕、吴越．“刺穿公司面纱”制度引入的法经济学分析．《甘肃政法学院学报》,2005(3)

18. 高兰英、蒋琼．浅议近现代国际私法对“法律关系本座说”的扬弃．《广西政法管理干部学院学报》,2002(6)

19. 郭振杰、刘洪波．经济分析法学方法论的贡献及局限．《现代法学》,2005(3)

20. 郭庆珠．论行政规划利害关系人的权利保障和法律救济——兼从公益与私益博弈的视角分析行政规划的法律规制．《法学论坛》,2006(3)

21. 郭明瑞．权利冲突的研究现状、基本类型与处理原则．《法学论坛》,2006(1)

22. 龚帆、杨蕙、朱方毅．对非财产损害赔偿制度的法经济学分析．《湖南农业大学学报》(社会科学版),2005(1)

23. 何茂昌．理性的韧性——对博弈论和行为经济学的哲学沉思．《黑河学刊》,2007(3)

24. 黄泽先、曾令华、段忠东、江群．理性行为的多重性分析．《经济评论》,2007(2)

25. 黄海涛．试论经济伦理的历史类型及其普遍价值．《贵州大学学报》(社会科学版),2007(3)

26. 黄少安．制度经济学中六个基本理论问题新解．《学术月刊》,2007(1)

27. 胡祖光．也析公有制经济中的委托——代理人关系．《经济研究》,1996(10)

28. 胡俊超．国外激励理论的发展和创新——基于“经济人”假设和放宽假设的分析．《企业经济》,2007(4)

29. 贺京同、那艺、董洁．个体行为动机与行为经济学．《经济社会体制比较》,2007(3)

30. 洪凯、徐毅．经济史理论观念与分析方法散论．《中州大学学报》,2007(2)

31. 韩毅．经验归纳方法、历史主义传统与制度经济史研究．《中国经济史研究》,2007(2)

32. 何大安．经济学世界中理性选择与非理性选择之融合——从质疑效用最大化角度对若干理论观点的理解．《浙江学刊》,2007(2)

33. 贾中海．哈耶克进化论理性主义对罗尔斯理性建构主义的批判．《学习与探索》,2006(4)

34. 金明、邓和刚．国际私法定义辨析．《四川大学学报》(哲学社会科学版),2006(2)

35. 柯华庆．格式合同的经济分析．《比较法研究》,2004(5)

36. 柯华庆．科斯命题的澄清．《社会科学战线》,2006(2)

37. 柯华庆．科斯命题的谬误．《思想战线》,2006(2)

38. 黎秀蓉、刘光岭．论构建和谐社会的博弈论基础．《经济问题》,2007(9)

39. 李双元、郑远民、吕国民．关于建立国际民商新秩序的法律思考——国际私法基本功能的深层考察．《法学研究》,1997(2)

40. 李双元、欧福永．国际私法研究方法之我见．《法学论坛》,2003(3)

41. 李珂、冯玉军．惩罚性赔偿制度的法经济学分析．《首都师范大学学报》(社会科学版),2005(4)

42. 李毅辉、何立华．从博弈论的角度分析法的产生如何促进社会生产力的发展．《理论探索》,2005(7)

43. 刘景光．新制度经济学的基本假定及主要流派回顾．《科技广场》,2007(4)

44. 李富荣、张景华．一个经济学的新领域:演化博弈理论．《统计与决策》(理论版),2007(5)

45. 李秀群．司法中的利益衡量——一个博弈论的分析．《山东公安专科学校学报》,2004(1)

46. 李国炜．法经济学视野下的医疗损害赔偿——以汉德公式为中心．《医学与社会》,2005(3)

47. 栗晓宏．国际私法产生及立法的分析．《行政与法》,2005(11)

48. 刘和旺．行为经济学视角下的制度演化理论．《经济学动态》,2005(11)

49. 刘大洪、田开友．政府采购法的法经济学维度．《云南大学学报》(法学版),2005(1)

50. 刘文革、关立新．法经济学的本土化探索——2005 年度“中国法经济学论坛”综述．《经济研究》,2005(5)

51. 娄和标．哈耶克进化理性主义中的建构理性成分．《广西社会科学》,2005(6)

52. 孟捷．经济人假设与马克思主义经济学．《中国社会科学》,2007(1)

53. 宁红丽．经济学视野中的越界建筑法律规则．《法商研究》,2005 (3)

54. [美]诺思．经济学和认知科学,张立波、邢荣译．《北京大学学报》(哲学社会科学版),2004(6)

55. 屈广清．国际私法保护弱势群体的理论考量．《福建政法管理干部学院学报》,2007(2)

56. 钱弘道．从市场经济到有限政府的必然逻辑．《浙江学刊》,2004(4)

57. 钱弘道．法律的经济分析方法评判．《法制与社会发展》,2005(3)

58. 钱弘道．法律的经济分析工具．《法学研究》,2004(4)

59. 钱弘道．关于对法律进行经济分析的三个角度．《法制与社会发展》,2004(3)

60. 钱弘道．经济分析法学的几个基本概念阐释．《同济大学学报》(社会科学版),2005(4)

61. 任小军．经济学能摆脱价值判断吗?《当代经济研究》,2007（3）

62. 苏振华、邹方斌．实证经济学方法论的意义与限度.《经济学家》,2007(4)

63. 宋晓．国际私法中的比较法方法.《国际私法研究方法论》,2003(3)

64. 宋连斌．浅析司法实践对中国国际私法研究方法的挑战.《法学论坛》,2003(3)

65. 帅颖．价值分析方法在国际私法学中的应用.《文教资料》,2005(25)

66. 谭岳奇．从形式正义到实质正义:现代国际私法的价值转换和发展取向思考.《中国国际私法与比较法年刊》(第2卷).北京:法律出版社,1999

67. 王传兴．"双层次博弈"理论的兴起和发展.《世界经济与政治》,2001(5)

68. 王曙光、胡译程、冯海燕．法律市场均衡的经济分析.《哈尔滨商业大学学报》(社会科学版),2005(4)

69. 王小锡．论经济与伦理的内在结合.《哲学研究》,2007(6)

70. 王小锡、王露璐．新世纪以来中国经济伦理学研究的热点、问题及走向.《哲学动态》,2007(4)

71. 王涛．论十七世纪中西法律冲突.《政法论坛》,1998(3)

72. 汪浩瀚,徐文明．现代不确定性经济理论的比较研究:凯恩斯与奈特.《经济评论》,2005(5)

73. 万磊．土地发展权的法经济学分析.《重庆社会科学》,2005(9)

74. 魏建．博弈、合作与法律.《山东社会科学》,2001(2)

75. 魏崇辉．新制度经济学视角的制度伦理.《理论观察》,2007(2)

76. 温宏建．纵向限制的经济学和法学意义.《首都经济贸易大学学报》,2005(2)

77. 翁国民、曹慧敏．论示范法在中国的应用.《浙江大学学报》(人文社会科学版),2006(7)

78. 吴晓洁、黄贤金、张晓玲、李如海、钟太洋．征地主体行为的法经济学分析.《中国土地科学》,2005(4)

79. 许军珂．国际私法功能的演变.《外交学院学报》,2003(3)

80. 徐崇利．冲突法之悖论:价值取向与技术系统的张力.《政法论坛》,2006(2)

81. 熊育辉．国际私法上的"冲突正义"和"实质正义".《浙江社会科学》,2007(3)

82. 肖永平．价值取向与中国冲突法立法.《中国法学》,1994(5)

83. 徐冬根．论国际私法规范的柔性化与刚性化.《法制与社会发展》,2003(3)

84. 徐国栋．法律的诸价值及其冲突.《法律科学》,1992(1)

85. 徐开金．试析程序公正的法经济学意义——以民事诉讼程序为分析对象.《扬州教育学院学报》,2005(1)

86. 徐伟功．中国国际私法立法的理想与现实.《河南省政法管理干部学院学报》,2004(2)

87. 徐杨．宪法的经济学分析.《湘潭大学学报》(哲学社会科学版),2005(5)

88. 杨利华、冯晓青．著作权扩张及其法律和经济学探讨.《法学论坛》,2005(3)

89. 杨瑞龙、周业安．一个关于企业所有权安排的规范性分析框架及其理论含义.《经济研究》,1997(1)

90. 袁艺、茅宁．从经济理性到有限理性:经济学研究理性假设的演变.《经济学家》,2007(2)

91. 元惠萍．思想与工具——现代经济学分析方法的教学思考.《中国大学教学》,2005(8)

92. 于飞．简论国际私法的统一化与本土化.《新疆社会科学》,2004(3)

93. 于全辉、孟卫东．行为经济学对传统经济学的批判.《生产力研究》,2007(14)

94. 曾涛．论示范法的理论基础及其在中国的运用.《法商研究》,2002(3)

95. 张秀娈、陈新岗．试论凯恩斯主义经济学对美国经济史的影响.《山东社会科学》,2007(5)

96. 张建伟．国家转型与治理的法律多元主义分析——中、俄转轨秩序的比较法律经济学.《法学研究》,2005(5)

97. 张春玲．经济分析方法在法学研究中的运用.《商业研究》,2005(3)

98. 张良桥．论进化德定策略.《经济评论》,2003(2)

99. 张晓声．试论国际私法中的国际公法因素——以国际礼让说为视角.《法制与社会》,2007(4)

100. 张平华．权利冲突是伪命题吗?——与郝铁川教授商榷.《法学论坛》,2006(1)

101. 赵相林、邢钢．中国国际私法立法的基本定位.《河南省政法管理干部学院学报》,2004(3)

102. 周林彬．从法学的不自足到法律经济学的推进——兼论法律经济学课程的设置.《中山大学学报》(社会科学版),2005(4)

103. 周林彬、李胜兰．法律经济分析与我国物权法创新.《河北法学》,2001(5)

104. 周林彬．法律经济学基本范畴探析.《暨南学报》(哲学社会科学版),2006(5)

105. 周林彬、黄健梅．法律经济学学科构建探析.《思想战线》,2006(2)

106. 周林彬．法院调解制度的成本分析.《法学论坛》,2001(12)

107. 周林彬、毛杰．论侵权法的经济分析.《法制与社会发展》,2006(1)

108. 周林彬、王烨．论我国国家所有权立法及其模式选择——一种法和经济学分析的思路.《政法论坛》,2002(3)

109. 周林彬．所有权公法限制的经济分析.《中山大学学报》(社会科学版),2000(4)

110. 周林彬、李胜兰．物权新论——一种法与经济学分析的思路.《湘潭大学社会科学学报》,2000(6)

111. 周林彬、黄健梅．行为法经济学与法律经济学:聚焦经济理性.《学术研究》,2004(12)

112. 周林彬．中国法律经济学的实务研究问题．《岭南法学论坛》,2006(10)

113. 周娉．反垄断法的经济学分析．《湘潭大学学报》(哲学社会科学版),2005(5)

114. 周业安、李新月．历史视角的行为经济学．《教学与研究》,2007(8)

115. 曾培芳、陈伟．论公司的社会责任——基于法经济学的角度分析．《法学论丛》,2004(7)

116. 钟飞腾．社会行为体与政策偏好:国际政治经济学研究的微观基础．《世界经济与政治》,2007(4)

117. 郑光忠．对专利制度效率的法律经济学分析及启示．《广东财经职业学院学报》,2005(1)

118. 祝婧超．论萨维尼对国际私法的影响．《法制与社会》,2007(5)

其他:

1. 陈芮．心理学与经济学的互涉．浙江大学 2007 年博士学位论文

2. 胡永庆．国际私法的历史逻辑和价值建构．武汉大学 2001 年博士论文

3. 孔令杰．冲突法的经济分析．武汉大学 2005 年硕士学位论文

4. 徐锦堂．国际民商事纠纷司法管辖权的经济分析．武汉大学 2005 年硕士学位论文

5. 叶玉．国际法的经济分析:产权经济学的一个应用．山西财经大学 2002 年硕士论文

6. 于飞、丁添．民法典“涉外民事关系的法律适用法”篇评析．2003 年国际私法年会论文

7. 朱莉．国际私法的经济分析．吉林大学 2007 年博士学位论文

英文参考文献:

1. Alan Schwartz & Robert E. Scott. The Political Economy of Private Legislatures. 143 U. PA. L. Rev. (1995).

2. Albert A. Ehrenzweig, Guest Statutes in the Conflict of Laws-Toward a Theory of Enterprise Liability Under “Foreseeable and Insurable Laws”:I,69 Yale L J 595,598 - 600 (1960).

3. Andrew Guzman. Choice of Law:New Foundations. 90 Geo. L. J. 883 (2002).

4. Andrew Guzman. Is International Antitrust Possible? 73 N. Y. U. L. REV. 1501 (1998).

5. Arthur Leff, “Economic Analysis of Law: Some Realism About Nominalism”, 60 Virginia Law Review 451(1974).

6. A. Watson,Comparative Law and Legal Change,37 Cambridge L. J. 313(1978).

7. Boudewi. Gerrit De Geest: Encyclopedia of Law and Economics. http://www. Encyclo. findlaw. com. 2005 - 05 - 01.

8. Brainerd Currie,Selected Essays on the Conflict of Laws (1963).

9. Brilmayer. L. 1991. Conflict of Laws: Foundations and Future Directions. Boston: Little. Brown and Co.

10. Bruce L. Hay, Conflicts of Law and State Competition in the Product Liability System, 80 GEO. L. J. 617(1992).

11. Cheatham Elliott E. American Theories of Conflict of Laws: Their Role and Utility. 58 Harvard. L. Rev. 361 (1945).

12. Comp. Reimann, "Beyond National Systems: A Comparative Law for the International Age," 75 Tulane L. Rev. 1103(2000).

13. David F. Cavers, The Choice-of-Law Process 60 & n 6, 173 - 76 & n 59, 300 (Michigan 1965)

14. Douglas G. Barid. The Future of Law and Economics. Looking Forward. University of Chicago Law Review Fall 1997. 1129 - 1166.

15. Erin A. O'Hara & Larry E. Ribstein, Interest Groups, Contracts and Interest Analysis, 48 Mercer L. REV. 765(1997).

16. Erin O'Hara and Larry E. Ribstein. From Politics to Efficiency in Choice of Law. 67 U. Chi. L Rev. 1151 (2000).

17. Erin A. O'Hara, Opting Out of Regulation: A Public Choice Analysis of Contractual Choice of Law, 53 VAND. L. REV. 1551(2000).

18. Erin O'Hara and Larry E. Ribstein. Economics. Public Choice and the Perennial of Conflict of Laws90 Geo. L. J. 941 (2002).

19. Erin O'Hara and Larry E. Ribstein. Conflict of Laws and Choice of law ENCYCOPLEDIA OF LAW AND ECONOMICS (2002). http://encyclo. findlaw. com/tablebib. html.

20. Friedrich K. Juenger. A Page of History 35 Mercer L. Rev. 419 (1984).

21. Gordon Tullock, "Public Choice", in The New Palgrave Dictionary of Economics (J. Eatwell, M. Milgate &P. Newman eds., Palgrave, New York, 1987), Vol. 3, pp. 1040 - 1044.

22. Gregory Mitchell, "Taking Behavioralism Too Seriously? The Unwarranted Pessimism Pessimism of the New Behavioral Analysis of Law", 43 William & Mary Law Review 1907(2002).

23. Grelher, D. M., Plott. C., 1979. "Economic Theory of Choice and the Preference Reversal Phenomenon." American Economic Review. 69 (4): 623 - 38.

24. Hayek, Studies in Philosophy, Politics and Economics, Routledge &Kegan Paul, 1967.

25. Hartley, "Pleading and Proof of Foreign Law: The Major European Systems Compared," Int1 & Comp. Q. l. Rev. 271(1997).

26. Hens-Peter Schwintowski. An Economic Theory of Law. The Journal of

Interdisciplinary Economics. 2000. Vol. 12. 1 – 6.

27. Herbert Hovenkamp. Law and Economics in the United States: a brief historical survey. Cambridge Journal of Economics 1995. 19. 331 – 352.

28. Hoffman. E. and Spitzer. M. L. 1982. The Coase Theorem: Some Experimental Tests. Journal of Law and Economics 25: pp. 73 – 98.

29. Hoffman. E. and Spitzer. M. L. 1985a. Entitlements. Rights and Fairness: an Experimental Examination of Subjects Concept of Distributive Justice. Journal of Legal Studies14 (2): pp. 259 – 97.

30. Hoffman. E. and Spitzer. M. L. 1985b. Experimental Law and Economics. an Introduction. Columbia Law Review 85 (5): pp. 991 – 1036.

31. Ian Ayres, "Playing Games with the Law", 42 Stanford Law Review 1291 (1990).

32. Jeffrie G. Murphy and Jules L. Coleman, Philosophy of Law: (revised ed., West view Press, Boulder, Colo., 1990), pp. 181 – 234.

33. Joel P. Trachtman, 'Conflict of Laws and Accuracy in the Allocation of Government Responsibility', 26 Vanderbilt J. of Transnational L. 975 (1994).

34. Joel P. Trachtman. Externalities and Extraterritoriality: The Law and Economics of Prescriptive Jurisdiction. in Jagdeep S. Bhandari and Alan 0. Sykes. ECONOMIC DIMENSIONS INTERNATIONAL LAW. Cambridge University Press. 1997. pp. 642 – 684.

35. Joel P. Trachtman. Economic Analysis of Prescriptive Juris- diction 42 Van. J. Int'l L. 1 (2002).

36. John M. Finnis, "Allocating Risks and Suffering: Some Hidden Traps", 38 Cleveland State Law Review 193 at 200 – 205 (1990).

37. Jonathan Lear, Open Minded (Harvard University Press, Cambridge, Mass., 1998), pp. 28 – 32.

38. Jon D. Hanson and Melissa R. Hart, "Law and Economics", in A Companion to the Philosophy of Law and Legal Theory (D. Patterson ed., Blackwell, Oxford, 1996), pp. 311 – 331.

39. Joseph William Singer, Real Conflicts, 69 BU L Rev 1, 79 – 80 (1989).

40. Kahneman and Tverskey: "Prospect Theory: An Analysis of Decision Under Risk" Econometrics, (1979), 47, pp. 263 – 291.

41. Krammer. L. 1990. Rethinking Choice of Law. Columbia Law Review 90.

42. Larry Kramer, Rethinking Choice of Law, 90 COLUM. L. REV. 277 (1990).

43. Lewis Kornhauser, "Economics Analysis of Law", in Edward N. Zalta ed., Stanford Encyclopedia of Philosophy, http: //plato. stanford. edu/legal-econanalysis (2006).

44. Michael E. Solimine. An Economic and Empirical. Analysis of Choice of Law. 24 Ga. L. Rev. 49 (1989).

45. Patrick J. Borders, The Choice-of-Law Revolution: An Empirical Study, 49 WASH. &

LEE L. REV. 357(1992).

46. Peter North. REFORM BUT NOT REVOLUTION. GENERAL COURSE ON PRIATE INTERNATIONAL LAW. RECUEIL DESCOURS. Martinus Nijhoff Publishers. 1990.

47. Paul Stephan. The Political Economy of Choice of Law. 90 Geo. L. J. 957 (2002).

48. Richard A. Epstein. Law and Economics. Its Glorious Past and Cloudy Future. University of Chicago Law Review. Fall 1997:1167 ~ 1177. Commons. John R · Law and economics [J] · Yale Law Journal. 1925. 34(2):371 ~ 382.

49. Richard A. Posner, Economic Analysis of Law (5th ed). N. Y.. Aspen Law Business(1998).

50. Richard A. Posner, "Economics, Politics, and the Reading of Statutes and the Constitution",49 University of Chicago Law Review 263(1982).

51. Robert Gibbons. GAME THEORY FOR APPLIED ECONOMICS. Princeton University Press,1992.

52. Robert A. Leflar, Choice-Influencing Considerations in Conflicts Law,41 NYU L Rev 267,282 - 304(1966).

53. Robert H. Frank, Thomas Gilovich & Dennis T. Regan, "Does Studying Economics Inhibit Cooperation?",7 Journal of Economic Perspectives 159(1993).

54. Robin West, "The Other Utilitarians", in Analyzing Law (B. Bix ed., Clarendon Press, Oxford, 1998), pp. 197 - 222.

55. Ronald Coase. "The Problem of Social Cost". 3 Journal of Law and Economics 1 (1960). reprinted in Coase. The Firm. the Market. and the Law (University of Chicago Press. Chicago 1988). pp. 95 - 156.

56. R. Sacco, Legal Formants: Dynamic Approach to Comparative Law, 39 Am. J. Comp. L. 398(1991).

57. Scott Shapiro, and Edward F. Mc Clennan, "Law-and-Economics from a philosophical Perspective", in The New Palgrave Dictionary of Economics and the Law, Vol. 2 (P. Newman ed., Macmillan London, 1998), pp. 460 - 465.

58. Stuart E. Thiel, Choice of Law and the Home Court Advantage: Evidence, 2 AM. L. & ECON. REV. 291(2000).

59. Symeon C. Symeonides, Private International Law at the End of the Twentieth Century: Progress or Regress? 36 - 42, 62 - 73(1999).

60. Symeon C. Symeonides, "American Law at the Dawn of the 21st Century," 37 Willamette L. Rev. 1, 16 - 60(2000).

61. Thurman W. Arnold. Institute Priests and Yale Observers-a Reply to Dean Goodrich. 84 Uni. Pa. L. Rev. 811 (1936). William W. Fisher III. et al. (edited) American Legal Realism. Oxford University Press, 1993, pp. 283 - 289.

62. Tullock. G. The Case Against the Common Law [A]. The Blackstone Commentaries

(1) [C]. Durham. Nc: Carolina Academic Press. 1997.

63. William F. Baxter, Choice of Law and the Federal System, 16 Stan L Rev 1 (1963).

64. William H. Allen & Erin A. O'Hara, Second Generation Law and Economics of Conflict of Laws: Baxter's Comparative Impairment and Beyond, 51 STAN. L. RESV. 1011 (1999).

65. William H. Allen and Erin O'Hara. Second Generation of Law and Economics of Conflict of Laws: Baxter Comparative Impairment and Beyond. 51 Stan. L. Rev. 1011(1999).

66. William J. Aceves. The Economic Analysis of International Law: Transaction Costs Economics and the Concept of State Practice. 17 University of Pennsylvania Journal of International Economic Law.

67. Willis L. M. Reese, Choice of Law: Rules or Approach, 57 Cornell L Rev 315, 321 - 23(1972).

68. Whincop and Keyes. Putting 'Private' Back Into Private International Law: Default Rules and the Proper Law of the Contract. 21 Melbourne University L. Rev. 515 (1997).

69. Whincop. The Recognition Scene: Game Theoretic Issues in the Recognition of Foreign Judgments'. 23. Ylelbourne University L. Rev. 416 (1999).

70. Whincop and Keyes. POLICY AND PRAGMATISM IN THE CONFLICT OF LAWS. Ashgate Publishing Com. 2001.

71. William W. Fisher III. et al. (edited) American Legal Realism. Oxford University Press. 1993.

72. Underhill Moore and Charles C. Callahan. Law and Learning Theory. A Study in Legal Control [A]. 53Yale L. Rev. 1 (1943).

73. Symposium: "Efficiency as a Legal Concern", 8 Hofstra Law Review 485 - 770 (1980) (作者包括 Richard Posner, Jules Coleman, Guido Calabresi, Ronald Dworkin, Duncan Kennedy and Frank Michelman).

74. Symposium: "Post-Chicago Law and Economics", 65 Chicago-Kent Law Review 3 - 191(1989)(作者包括 Randy Barnett, Robert Ellickson, Richard Posner, Jonathan Macey, Daniel Farber, and Jules Coleman).

75. Symposium: "The Future of Law and Economics: Looking Forward", 64 University of Chicago Law Review 1129 - 1224(1997)(作者包括 Ronald Coase, Richard Posner, Richard Epstein, Gary Becker, Cass Sunstein and Martha Nussbaum).

后　　记

（原博士论文后记）

最后的并不是最不重要的。正文不过体现了构建某种观点（也可能是某种偏执）的企图，与其近二十万字的篇幅相比，后记的寥寥数百字则可能更直接、更容易、更清晰地构建了一个有关笔者自身的轮廓。这个轮廓将在一幅有关求学、致谢和希望的内心图景中得到凸现。

求学篇。法律如海，经济如山，山海相望，日久生情。一日，山中有勇者飞身入海，惊世骇俗，则创法律经济分析之先河，一时竟引得无数“弄潮儿”纷纷上岸，负笈而上，各拜高师，学成者亦仿效先贤翻身入海，引得无数喝彩。法律若如海，则称国际私法为“海中深渊”并不为过，我辈置身其中，浸染数年，虽耳鬓厮磨、情深意笃，但仍觉前方渺渺，步履维艰。天缘机巧，经尊师点拨，决意上山。初见山中万物，尽觉新鲜，观其草木，赞其灵秀，仰其峰岭，叹其崔嵬。流连其间不觉已一年有余，正所谓“山中岁月拈花度，不似人间夜掌灯”。一日忽觉碌碌，有负来意。故收心敛性，欲寻高明，方知山中亦有门派之别，主流经济学如山中显贵，近之不易（需要熟稔各种数字符号组成的山歌民谣）；非主流经济学则如山中隐者，其性可亲、言可近，却又寻之不易。偶尔有幸相见，方知其高深，弃之于心不忍，用之又难得禅机，正所谓“相见时难别亦难”，只得苦思冥想，自参自悟。不觉又是一年，虽自觉勤奋，无奈天资驽钝，进展寥寥。有意重整思路，奈何毕业论文乃时限性之物，是急就章，只得将杂思随想奉为圭臬，仓促上阵。一年来，几易其题，内容构建更是艰难繁复，虽最终成章，但难免呕哑啁哳，贻笑大方。但时限既到，已不容缠绵，无暇倾诉，只想着匆匆寻个高处，一把跳下去，也不知道下面是哪个去处，也不知能否有个声响。

致谢篇。学业将成，当首谢恩师吕岩峰教授。与恩师相识近八载，从之已六年。深为其文章风骨、立世风范所感，虽亦步亦趋，但难得一二。正所谓：“仰之弥高，钻之弥坚；瞻之在前，忽焉在后。夫子循循然善诱人，博我以文，约我以礼，欲罢不能。既竭吾才，如有所立卓尔，吾欲从之，未由也已。”除恩师外，法经济学的其他导师也使我收获良多。其中谢地教授思维精奇,谈吐间涉猎广博,言语飘逸,素有儒风;杜莉教授思维敏锐,意到言随,言简意赅,其认真负责,也为我辈悉知。此外,要特别感谢行文过程中卢英敏老师的热心帮助和张东明同学的耐心协助,还要感谢王彦志、都亳、李婧、唐保银、李相范、李薇、唐庆会、董作春、王鑫鑫、王木木等同学,感谢他们的有形的和无形的,有意的和无意的帮助。最后,要深深感谢我的父母,本文是对他们二十二年(自我读小学起)翘首期盼的最终答卷,而对于他们二十九年无私养育的回报,才刚刚开始;还要感谢爱妻乐乐,她不但承担了本不必承担的类似于资料整理、注释校对等成文必不可少的烦琐工作,还承担了本不应承担的类似于养家糊口、持入算出等生活必不可少的家庭重担。

希望篇。法律的经济分析是一个崭新的领域,国际私法的经济分析更是方兴未艾。希望本书所作的初步尝试能够有助于相关研究的进一步开展,希望有更多志同道合的朋友们投身其中,为国际私法经济分析的日趋独立、完整和成熟而不懈努力!

王国语

2008 年 4 月 20 日

于北京后作居